エリク・H・エリクソン 著
鑪 幹八郎 訳

洞察と責任

Insight and Responsibility:

精神分析の臨床と倫理 [改訳版]

Lectures on the Ethical Implications of

Psychoanalytic Insight

誠信書房

Insight and Responsibility

by Erik H. Erikson

まえがき

同じ聴衆になされた一連の講義を出版するのはそれほど珍しいことではない。ここで出版された講義は三大陸にまたがってなされたものである。それで想像されるように、それを一緒にしたら、異なった土地でただ同じことを繰り返し言っているにすぎないことになる心配がある。しかし、講義はそれぞれたいへん違った、特別の会合でなされたもので、そのうちひとつのみが、純粋に講演というようなものであった。けれどもまた、すべて共通した主題を扱っている。第1章から順に言うと、ドイツにおいてフロイト生誕百年祭でおこなった記念講演、若い精神医学者への記念講義、精神分析協会における「学術講義」なるもの、および、インドでの講演である――これらすべてに共通なのは、各世代が次世代に負っている責任の問題について臨床的洞察から光をあててみることを話したいと思ったことである。いろいろの聴衆の大部分の反応が「出版されたものを早く読みたい」というものであった。これは別に私の話がお世辞抜きの喝采を博したことを意味するとは限らないだろうが、これらの講義を出版するためのひとつの理由になったのは明らかである。

論文を改訂するにあたって、共通主題をもっとはっきりと結びつけようと努力した。ある講義は、これを加筆して、もとの二倍ほどにしてしまった。聴衆から受けた批判的質問については、加筆した文章に書きこんだので、冗長な部分と考えられるところは省いた。もう一点、その当時、もし時間の制限がなければもっと言いたかったところを、この際に加筆した。

これらの講義、講演の主題は洞察である。洞察とは、うまく定義することが難しく、他人の批判から身を守ることはさらに難しい経験的な認識のひとつのかたちである。なぜ難しいかというと、証明された知識および理論に従う面と、他方、これにとらわれないでこれを超える面の両方をもつ前意識的仮定に属しているからであり、純化されたかたちの一般常識と共に、よく訓練された職人的活動を包含しているからである。これらのすべがなくては、臨床家は、治療にたずさわることはできないし、また、治療技法を人に教えることもできない。しかし、臨床家がこれら自分の洞察に直面するのは、治療場面で解釈を与えたり、技法の訓練の場で忠告したりする瞬間においてであり、実際、講義したりする場合には、その最たるものがある。そして、考えをまとめていくうちに、これはさらに、組織的な観察の中で確かめなければならないことに気づいたりする。このようにして、その責任は常に新たにされるのである。

人前で話をする臨床家の第一の仕事は、このような洞察を言語化するということである。第二は、この洞察をもとにして理論を構築していくことであろう。それから見ると本書は、その性質からして、第一の課題を幾分超えて、第二のところに足を踏み入れたところもある。

本書のもとになった講義や講演が地理的にも離れ、主題にも広がりがありすぎて、これらを計画され、話をすることを可能にして下さった人々に一人ひとりお礼を述べることは不可能である。しかし、これらの機会を私は、自分への挑戦であると同時に、温かい友情のしるしとして受けとったのであった。支援して下さった団体については、各章のはじめに記しておいた。最後の論文をのぞいてすべて私がいたストックブリッジのオースティン・リッグス・センターの所員時代に生み出したものであり、私の生涯の友人であり、批評家であったデヴィッド・ラパポートの支援を得たものであった。私の在任期間中、センターに与えられたフォード財団とシェルター・ロック財団の研究費援助を受けた。ここに集められた講義録は一九六三年の春、私が行動科学研究センターにいるときに修正加筆した。

ジョーン・エリクソンがこの本の編集をやってくれた。彼女は、ここで述べた洞察に至る道程での終始変わらない伴侶であった。

参考文献は、ほとんど引用した文献のみに限った。それ以外に、名前を示し、感謝の意を表すべき数多くの人がいることを、ここに断っておく。

マサチューセッツ州コートウィーにて

E・H・エリクソン

初稿発表書誌一覧

本書の諸講義は、次に述べるように、著書ないし雑誌に発表されているものである。

＊「最初の精神分析家」は、最初、*Yale Review*, 46: 40–62. に執筆し、*Freud and the Twentieth Century*, edited by Benjamin Nelson, Gloucester: Peter Smith, 1958. に再録されたもの。

＊「臨床的エビデンスの特質」は、最初、*Daedalus*, 87: 65–87, 1958. 次に、*Evidence and Inference*, edited by Daniel Lerner, Glencoe: The Free Press, 1959. に再録されたもの。

＊「現代におけるアイデンティティと根こぎ感」は、*Uprooting and Resettlement*, Bulletin of the World Federation for Mental Health, 1959. に執筆したもの。

＊「人格的強さと世代のサイクル」は、もっと短いかたちで、"The Roots of Virtue" の題名で、*The Humanist Frame*, edited by Sir Julian Huxley, New York: Harper and Bros, 1961. に執筆したもの。

＊「心理的現実と歴史的かかわり関与性」は、もっと短いかたちで、"Reality and Actuality" の題名で、*The Journal of the American Psychoanalytic Association*, 10: 451–473, 1962. に執筆したもの。

＊「黄金律の問題再考」は、はじめ、"The Golden Rule and the Cycle of Life" と題して、*Harvard Medical Alumni Bulletin*, Vol. 37, No. 2, 1963. に発表し、*The Study of Lives*, edited by R. W. White, New York: Appleton–Century–Crofts, 1963. に再録されたもの。

本書に見られるように、出版するために各講義を修正加筆した。

目次

第1章　最初の精神分析家

フロイト生誕百年の記念のイベントは、これまで国家社会主義的教義*のために、欧州の思想史の中から完全に抹消されていたひとつの出来事を、ドイツの若い世代の学生に紹介する機会となった。それは精神分析の発見という出来事である。この講演録は、ハイデルベルグ大学との共催で、フランクフルト大学において一九五六年五月六日におこなわれたものである。

長い孤独な年月の中で、ユニークな経験に取り組み、そしてついに人類にとって新しい知見をかちとった人を祝うために、生誕百年の記念のイベントを開くのはたいへん意義深いことである。しかし、同時にどこかそぐわない感じもある。私たちにとっては、フロイトの創始した領域は、生涯をかける専門職となってきた。また、ある人にとっては、避けることのできない知的な挑戦となってきた。そして私たちすべてにとって、これまでの人間のイメージを変える希望の約束（あるいは脅威）となっている。しかし、彼のもたらした斬新な洞察の挑戦を、当時の同時代の人々が勇気をもって受けとめたのに比べて、私たちはさらに大きな勇気で彼の挑戦を受けとめてきていると思えないのであれば、生誕を祝う人に特別に与えられる栄誉の意義も薄れてしまうだろう。というわけで、この百年祭に、彼の孤独な中での発見の幾つかの次元をもう一度見直すのはまことにふさわしい。
ひとりの「フロイディアン**」が、私たちには神話的な存在になってしまったフロイトがどういう人であったかについて語るのは容易なことではない（表面的に気楽に語るのでなければだが）。私の知っている生前のフロイ

＊　第二次大戦中、ヒトラーを支えた思想。
＊＊　エリクソン自身。

トはもう高齢だった。私はまだ若かった。私はフロイトの家族と親しくしていた家に、家庭教師として雇われていたので、家族と一緒にくつろいでいるフロイトを知るいろいろな機会に恵まれた。子どもたちや愛犬たちと一緒にいる彼。山登りのハイキングのときの彼など。しかし、たくさんの人の中にいるフロイトを私が見つけることができるかどうかは自信がない。彼の顔立ちは立派であったが、とくに目立つというほどではなかった。わずかに丸みをおびた額、深く測り知れない黒い瞳、ある種のちょっとした負けん気の姿勢など――それらは古代のすぐれた闘士に授けられた冠を受けるにふさわしい容貌をしていた。

その頃、私は芸術家だった。少し才能はあるが、あてのない青年にとって、芸術家であるというのはヨーロッパ的な気取りだったと言えるかもしれない。その私がもっとも強い印象を受けたのは、この心の医者、伝記記述の名手が、自分の書斎の中で小さな彫像たちに囲まれている姿だった。それはいろいろの人間の形をした古代地中海の無名の作者の手による彫像たちである。言うまでもなく、フロイトの領域、つまり心の葛藤、苦しみ、告白の技法には、たどるべき足跡は残されていない。人類の悪魔的な内的世界を掘り起こしてしまった人物であるフロイトの中に、形《フォーム》に対するまことに驚くべき畏敬の念が示されていた。また同時に、彼の自慢の犬たちや明るい聡明な子どもたちに示す愛情にも、これははっきりと表れていた。漠然とではあったが、ただならぬ深さの次元と複雑な屈折をもった人と出会っているのだと私は感じていた。

私自身が精神分析家になったときにはじめて、この同じ老人を――すでに分析の訓練や集会から遠ざかっていたが――私も世の中の人が見るように見はじめていた。つまり、見事な文章を書く人であり、単に著作全集を残すということを超えた優れた人物なのだと。彼の書くひとつの主題がとてつもなく大きいので、学ぶ者はすべてを一気に理解することが無理で、彼の変遷するある時代の研究を理解するのがやっとであるなど。しかし不思議なことに、フロイトを学ぶ私たちは、彼の出発についてはほとんど知らない。彼の著作にほのめかしたかたちで述べられている謎に包まれたような自己分析についてもよくわからない。だが、フロイトが精神分析の手ほどきをした人々を私たちは知ってはいる。しかし、精神分析の姿全体は、ちょうどゼウスの頭からアテーナが生まれたように、フロイトの頭から生まれ出たのである。

初期のころのフロイトのことが少し知られるようになったのはごく最近のことにすぎない。それは十九世紀末に書かれた彼の書簡が偶然に発見されたことによるものである。これらの書簡からは、フロイトこそ最初の創始者であり、しかも約十年もの間、ただひとりの精神分析家であったということがよくわかる。彼に敬意を表すということは、長い年月の推移の中で、今日まで続いているものを認めることであり、しかもまた同時に、今は歴史となっているものから少し離れて見てみるということである。

まず、話を方向づけ、他のことと比較してみるのに、十九世紀におけるもうひとつの発見の状況を考えてみたい。この発見も孤独であり、また誹ぼうにさらされた発見者である。だが、やがて人間観の変革者として認められた人である。その人というのはチャールス・ダーウィンである。ダーウィンははじめから予定された研究のために航海に出たのではなかったが、その航海の途中で彼の進化論の実験場となったガラパゴス諸島に遭遇した。実際、彼は医者になろうとしたのだが失敗した。それは彼の能力が低かったのではなく、受け身的に学ぶことをしたくなかった知的な選択性《セレクティヴィティ》のためだったろうと思われる——それは自己防衛的な意味での選択性であり、老バーナード・ショウが生涯を振り返って、実にうまく表現した次の言葉の中に示されているような性質のものである。「私の記憶は拒み、そして選択する。この選択は学問的なものではない……私はこのことを自分でほめてやっている」。

けれども、ひとたび**ビーグル号**で出航すると、彼の「実験場」に向かう航海中に、ダーウィンはあのねばり強さと、一種の偏った執ようさを示した。これこそ独創的な精神が創造的なものになるひとつの条件である。彼は自己のすぐれた才能、ことに「注意をひかない事柄に注目し、それらを注意深く観察する」人よりすぐれた才能を、ここで十分に発揮する。彼の身体的な精力は尽きるところがなかった。それは自分の心が実験場のために準備ができていることを示し、そして実験場もまた彼を待ちわびていたかのようだった。彼は自分の中で熟成させてきた考えのあらゆるもの《コンフィギュレーション》を最大限に活用した。それまで互いに独立並行して進化していると考えられていた分類法を横断的に交差させることによって、ひとつの共通の創造的なものの中から、種《しゅ》が線的に進化してきたものであるという思考の全体的な**かたち**《コンフィギュレーション》をとり入れることができたのである。彼はあらゆるところに変異、突然変異、変種など、適応のためのダイナミックな闘争の兆候や痕跡を見た。自然淘汰の法則が次第に「彼に憑《と》りついてきた」のである。そしてダーウィンは人間も同じ法則のもとで現れたのにちがいないということを感じとった。このことを彼は、「ここから先に行ってはならない、という線を引くものを私はどこにも見出すことができない」と述べている。

ダーウィンは二七歳のとき、自分のこれらの諸々の事実と理論とをたずさえて自宅に戻り、もう旅へは出なかった。彼は地理学に関する二、三の論文を学会に発表した。それから田舎にひきこもり、二〇年の間『種の起源』に没頭した。彼は孤独な長い時間の中で、これを**なし遂げた**のだった。その後、彼は不眠、嘔吐感、冷え症に苦しみ、身体的に衰弱してしまった。医者であった彼の父は、彼の病気を正確に診断できなかったが、息子は神経が繊細すぎて、社会に出て職につくのは無理があると発表した。この息子はその後、死ぬまで病弱だった。幾人かの医者が述べているように、もし、このダーウィンの過度の緊張症状が遺伝的な変性の兆候《しるし》であったとしても、天才の発現のため、このようにうまくその遺伝的な変性が出現してくれた例はないだろう。というのは、ダーウィン自身が、「私は病で何もできないときでも……種の起源を頭においていろいろの事実を収集することができた……」と述べているからである。このことは、彼がこの病からくる生活空間の制約に気づいていなかったのではない。それはちょうどシェークスピアでさえ晩年に、自分の嘔吐感に「我慢ならないくらいうっとうしい」と述べ、「大事な美的感覚が奇妙に失われたことが嘆かわしい」と言い、「私たち人間の本性の情緒的な部分の衰弱」について語っているのと同じである。

ここで私は、ダーウィンのような人物の神経症の心理力動について推察をしたいわけではない。しかし、次のようなことは私にはわかる。あまりにも多くを知りすぎ、ちょうど積み木で遊ぶ子どものように無心に新しい事実の存在を主張し、しかもこれらの事実の位置づけが、その時代の道徳感情に反することを知りはじめた人に、このような特有の病が生じるのだ。オッペンハイマーは「私たち物理学者は罪ということを、前から知っておりました」と言ったことがある。けれども、人類の物理的な破壊をみると、科学者はあたかも罪を知っていたかのように科学的な資料を用いることにはなっていない。それぞれの時代にとって、安定した親しみのあるものではあるが、その上につくりあげられた偏見に満ちた人間のイメージを、天才のもつ素朴さの力が変革してきた。創造的人間にはそうせざるをえない避けることのできないものがある。創造的な人間は自分の至上の課題にほとんど偶然に近いかたちで出会う。しかし、いったん関わらねばならない主題がはっきりしてくると、その課題は同時に、自分のもっとも個人的な葛藤と深く結びつき、また上質の選択的な知覚と結びつき、さらに一方向のことだけを志向する頑固一徹さと結びついていることがわかる。つまり、それまでにつくりあげられた過去の世界像が彼を押しつぶしてしまうか、あるいはこの世界像の古くなった基盤を解体し、新しい基盤に置き換えるものを確実なものにするために、本人は病か、失敗か、狂気かにおち込んでしまわざるをえないのである。

ダーウィンはただ、人間の生物学的な起源を問題にしただけだった。彼のなし遂げたことと、当時の常識に逆らった「罪」というのは、人間を進化する自然の一部にしてしまった理論だった。ダーウィンの自然に対する接近と人間に対する接近とを比較して、最近ある伝記作家は半分冗談に、「ともかく、内臓が弱かったり、不眠症に悩んでいたりする人は、症状で苦しむことがないように、自分と同類の人間のことなどは研究しない方がよい」と言っている。

さて、心理学的探険家フロイトに戻るにあたって、私は読者に次のように自分に問うてみてほしいと思っている。少なくとも一時的にも心身症に悩んだり、似たような病気にかかった人がひとりでも――もし、創造的なねばりをもって自分の神経症に直面する素質と勇気と頭脳とを兼ね備えていたとしても――自分と同類の種を研究したいと思っただろうか。自分の神経症を格闘の相手と定めて、自分に勝利が告げられるまで勝負をやめない人こそが、人間の内的世界の研究を始めることができるのだと私は思う。

フロイトのガラパゴス島とは何だったのだろうか。彼の探索的な目の前で、どのような種が、どのような翼《つばさ》をつけて羽ばたいていたのだろうか。これまでやや嘲笑気味にたびたび指摘されてきたように、フロイトの創造的な実験場は神経科医の診察室だった。そこでもっとも多かった種としてはヒステリーの婦人たちだった――「アンナ・O嬢」「エミー・フォン・N夫人」「カタリーナ」（農民だったので……嬢とつかない）などだった。

フロイトは一八八六年、三〇歳のときに、このような患者たちの開業医になった。彼は開業医になろうとは思っていなかった。彼は遅れて（開業に必要な）医学博士の学位を得ているぐらいである。彼の精神もまた「選択的」だった。法学と政治学に興味をもっていたが、十七歳のときに医学を選んだ。それはゲーテの「自然への賛歌《さんか》（Ode to Nature）」を聞いて影響を受けたからだった。だから、フロイトの最初の自己像は、医師として病む人を癒す人というものではなく、自然のもつ神秘の衣を脱がせて本質を露わにする人というものであった。ここからフロイト自身の職業的なモラトリアムが始まっている。美的なものに情熱的に没頭するように、生理学的実験に没頭し、物理学的生理学にうち込んだ。ダーウィンにとっての地理学に見合うものは、フロイトにとっては生理学であった。これは彼にとって、研究方法の学びということであった。当時の物理学的・生理学的な方法に関する思潮は、著名な二人の学者、デュボア・レイモンとブリュッケによって、次のように公式化されたものだった。「次の真理を強調して述べておきたい。物理・化学的な力の他に有機体の中に働いているものは存在しない……われわれは物理学的・数学的な方法によって、その活動の特定の様相と形式とをとらえることができる。あるいはまた、ものに内在する化学・物理学的な力に匹敵する、同等の新しい力を想定することができる」[1]。

その有効性において同等の新しい力——この句には、もう一度、後に触れることになる。

学問の象牙の塔を医業に取り替えるときまでに、フロイトは見事に生涯を支えた生産的な研究のスタイルをすでに十分に身につけていた。生理学および神経学に関する多くの研究論文を発表していたし、二つの大きな研究論文を準備中であった。だから、彼が開業の神経科医となったことは、学者としての将来を捨てたことになったのである。けれども、彼は自分を待っていた女性と結婚したのだった。彼は家族が欲しかった。それも大きな家族を。このようにして彼は内的な自信を得るための確かなものを手に入れたのだった。

しかし、人間の織りなす思考の中で予期されている未来というものは、単にまだ使われていない時間の量だということを超えたものである。実験室を放棄することは、フロイトにとって、それまで深く没頭していた研究上の規律と思考法を諦めるということであった。普通の病気を相手にする医師として働くということは、フロイトが懐かしさをこめて呼んだ、内的な暴君、つまり偉大な原理が見出せなくなるということであった。幸いなことに、年上の開業医であるヨゼフ・ブロイアー博士に、彼は出会う。ブロイアーはフロイトに神経科開業医の日常診療そのものに、隠れた実験室があることを示した人だった。

それからのフロイトにとって、新しい実験室は患者たちだった。大部分は女性であった。彼の前にもち込まれてくるいろいろの症状は、ありきたりのもので、厳しく真剣に、探索をしようとする観察者だけがようやく、同等にして有効な力が働いている領域があるということを見つけられるようなものだった。これらの女性患者たちの症状はさまざまで、神経痛や神経麻痺、部分的な身体麻痺や攣縮《れんしゅく》、チックや転換症状、嘔吐感や不機嫌さ、視力喪失や幻覚、記憶喪失や苦痛な記憶の充満などだった。このような婦人を、甘やかして育てられ、自分を人に吹聴して自慢している人だと世間は見ていた——今日では、これを「自己顕示」と言っているが。しかし、当時の神経病理学の一般的な見解は、これらの障害は大脳における遺伝的な変性過程が原因の障害であるというものであった。フロイトもまた、これらの患者たちを部分的に大脳を切除した塊か、意思をもたない子どもであるかのように治療することを学んできたのだった。罹患している身体の部位にマッサージをしたり、電気を当てたり。また、催眠と暗示で患者たちに影響を与えたりすることを学んできたのだった。例えば、患者に催眠をかけて、これまでの発作や麻痺をひき起こしたような考えや人物、場所、光景に、次に遭遇したら大声をあげて笑うように命令をする。そうすると、催眠から覚めた患者はよく笑ったりしたのだった。

フロイトも、ダーウィンと同様に——このような場合、大脳の欠陥と直線的に結びついた特定の症状であるとは信じることができなかった。彼もまた、いろいろの症状の中に、共通した原則、平衡を保とうとするはたらき、力と力の衝突を探した。そして、次のことを確信したのである。目の前の謎の現象には隠された歴史があるにちがいない、と。フロイトは催眠状態の患者たちに聴き入りながら、表面的に見ると断片的であるが、ひとつの主題——つまり、歴史の典型的な出来事の中によく見られるような主題を模索していくと、同じ主題の中の変奏のような一連の記憶が、切実でしかも必死の思いをこめて語られていることに気づいたのだった。

探索していく上で、ここではどんなに細かいことも細かすぎるということはない。ある患者の症状が焦げたパンケーキの執ような幻臭であるとしよう。この焦げたパンケーキの臭いは集中分析の対象となる。まず、この臭いがある光景にまでさかのぼり、この光景が生き生きと思い出されるにしたがって、この臭いが消失し、今度は葉巻タバコの臭いに置き換えられる。この葉巻きタバコの臭いは、また別の光景、ひとりの男性が権威的な態度をとっている光景に導かれる。このようにして症状となる話題が語られ、患者が自分の情動を強制的にコントロールされた出来事とつながりをもって語られたのである。*

これは私たちが抱いているヴィクトリア朝時代のイメージにぴったり合うものである——この時代には、子どもは例外なく、女性も多くの場合、ただ見られるだけの存在であって、対等に話し合うような存在ではなかった——だから、大部分の症状は強い情動をひき起こす出来事（たとえば、愛情やセックス、憎しみ、恐怖など）とつながっていることを証明できた。当時の行儀作法や養育法など、狭い道徳規範との間で激しい葛藤を起こしていたのである。症状は時間的に少し遅れたかたちの無意図的なコミュニケーションだった。身体全体を語り部として、普通の人が普通の言葉を直接に話すように、症状が次のように言っているのである。「あの人を見ると気分が悪くなります」「あの人（女性）は鋭い目で私を刺しています」「そんな言いがかりは呑めません」。また歌詞にもあるように、「髪の毛の先から、あの男を洗い流しましょ」と言っているのである。神経科医であったフロイトは、今や次のような強い信念に「憑《と》りつかれ」はじめたのである。つまり、すべての神経症状が（神経系の経路ではなく）、連想された経験の小路《こうじ》を通って、もっとずっと以前の葛藤の記憶と結びつくことができ、そうすることで問題の完全な道筋を明らかにすることができる、という揺るがない信念であった。

いろいろの患者のさまざまな過去を再構成していくにつれて、フロイトには危険な洞察が頭をもたげてきた。患者たちが明らかにしたような葛藤は、原則的にはすべての男性も同じようにもっているのではなかろうか。実際、「線を引いて、ここで止まれ」ということは難しかった。通常、患者は自分の幼児期のもっとも重要なことを覚えてはいないし、わからない上に、さらに思い出したくもないし、わかりたくもないという事実に、フロイトは気づきはじめた。このようにして**個人の神秘的な有史以前**は、ダーウィンの生物学的な有史以前が生物学にとって重要であったように、心理学にとって重要なものとして次第に姿を現しはじめた。

ダーウィンには、自由に利用することのできる古代からの科学の伝統があったが、フロイトの心理学的な諸発見には、はじめはただ生理学的な方法と彼自身の推論と、もうひとつは作家や哲学者が個性的な仕方で直感でわかっている書物があっただけだった。その上、彼が研究の領域を変えてもなお、以前の研究者としてのアイデンティティの一部であった研究の姿勢を貫くことができたのは、おそらく創造的人間の予兆《きざし》が示されていたからだ

＊　フロイトとブロイアー『ヒステリー研究』の中のミス・ルーシーの事例。兼本浩祐監修、フロイト全集第二巻『ヒステリー研究』岩波書店、二〇〇八年参照のこと。

ろう。フロイトは以前、幼い動物や動物の胎児の大脳の切片で大脳損傷の特性を調べていた。今度は、患者の情緒状態の横断面の見本として、諸々の記憶を彼は調べた。一連の諸記憶の中に、あたかも神経の伝導路のように、過去の外傷にまで導いてくれる筋を彼はたどっていく。そこには成長を阻む損傷と同じく、阻害された経験が横たわっている。このようにして個人の忘れられた有史以前の世界、つまり幼児期における外傷的な出来事の探索が、発達初期の大脳損傷の探究にとって代わったのである。

心理学は言うまでもなく、他の研究領域からの思考形態《コンフィギュレーション》を移しかえるのに適した領域である。ものの本質、もっと正確に言うと、ものに対する人間の論理的な接近は――あるところまで――他の領域からのアナロジーが本質的な対応関係を見せる。しかし、心理学の歴史はまた、人間以外の自然に対して試みてきた観察の方法を、自分自身の本質の探究に対しては無視し続けていて、ずっと暗黒の状態のままであったことを示している。人間、つまり観察者が、本質的なところで、観察される世界から切り離されていることは明らかである。だから、この観察方法の違いは、新しい思考様式に照らして常に新しく定義されねばならない。このようにしてはじめて、ただ漠然と違いを認めるのではなく、賢明なかたちで違いを維持することができるのである。コペルニクス以前においては、人間の虚栄は知識と結びついて、地球は神が造り給うた宇宙の正確な中心にちがいないと主張していた。言うまでもなく、今日の私たちは自分たちがどこにいるかを知っている。ダーウィン以前においては、人間は他の動物世界とは起源が別であると考え、地球のごく表層の地殻と大気を他の生物と共有しているにすぎないとは見ていなかった。また、フロイト以前には、人（この場合は男性で、しかも中流階級以上の人々）は、自分のことに関して、完全にすべて意識していると確信し、自分の聖なる価値に確信をもっていた。幼児期は女性という中間種族のもとで養育される単なるしつけの時期にすぎなかった。

このような世界では、女性のヒステリーは、一般の男性や男性医師によって、女性本来の劣性の症状、変性しやすい症状として暗黙に了解されていた。だから、フロイトがウィーン医学協会に男性のヒステリーの症例を提出したときに、彼の医師仲間の反応は決定的なものであり、フロイトはそれから数年間にわたって協会からの孤立を実感させられた。彼はこの非難の反応をその場で受け入れたが、二度とその協会を訪れることはなかった。けれども、この医学協会の反応は、新しい科学がほとんど死産に終わると考えられるほどの重大な危機の、小さな一局面にすぎない。この危機はただ単に専門家として孤立するだけでなく、観察の道具、つまり観察者の心に障害を与えるということである。フロイトの初期の著作や手紙の中に、私たちは三つの危機を見ることができる。その第一は、治療技術における危機。第二は、臨床経験の概念化に関する危機。そして第三は、個人生活における危機である。私は以下に、これら三つの危機が、その本質においてひとつであったという理由を示し、これらの危機が心理学における発見にともなう必然的な次元であったことを示したい。

そこで第一に、フロイトの技術上の変化から始めよう。精神分析のテキストには、精神分析の方法はカタルシスや暗示法にとって代わったものであると記されている。しかし、フロイトの『ヒステリー研究』[2]において、私たちは医者-患者関係での全面的な変化をはっきりと跡づけることができる。フロイトは患者の劣った面よりも、その人のもつ才能や性格のすぐれた点を見ている。彼はコミュニケーションの流れやその特性の中に自分の身をまかせた。催眠の状態にあった患者が、力づくの暗示をかけて自分の話を中断させないでください、と言ったとき、この患者の主張には一理があると、驚きと喜びをもって受け入れた。この患者はフロイトが思いもかけなかった記憶の糸をたどり、自分の主張を裏づけていった。そしてフロイトは、催眠状態で患者は自由に理解を深めると同時に、日常生活の中では表現することのできない情動を自由に表現していることに気づいた。これらは暗示によって導かれたものではなかった。それは患者たちの判断であり、患者たちの情動だった。催眠の状態でこれらの情動が存在するのは、その情動が患者のものだからだ。もしフロイトがひとりのまとまり《ホールマン》のある人間として患者と対面すれば、おそらく患者はそのまとまりが自分のものであることに気づくようになるだろう。そこで彼は、今や意識した直接の協働の関係《パートナーシップ》を提案したのである。フロイトは隠れているかもしれない不健康な側面の理解を進めるために、患者たちの健全な側面をパートナーにした。このようにして確立されたのが精神分析の基本原則のひとつである。それは以下のように言うことができる。**観察される個人の積極的な協働の作業への参加によって、また、その個人との誠実な治療契約の関係に入ることによってのみ、私たちは人の心を研究することができる。**

治療の契約には少なくとも二人の参加者がいる。患者イメージの変化は医者の自己イメージをも変えた。そこからフロイトは次のことに気づく。風習や慣習が、医者としての自分や仲間たちを専制的なパターンに押しこめたのであって、それは医者としての慎重さや特別の理由からくるものではなく、厳しい父性的な権威によるものであり、その父性的な権威こそ、何よりも患者を病に追いこんだものである、ということに気づく。このようにしてフロイトは精神分析の第二の原則を考えはじめた。**私たちは自分の中にあるものを識別することを学ばないで、他人の中にあるものを識別することはできないだろう。**患者と同じく、心を癒す人は自分もまた、観察する者と観察される者に分けなければならない。

ここで直面している知的な課題、ことに精神分析的な洞察とそのコミュニケーションは非常に大きな問題だった。今日でも、ここに含まれている心理社会的な課題を正確にとらえることは難しい。フロイトは当時の医者のもっとも重要な特性を放棄しなければならなかった。それは全能の父の役割だ。当時の社会にあっては、育児と台所を除いて、すべての人間的な行為を統率する者は父性的な男性であるという観念がしっかりと根をおろしていた。次の点は誤解のないようにしなければならない。フロイトは決して一夜にして別人になったのではない。実際、フロイトの中の父権主義的なものが何ら変わっていないことを認める人も少なくない。しかし、ここで述べているのは現代的な意味での意見とか役割ではない。また、中味の部品や道路交通の法規とは何の論理的な関係もなく変わる、自動車のモデルチェンジのように変化しやすいパーソナリティについて述べているのでもない。本物の役割というのは、ある種の思想的・審美的な統合性ということに関係したものであって、意見とか見かけではない。本物の変化とは、価値のある葛藤の問題である。その理由は、そのような葛藤は自分の位置について痛みをもって自覚し、新しい道義の心《コンシエンス》を生むからである。ホームズ判事*は、次のように述べたことがある。より深い信仰に近づく第一歩は、**私は**いかなる意味においても神**ではない**という認識である、と。さらに労働の諸々の技術の中に根づいているさまざまの社会的役割は、個人の微妙に入り組んだ生育史の中で準備されていく。誰であれ、厳格な父の下で苦痛を味わいながらも父と同一化している人は、この父のように自分も厳格な父になるにちがいない。そうでないなら、父の力に対抗することのできる、全く違った道徳的な強さをもつ者になるだろう。青年マルティン・ルターの宗教的な危機は、この問題のもつ大きさと深さを表す見事な実例である。**

これまで見てきたように、フロイトはその時代に尊敬されている人々が共通にもっている仕事の思想の中に、新しい内的な暴君、つまり支配的な原理を探し求めていた。しかし、彼はこの古い権威を棄ててしまった。そして今や、開業の神経科医のもつ、公認された社会的な優越性をも捨てたのである。これが彼の危機の第一の側面である。つまり、フロイトは全く新しい治療者の役割を生み出さねばならなかった。自分の専門職の伝統の中には見本にするアイデアはなかった。彼はそれを是が非でも生み出さねばならなかった。でなければ、彼は医師としては失格者となるほかなかった。

第二の問題は、フロイトが孤立していた時期におこなっていた研究の過程である。これは心の生活の中にも、量と力に還元できる可能性のある「同等の有効性をもつエネルギー」に関する模索であった。それは正常な場合

---

*　アメリカの元連邦最高裁判所判事（一八四一－一九三五）。経験や行為を重視し、社会学的法学の提唱者。

**　エリクソン著、西平直訳『青年ルター　1・2』みすず書房、二〇〇二年（1）、二〇〇三年（2）を参照のこと。

に恒常な状態に保たれている心の機制を説明する模索であった。また、破壊性を生み出す内的な条件を説明する模索であった。すでに見てきたように、力ははじめ「情動」と見なされ、機制が働かない場合には、「はけ口のないうっ積」と見なされた。フロイトの手紙と共に最近発見されたひとつの長い論文には、これまで文学のみが知りえていたような事柄を、心理学的な用語で示そうとしている創造的な衝動と、また一方で、その記述が、どうしても生理学的な方向に流れてしまうこととの葛藤の全容が示されている。この論文は「神経学者のための心理学(3)」と呼ばれている。これは一八九五年に書かれて、友人のフリースに送られ、世間からは忘れさられていた。フロイトは論文の冒頭を、次のようなことばで始めている。「この研究計画の意図は、ひとつの自然科学となるべき心理学に貢献することである。その目的は特定することのできる量的に決定された物的な分子としての心の過程を示すものである。そうすることによって心の過程を明らかにし、諸々の矛盾を解決することである」。フロイトはさらに、これらの「分子」を体制化していく理論モデル、つまり外的・内的な刺激によってひき起こされるような興奮の質と量を処理する繊細な機械の理論を展開している。物理学的な概念を生理・組織学の概念と結びつけて、ある種の神経の人造人間、つまりロボットをつくり出している。これは内的な恒常性の一般原理によって、意識や思考までも機械的に説明ができるようになる。この時期のフロイトは、心理学者としての研究の歴史の第一歩を踏み出したばかりだった。多くの点で当時の生理学的な思考様式と同じように、機械的・経済的な思考とつながりをもつ精神のロボット、つまり考える機械を生み出そうと苦心していた。このことを彼は友人に誇らしげに次のように述べている。「すべてがうまく説明がつきます。歯車はうまくかみ合っています。ものごとは実際、すぐにそれ自体で動くような機械のように思われます」。けれども、この考えを友人に書き送って一カ月後に、フロイトはこの考えを撤回してしまった。「すべて私のやろうとしたことは、(情動に対する)防衛を説明するためのものでした。しかし、私はもっと本質的なものを説明しているのだということに気がつきました。私は心理学全体と格闘しています。現在のところ、私の送った論文のことについては何も聞きたくありません」と書いている。そして彼は、自分が相手にしている心理学を今や「ある種の欠陥のある状態だ」と言う。これらの論文の草稿は全く偶然に発見されたものであるが、ひとりの発見者がその時代の伝統をいい加減に無視するのでなく、むしろはっきりとした限界点までつき進んで、孤独な模索がもう先のないところまで達したときにはじめて、この伝統的な思考を放棄したという苦難の道が劇的に記録されているのである。

やがて臨床経験が積み重ねられると、フロイトには問題の全体についての見通しができるようになった。患者は基本的に抑えきれない「情動」、とくに性的快感が「うっ積されて」いることに苦しんでいるのだということをフロイトは確信した。性的快感の存在は分厚い着物を着ている両親に、常に否定され、見つかると、ことに母親から激しい侮蔑のことばをあびせられた。広く見られる女性のヒステリーの疫学的事実の中で、フロイトは、ことに女性に犠牲を強いていたヴィクトリア朝時代の独特な症状に直面していたのである。そこには上流階級や新興の実業家や産業界の支配層の中にある、セックスに対する全く偽善的な二重の価値基準があった。しかし、このようなはっきりとした疫学的な事実も（小児麻痺や少年非行と比較してもらいたいが）、練られた一連の理論的な体系《コンフィギュレーション》が、特定の方法を示唆するまでは明らかにされることがなかった。性的リビードについてのエネルギー概念を導入することによって――この概念は、誕生後からのすべての欲求や愛情関係を沸き立たせる燃料であり、私たちの精神-機械は目的と理想に沿って変容することを学ばねばならないのである――フロイトは、この概念の中に、自分の患者たちの諸々の記憶が投げかける疑問にもっともぴったりした答えを直ちに導き出すことができ、またフロイト自身の模索する「同等にして有効な力」とぴったりと合うと考えた。しかし、穏健な道徳観をもつ彼の生活した時代にとっては、この考えは全くひどい、非合理で受けいれがたい反発をひき起こす理論だった。それは観察者にとっても、情緒的な危機に陥ってしまうような解決策でもあった。そうだとしたら、フロイトは一体どこに「ここで止めろという線を引けば」よかったのだろうか。

ここで神経症の発生原因を探ろうとするフロイトの熱意が誤った再構成をしてしまった。確かに、フロイトは正しい軌道の上を歩いているという自信をもちながらも、内的・外的な抵抗によって、精神的に動揺させられ、的を外してしまった。精神病理を生む根源の情況《ウァ・イヴェント》を探索していくうちに、幼児期における受け身的な性的体験についての患者の考えが、歴史的な事実であると見なして、患者の父親たちをこのような出来事の加害者であると考えるようになる。後に、彼は次のように述懐している。「分析は幼児期の性的外傷にまで確かに到達するのだが、にもかかわらず、これらの体験は真実ではなかった。ということは、現実の体験だという根拠が失われてしまうということである。そのことがわかったときには、もうすべてを投げ出してしまいたかった」。しかしやがて、「もし、ヒステリーの患者たちが、その症状を想像でつくりあげた外傷にまでさかのぼれば、この新しい事実は、このような光景を患者たちが想像の中でつくりあげたことを意味することになる。だから、心的現実は実際に起こった事実の次に位置づけられるにふさわしい」と考え直したのである。やがてフロイトは、この心的現実を、空想、夢、神話の領域として、また普遍的な無意識のイメージやことばとして組織的に記述することができるようになり、これまで長年の間、直感的な知識だったものを、科学の次元へ移し換えることになったのである。

ところで、フロイトの間違いは、性の「尊厳さ」をはぎ取ってしまったことだろうか。そうではないだろう。今日の私たちの知識を照合すれば、人間の動因の研究のためには、わずかなものに限定せず、より多くのものを性的なものであると、まず広く考え、次に慎重な吟味をおこなって、この仮説を修正する方がすぐれていると考える人が、いつか現れることは明らかだからである。というのは、人間の性的な衝動や破壊的な衝動に直面して、文明の「第二の天性」となっていたものを、大急ぎで隠し、ロマンチシズムの世界や宗教主義の世界、秘密主義、からかい、好色文学の世界に永久に閉じ込めてしまうことはあまりにも単純なやり方だからである。もし患者の空想が性的なものであったとすれば、性的な何かが患者の幼児期に存在していたにちがいない。フロイトは後に、それを**心理性的なもの**（psychosexuality）と呼んだ。というのは、心理性的なものは、想像性と同時に衝動を含んでおり、発達のもっとも早い時期の段階での人間の性的なものは、生理と同時に心理を包み込んでいるからである。

今日、フロイトの冒《おか》した間違いというのは、見かけほど大きなものではなかったと言えるかもしれない。まず、(常に性的ではないとしても)子どもに対する性的誘惑は確かに起こるし、それは子どもにとって危険なものなのだから。しかし、さらに重要なことは、親や祖父母たちが自分のちょっとした情緒的な解放感を味わうために、あるいは抑圧している怒りや自己陶酔の歓びや、ずるい自己正当化のために、一般に子どもの未熟な情動を刺激したり悪用したりすることを事例史の中で明確に識別しておかねばならない。そればかりでなく、実際どこにでも見られるように、「道徳的」と思われる人がしばしば反倫理的なことをおこない、また偽善的に合理化することを知っていなければならない。サミュエル・バトラーの『万人の道(*The Way of All Flesh*)』(一九〇三年)は、記録された中でおそらく、もっとも迫力のあるものだろう。ヴィクトリア朝時代の父親の役割の中にあったものが、今日、アメリカ社会では、「ママ中心主義」と言われるものと同じかたちで非難されている。よく知られているように、ヒトラーの父親憎悪の考えが幾百万のドイツ青年にアピールしたことをよく考えておかねばならない。また、これが全体的な爆発の底にくすぶっている主題であることを知っておかねばならない。すべてが運命づけられている長い幼児期の領域に近づく方法をフロイトは発見した。その方法によって、訓練そのものや、また訓練という名のもとに、哀れにも利用され続けた幼児的な人間が、大人になってから、あからさまに組織的にサディスティックに搾取する者になってしまうことがあるのをフロイトは見出したのである。このようにフロイトの探索は、人間のイメージについて、まだわかっていない重要な、もうひとつの展望をつけ加えたのである。

しかし、この発見もまた孤独な苦難の時期を通らねばならなかった。フロイトは社会の慣習や文化に逆らうアイデアを出すという、ひとつの重要な間違いをしてしまった。公的にも私的にも、フロイトはその責を免れようとはしなかった。彼はこの間違いを自己分析の一部にしたのである。

私たちは、歴史の上ではじめてのこの自己分析を、前に述べたベルリンのヴィルヘルム・フリース博士宛に書かれたフロイトの書簡によって知っている。この書簡が公開されるまで、フロイトとフリースとの友情の深さと重要性について疑う人はいなかった。

この二人の医師は、山岳地方の町などで長い週末を過ごした。二人はこの出会いを「会談」と称していた。二人は田舎道を飽きることなく歩き回りながら、同じ教育を受けている者同士なので、会話の内容もさまざまの話題に発展させることができた。歩くことの中から生まれる思想は堅固である、というニーチェの考えと、フロイトも同じだったかのようである。しかし、二人の医師の間で議論された理論の多くのものは論文として陽の目を見ていない。だから、数年の間、フリースこそ、フロイトの考えを分けもつ、最初にしてただひとりの人だったのである。

精神分析家たちは、この友情をあまりお好きではないようだ。つまるところ、フリースは精神分析家でさえなかった。フロイトのこの人に対する愛着の表現などを読むと、ちょうどあたかもゲーテの伝記作家が、ゲーテがある時期に、ある婦人を深く愛したことがあると述べているのに接したとき、わざわざ脚注を入れて「ここでゲーテは誤りを犯した」と言うのと同じことをしたい気持ちになる人もいる。今だから言うことができるが、フロイトはこの友情を非合理で、ほとんど病的なほど過大に評価していたにちがいない。けれども、結局のところ思索をする人は何のために友情を必要とするのだろうか。それは次のようなことであろう。友情によって、彼らはお互いの推論に共鳴し、お互いに相手にとって、ものわかりのよい権威者として振舞い、お互いに刺激を与える人、称賛する聴衆、注意し合う人間として振舞うのである。フロイトはフリースを自分が信頼できる「ただひとりの**他人**」と述べており、この時期までは、まだ「**他人一般**」への信頼までは高まっていないことを示している。ともかく、フリースは社会的な地位と広い教養をもった人であり、フロイトにとって「想像力と思考の柔軟性と推察力」をもった人として十分に信頼することのできる人であったと思われる。フロイトの想像したものが本物のヴィジョンの諸々の要素となり、科学のための青写真となりえたのに対して、フリースのものは、ある種の数学的神秘論になり果ててしまったとしても、二人の友情を過小に評価する根拠とはならないだろう。友人の価値というのは、しばしばその友情によって生み出された問題の大きさによって測ることができるかもしれないのだ。

それまでズレのなかったフリースとの友情は、一八九四年に非合理な障害物によってひとつの陰《かげ》りが現れる。この年に、彼はフリースに自分の症状と気分のことで相談した。これをフロイトはひとまとめにして、**ヘルツェレンド**（Herzelend）という言葉――何か「心臓の具合の悪さ」と述べている。フリースはフロイトの鼻腔の隆起部の組織を焼灼《しょうしゃく》し、そしてフロイトの大好きな葉巻タバコをやめるべきだと忠告した。ここで突然、二人の知的交信が混乱しはじめる。フロイトは「あなたの立派な事例史を読んでいません」と書き送る。これはフリースへの最後の交信が「途中で投げ出されてしまった」ことを示している。さらにフロイトは次のように言う。「今度はあなたの処置を疑います。というのは、私のこの心臓のこと（Herzangelegenheit）について、あなた自身が矛盾したことをおっしゃるのをはじめて聞いたからです」。そして今度は約束の地を見てしまっていながら、その地に足を踏み入れることのできない者の苦悩をもって、自分の発見について語るのである。「私は自然の偉大な秘密に触れていることをはっきりと感じます」。この思考のいらだちは「心臓の苦しみ」と結びつき、今や友人に対する不信と結びついたのである。彼はフリースに書き送っている。「私自身の神経症のもっとも深いところからくる何かが、これ以上さらに神経症の理解を進めることに反対する側にまわっています。あなたも幾分かは、これにかかわってきているのです」。

この時点でフロイトは、後に彼が理解して転移と名づけたものをフリースに対してひき起こしていたのである。これは重要な位置にある人、つまり医者や聖職者、指導者、王者、そのほか地位の高い人々、競争者、敵対者などに対して、私たちが示す過剰な評価や不信感といったものが独特なかたちで混ざり合っている感情である。フロイトはこれを転移と呼んだ。神経症的な場合、幼児的な愛や憎しみ、依存や憤りなどが、成人の関係の中に移し替えられて、関係をあいまいにする性質があるからである。だから、転移はまた幼児的態度への部分的な退行を意味している。この領域こそ、フロイトがその当時、患者の中に理解しようとしていたものだった。その上、フロイトの中では、これは創造的な過程とはっきりと結びついていた。若いフロイトが学生時代に「自然の衣を脱がせる」という、ほとんど近親姦的な情熱をもって、代償的に実験的研究に集中し、没頭したことはすでに見てきた。このようにして彼は自分のアイデンティティの一部しか実現することができないまま、葛藤を一時的に先延ばしにしたのだった。しかし、彼のことばにあるように、「自然の秘密の一部に触れた」とき、もうひとつのもっと大きな創造的アイデンティティを実現するように仕向けられたのである。というのは、フロイトの科学的研究計画が示しているように、確立されていた科学的な探究方法の中での逃げ道は、永久に閉ざされていたのだから。私たちの幾つかに分かれている自己が、互いにマイナスに働き合って、ばらばらになって分解して沈没する脅威にさらされるようなとき、ニーチェも言うように、友人こそが、私たちを沈没しないようにしてくれて、まとまりを与える命の救い主となるのである。

このようにしてフロイトは、もうひとつの原則を発見した。**心理学的な発見には、観察者のある程度の非合理的なかかわりがある。両者の一定の非合理なかかわりがなければ、その発見は他者に伝えられることはできないだろう。**このようなものが心理学の材料である。つまり、ここでは医師の防護服のように、観察物から放出される放射線から身を守るという意味で、優越的な態度や見下す態度のような鎧を身に着けているだけでは十分ではない。ここでは観察者自身の自分についての深められた洞察だけが、道具として有効なものとなり、その観察者を守り、観察される者とのコミュニケーションを可能にするのである。

フリースへの転移の中でも、フロイトはもっとも重要な転移に気づく。それは幼児期の父親イメージが、後にその人やその人の出来事の上に移し替えられるということである。このように見ると、偉大な父親イメージの主題の危機が万遍なくあることに、私たちは気づくことができる。すでに横暴な父に押しつぶされた経験をしている患者に対して、決して横暴な父親として振舞わないというフロイトの決意の中に、またこの主題を認めることができる。さらに、患者の幼児期を発達的に再構成していく中でフロイトが冒《おか》した間違いの中核として、この主題があることを認めることができる。またフリースに対してフロイトが子どものように反応した中にも、これを認めることができる。フリースに報告したある夢は、子どもの神経症の因《もと》になっている父親たちのすべてを非難したい非合理な願望が、フロイトを支配していた事実や、その理由を、はっきり示していることを彼は理解する。しかし、また同時に、創造的な人間が自分の創造性を実現するためには、いわば度を越して買いかぶった友人を必要とするのではないだろうか――この要求はほとんど悲喜劇的な状態になることもあるが、フロイトの生涯では周期的に起こっていた。

普遍的な父親イメージの現実的な側面と空想的な側面の二面を明らかにすることで、フロイトは今や未分化で個人の有史以前の人間関係において、すべてのものの最初の**他者**、つまり愛情を示す母親に到達することができた。ここまでくると、エディプス・コンプレックスの全体像を発見することにもとらわれがなくなり、これが世界の文学や神話の中に重要な主題となっていることを認識することも自然な流れであった。そのときになってはじめて、彼が神経症に苦しみ、迷っていたときに、自分の親のイメージをフリースに投げかけ、この**他者**が、「自分をあたかも他人であるかのように」自分を分析するのを助けてくれたのかもしれない、ということをはっきりと理解できたのである。このことを彼は、次のようにまとめている。「自己分析は実際のところできはしない。もしできるとすれば、そこには病はない……自己分析できるとすれば、それは私が客観的な知識を得られたときだけである」。この洞察は後に、訓練分析となった。将来、分析家になろうとする人すべてが予防的・教育的な精神分析療法を受ける基礎となったのである。

フリースとの友情そのものは、他の理由もあるが、もうしばらく続く。そして二〇世紀への変わり目に、『夢判断』(4)を出版した後、いわば彼が一番失いたくないときに、友情が終わったのだった。そのころ、フロイトはこの本を世の中へのもっとも大事な自分の貢献である、もうこれ以上のことはできないだろうと考えた。けれども、彼が書き送っているように、「世間にとって、木の葉一枚も動かすことはできなかった」。数年の間、書評も出ないし、言うほどの購読者もなかった。興味をもつ者があると、たいていは不信と中傷だった。この時期、一時的にフロイトは自分の医学者としての道に絶望したようだった。フリースは復活祭に会おうと提案するが、今度は彼がこれを断る。このことを彼は次のように書いている。「あなたと会いたくない、と言った方が正確です。私は抑うつ状態をのり越え……そして現在ゆっくりと回復しています……あなたと一緒にいると……私はあなたの立派な生物学的発見に対して、もっとも深い（個人的なものを超えたような）嫉妬を感じます……あなたに対する畏敬の念をうち明けないでおれなくなり、そして不満な気持ちで帰らねばなりません……私を抑うつにしているものを取り除くのに、誰も手助けをすることはできません。これは私自身が背負わねばならない十字架です」。幾つかの手紙の後、必要な洞察を得た後も、治療を引き延ばす患者の傾向について、次のように書き送っている。「このような治療の引き延ばしは、患者自身が望んでいる健康と病との妥協なのです……だから、医者はこれに手をかしてはならないのです」。今や彼がこのような「延期」と「妥協」とを自分の友情の中にも認めたことは明らかである。そして彼は、これ以上フリースへ依存しないと決心する。しかし、彼は「私のただひとりの聴衆」と呼ぶ友人を失うことを心から寂しいと思うのである。

この友情関係の変遷の中でフロイトのバランスは保たれていた。女性的直感と子どもらしい好奇心、そして芸術家的な自由なスタイルは、男性的な「内的暴君」の相手役として、心理学的な発見の過程で認められ受けいれられていた。フリースにとってはどうだったのだろうか。フリースによると、二人の友情はアイデアの優先権を争っている大きな暗礁に乗りあげた難破船のようだった。フロイトは自分を羨《うらや》んでいる、と彼は言っている。そして実際、フリースが「暗闇でなく陽のあたる場所で、無意識とではなく太陽と共に」研究を進めていると、フロイトは羨《うらや》ましい気持ちを表現したことがあった。しかし、フロイトが自分の立場をフリースと取り替えたかっただろうとは考えられないが。

これらのことは、その当時、精神分析が誕生する時期の危機の幾つかの次元である。これらの時期に、フロイトはあるときには万事休した気持ちを語り、神経症の症状を訴えている。しかし、これらの症状は創造的な危機の現象的側面を示すものだろう。彼の「汽車恐怖症」と夭折（若死）の不安――この二つの症状はすべて時の経過が、あまりにも速いことに対する過度な関心の表れである。「汽車恐怖症」とは、ドイツ語でいうライゼフィーバー（Reisefieber）（旅行熱）――すなわち、喜びと不安との緊迫した結びつきの意味を、ややぎこちなく臨床的に英語に翻訳されている。しかし、症状はひとつの側面だけでなく、幾つもの次元を意味していた。「到着が遅れる」とか、「汽車に乗り遅れる」とか、「約束の地に到着する前に死ぬ*」などということ以上のものを意味していた。一歩前へ進むのに、あまりにも多くの「仕事と時間と失敗」が費やされるので、心に描いているものを完成することができるかどうか見通しが立たなかったのだ。時を刻むことや持久力を求められるような時間へのこだわりは、よくあるように、心臓周辺の不安となるのである。

彼の幾つかの手紙の中で、時間の主題は地理に関係した焦燥感とも重なっている。彼はベルリンか、イギリスか、アメリカへの移住も考えている。その中でもっとも目立つのは、ヨーロッパの場所についての主題である。とくにローマを見たいという、切実で「深刻な神経症的」な衝動だった。最初、彼は「ただひとりの聴衆」であ

＊　例えば、フロイトの関心が高かった聖書の中のモーゼのように。

るフリースとローマで会う手はずを立てようと思う。けれども、フロイトは「私たちはまだローマには到達していません」とか、「前回会ったときより、ローマからもっと遠ざかっています。そして若さのもつ新鮮さもはっきりと失われています」などと書く。彼のもっとも重要な労作である『夢判断』が出版されたときに、はじめて、復活祭をローマで過ごす決心をする。それまでのフロイトの言い訳は、「何か理由があるからではありません。私はまだ何も達成していませんし（es is nicht erreicht）、ともかく周囲の事情で行けないのです」というのだった。

　フロイトにとってローマは何を意味したのだろうか。これは強く「多重的に決定されて（over-determined）」おり、だから高度に凝縮した主題だった。この主題の中に、ハンニバル*の運命を見出すこともできるだろう。ハンニバルはユダヤ人少年としてのフロイトの想像力をかきたてるものだった。ハンニバルはセム族**の将軍だったが、ローマを征服することは、ついに最後までできなかった。それ以上に、永遠の都ローマはすべての道の終着点であり、このことはフロイトがフリースに書き送った手紙の文章、「来年の復活祭にローマで会いましょう」の中に見事に凝縮されている。ここには教養あるドイツ人のイタリアに対する永遠の憧れをみることができる***（〝dahin, dahin〟）。これはまた、イスラエル人が過越しの祭りの祈りの中で、「来年はエルサレムで会いましょう」と述べて、その望郷の念を表現するのと同じである。この主題の中に、復活祭にカトリックの乳母の熱心なすすめで、教会のミサを一度だけ経験したユダヤ人少年であるフロイトの、ありし日の不思議な思い出のすべてがこめられている。私は思うのだが、人間生涯のいろいろな時期を包みこみ、同時に情熱や想像の中にある、さまざまのアンビバレントなものを調和させているような「多重決定性《オーヴァー・デタミネーション》」というのは、他の科学のもつ概念の簡潔性《パージモニー》をもちあわせていない。しかし、このようなものが精神分析の資料なのである。

　フリースに書き送られたものの中での最後に近い手紙で、ようやくフロイトは確実に自分の人生の意義を見出したように見える。彼は述べている。「私には読者がいます……まだ弟子が現れるほどに時は熟していませんが」。

そして一九世紀最後の年に書かれた手紙の中では、「私たちは時代を遥かに超えたところにいます」と述べている。フロイトは今や四四歳だった。

しかし、フロイトについて、哀れにも分裂し苦悩している男性であり、医師であるといった間違ったイメージを皆さんが抱かれないように、次のことを述べておかねばならない。この時代のフロイト像は、外面的なことからすれば、うまく適応した人だった。穏健で有能な人だった。診療に訪れる患者には良心的な処置をほどこし、子ども六人の家族を深い愛情と喜びをもって育て、広く読書し、瀟洒《しょうしゃ》な服を着て生活し、好奇心に満ちて旅をし、よく歩き（あるいは訓練というべきか）、おいしい食事を好み、酒を上手に嗜み、葉巻タバコを無分別に楽しんだのだった。「汽車恐怖症」もフロイトの旅行をおし止めることはなかった。彼が「仕事ができない」と言うとき、その意味は、彼の著作が自分の望み通りに進んでいないということだった。それは、彼の壮大なヴィジョンにともなうさまざまの願望や情熱や多くの不安を「うまく片づける」ことができなかったということではない。また生活する上でのいろいろの事柄を「穏健に」、ゆるぎない態度で対処してきたということでもなかった。うまく適応したり、穏健であったりするには、開業医にとって具合の悪い時期だった。近代産業化の時代になってはじめての経済恐慌のときであり、多くの人が貧困にあえいでいたときだった。彼の自己分析は彼を「変身」させたわけでもなかった。社会的に洗練させたわけでもなかった。フリースとの友情を特徴づけていた、幾つかの葛藤は終生フロイトに残った。それは彼の幾つかの初期の方法論的な慣習が生涯残ったのと同じだ。例えば、論文『トーテムとタブー』の中で、彼はまた再構成をした——今度は歴史という舞台で——過去の歴史的な

*　紀元前二四七年生まれのカルタゴの将軍。
**　ユダヤ人と同系の人種。
***　岡田温司『フロイトのイタリア』平凡社、二〇〇八年を参照のこと。

「出来事」（event）としては起こりにくいことではあるが、時間を超えた主題としては、すこぶる重要なものであった。けれども今度は、フロイトの初期の研究で用いられた方法論が、新しい探究方法に独自の方向性を与えることになった。また、その方法によって、ひとりの人のアイデンティティを形づくっている特徴に独特のまとまりを与えたのである。このことが同時代の人や次の時代の人への挑戦となっているのである。

『夢判断』や手紙類に見られるフロイトの高揚した気分の記述には、天才を特徴づける内的な矛盾がたくさんあるので、あれこれ取り上げて、賛成したり反対したりする者にとっては、都合のよい多くの証拠を与えている。しかし、創造的な危機について、ひとつの面だけを強調すること、例えば、幼児的であるか、あるいは偉大であるか、神経症的であるか、あるいは創造的であるか、感情的であるか、あるいは知的であるか、医学的であるか、あるいは心理学的であるかといったことを強調することは、理論の構成要素の本質を犠牲にしてしまうことになる。これに関してコーンフォード教授の文章を引用したいと思う。教授はピタゴラスに次のように言わせている。「私の経験の一部を評価し他を拒む、あなたの基準とは一体どんなものなのですか。もし、私がそんなことをやってきたら、皆さんは歴史にとどめている私の名前を聞くことはなかったでしょう」。

フロイトが心理学に導入した新しい探索の方法は、構成概念の体系（system of co-ordinates）であった。ここではごく簡単にしか述べることができない。それらは以下の通りである。彼の初期のエネルギー概念は**力動的-経済的な視点**（dynamic-economic co-ordinate）を用意した。これは衝動と力とその変容を扱う。**位相的-構造的な視点**（topographic-structural co-ordinate）は、あの初期の心のロボットという考えの枠内での、境界の仕切りに関する研究から生まれた。一方、**発生的な視点**（genetic co-ordinate）は衝動と構造の両方の諸段階における起源と発達について説明するものである(5)。何世代もの精神分析家が、新しい観察の事実を構成概念という視点の理論の中に位置づける努力をしてきた。このようにして構成概念の視点は、視点相互を交差させてチェックするクロス・チェック（cross-checking）の研究方法を積み重ねてきた。そして訓練を受けていない人にはなかなか理解しにくいものとなった。もう一方で、フロイトの事例研究は、以前には演劇や小説、また深く鋭い内省の才能に恵まれた人の告白などの中にしか見出すことのできなかった、深い心の深淵を探る研究方法を、人間の研究に示してきたのである。

初期のこれらの発見の時代から、精神分析は他の研究法、つまり博物学的な観察、身体的な検査、心理学的な実験、人類学的なフィールドワーク、歴史的な研究法などと深くて広い相互的な関係をつくりあげてきている。私の話の中では、これらの広い領域にまで話を拡大せず、ただ精神分析の初期の時代と創造的なフロイトの経験の独自性に焦点を合わせてきた。それは次のような理由からである。つまり、革新者の達成したものというのは、孤独な中で歴史的な逆境と内的な疑惑に対抗して、ただ説得の方法のみを武器として、人間の意識に新しい方向づけ――その焦点づけ方、その方法とその責任の負い方など――を与えたものの中に、もっとも劇的に見ることができると、私が信じているからである。

フロイトの発見の次元は、次の三つの要素の中に含まれている。それらは、いろいろの仕方で今日の精神分析の臨床とその応用の本質的なところに残っている。その三つの要素というのは、**治療的な契約、概念的な構想、および組織的な自己分析**である。

精神分析の臨床においては、この三つの要素は型にはまった手順とすることはできない。病に苦しむ人についての新しい見方が精神分析療法に適していることがわかると、新しい技術が生まれ、心の新しい側面が明確化され、新しい治療的な役割がつくり出される。今日、精神分析を学ぶ者は、訓練のための精神分析を受ける。これは臨床の仕事の上で妨害となる情緒的問題に対処するためのものである。とは言っても、新しい葛藤を回避することはできない。治療者も他の人と同じく不安に満ちたこの時代に生きていかねばならないのだから。たとえ個人生活であろうと、また仕事が認められて、うまく進められているとしても、葛藤を回避することはできない。

実際のところ、世間的によく知られた、自分たちの大きな職業的な組織があっても、次の三つの要素を保証することはできない――それ以上に、危険でもあるかもしれない。精神分析家は次のことに気を配らねばならないのである。第一に、研究の場の実質として、また臨床家として、患者との契約を受けいれ、表面的にはもっと「客観的」な方法がもっている保証というものを放棄する。第二に、理論家としては、概念的な再定義を、繰り返しおこなっていく義務感をもち続け、表面的にはもっと深遠で響きのよいことばを用いる哲学的な短絡さの魅力を遠ざける。そして最後に、ヒューマニストとして、表面的な専門家の万能感の満足にひたってしまわないように、自己を観察していく警戒の心をもち続ける。その責務はきわめて大きい。その理由は、ある意味で精神分析的な方法は永久にずっと「論争となる」道具としてとどまるべきだからだ。精神分析は人間の全体的イメージの心理的な側面を明らかにする道具なのである。人間の全体的イメージは、歴史の中のある時代には、無視され、搾取されてきた。また、その時代を支える技術や思想によって抑圧され、抑制された。その思想や技術の中には、簡単に割り切った「精神分析的な」思想も含まれる。*

フロイトの三対の要素は、行動科学や人文科学の中で精神分析を応用するにあたっても、同様に有用である。子どもを研究する大人、種族を研究する人類学者、暴動を研究する社会学者たちは、やがて自分たちの研究していることが、その人々の幸福のためにやっているのだろうか、という決定的に重要な問題に直面させられるだろう。自分の研究の動機がはっきり意識されているか、あるいは深い無意識レベルで気づいていないとしても、いつかはこの動機に触れるだろう。観察している事象に情緒的に参与するということと、方法論的な厳密性との葛藤に、やがて出会うことは避けられない。結局のところ、研究者は自分の研究領域と人間的幸福を増進するために、人間的な義務感と方法論的な厳密さとの間で、否応なく起こってくる葛藤を避けることはできない。だから、研究は長い目で見ると、自分の観察のフィールドで、人間的な義務、方法論的な責任、そして自分の動機づけが含まれるような能力を伸ばすことが要求されるようになる。そのようにしながら、フロイトがあえて歩いた科学的な良心の道を、自分なりのやり方で、私たちも繰り返すのである。

しかし、自己の意識の内部でのこのような変化は、例えば観察をされる人と共にいる観察者の変化、患者と共にいる医師の変化といった、専門的な関係の中に閉じこめておくことはできない。これは根本的に、**幼児期に対する大人の関係についての新しい倫理的な方向づけ**を意味している。すでに過去のものであったり、自分自身の中にある幼児期に対する関係、自分の前にいる自分の子どもとの関係、そして自分のまわりにいる子どもたちとの関係に対しての根本的に新しい倫理的な方向づけを、これは意味している。

しかし、人間の歴史的な次元を扱う諸学問では、子どもの時期についての見方が、お互いに大きく違っている。長期の展望に立てば、日常生活の中での医学的・教育的な取り扱いを必要とするような緊急な事態は無視できるのだ、と考えて学問をする人々は、女性たちや子どもたちの足跡などに配慮なく、何のためらいもなく世界の歴史を書いていく。また、子どもの時期のいろいろのあり方の違いには触れないで、全体的に人類学的な解説をする。さらに、研究者は政治的、経済的な諸現実の中の因果の関連を記録しながら、指導者や大衆の中に見られる不安や憤りを、子どもっぽい感情の名残と同じような「人間の性質《さが》」からくる歴史的な偶然性であると言って、全く問題にしていない。実際のところ、心の医師たちが情熱的な姿勢で、はじめてこの歴史の世界に入りこんできたときに、多くの学者たちは追放され、古い学問の中に閉じこめられてしまった。しかし、研究者が人間の子ども期の歴史的な有効さを考えないのは、フロイト自身が予見していたように、どこにでもあるが、もっと深い情動的な反発と抑圧によっていたのではないだろうか。また一方で、あたかも人間の運命は、はじめから決定されてしまっているかのように、子ども期を考えている、はやりの偏見に対して反発した、臨床の文献

＊　フロイトの著作物は、国民の思想に害を与えるものとして、一九三八年、ナチスによって焚書にされた。

（また、何でもすべて臨床的になってしまった文献）があったことも認めねばならない。

右に述べたようないずれの傾向も、新しい真理が現れてくることを阻むことはできないだろう。ことに、すべてが歴史的な法則に従っている人間に共通する生命は、連続する世代のエネルギーと世代のイメージによって培われており、またおのおのの世代は人間の運命に対して、その倫理的、合理的な目標と、幼児的な固着との間に避けることのできない葛藤が生まれるという新しい真理が現れてくるのをさえぎることができない。この葛藤が人間を駆り立ててびっくりするようなことをやってしまうことがある——これは人間の揺り戻しの行為（undoing）[*]かもしれない。これは人間であることの条件でもある——つまり、それが底なしの非人間的な行為を生む原因の中核である。というのは、人間は自己の倫理的立場を放棄すれば、いつでもどこにおいても、人間の本質を守る働きそのものを危険にしてしまうような、全面的な退行をひき起こして非人間的な行動をするからである。[**]

フロイトは個人の中にあるさまざまの病理的な表現を解剖して、この退行的な傾向を明らかにした。また同時に、文明の中でプラスとマイナスのものの中から、いっぺんに、また徐々に失われてきたものがあることも彼は指摘している。「幼児の輝く知性」——つまり、子ども期の純朴な情熱、自然な勇気、無条件の信頼といったものが、恐怖を与えて教えたり、不十分な情報や制限された情報をもとに教えたりして、押しつぶされてしまうことについても、フロイトは語っている。

ここでもまた、ひとりの天才が、子どもの澄んだ目をもち続けていたのだということに感動させられる。しかし、私たちは人間の集団的な退行を、ひとりの天才の指導者が出てきたということによって、正当化しすぎてはいないだろうか。天才がいかにその時代の権力者によって苦しめられ、また天才自身がしばしば、一方の手で創造しながら、もう一方の手では、破壊する衝動に駆られてきたかを私たちは知っている（やや病的なぐらい知りたがってもいる）。

フロイトの場合には、その天賦の才は、自分の子どもの時期にさかのぼり、またすべての人々の子どもの時期にさかのぼる新しい観察の道具となった。フロイトは子どもの天才性を破壊するものを見つける特別な道具を発明したのである。フロイトは、子どもの中にある悪魔的なものを見分けることを私たちに教え、また一方、子どもたちの中の創造的で、善的なものを押しつぶさないように私たちを励ました。それ以降、子ども期での成長の特質に関する研究が全世界のすぐれた観察者によってなされている。人類はこれまで自分の過去――系統発生的・個体発生的な――過去については知っていなかったのである。このような点から見ると、フロイトは自己治癒、つまり人間の意識の中にある平衡を保つ傾向に目を向けたパイオニアであるということができる。いまや技術の発展が月をも征服しようとしている今日、次の世代は一層さらに明確に自分たちの衝動性に目を開き、また個人を支配している法則に気づいておく必要がある。全く混沌とした子どもっぽさ（childishness）を避けるために、もっと本当の子どもらしさ（childlikeness）を認め、これを保たねばならないのである。

医学の道に進む以前に、フロイトは法律家か政治家、つまり法を賦与する人（Gesetzgeber）になることを望んでいた。一九三八年に彼が国を追われて亡命するとき、彼の腕にはモーゼに関する草稿が抱えられていた。モーゼはユダヤの民に法律を与えた偉大な人物であると同時に、特異な運命をも与えた人であった。フロイトはモーゼの特別な運命と特有の才能を自分のものとして受けいれていた。フロイトは不屈のプライドをもって、人々によって耕されるべき実り豊かな分野を切り拓《ひら》く役割を選んだ。フロイトの研究の出発点を振り返り、またその意義のもつ未来への展望について思うとき、私たちは次のように言ってもよいだろう。つまり、医師フロイトは情緒的な問題の治療活動のただ中で、自分を治癒する方法を発見し、人間の基本的なあり方に新しい心理学

＊　前の行動を取り消すために、別の行動をすること。

＊＊　ここではヒトラーのユダヤ人虐殺を意識して、ドイツの学生たちに語っている厳しいことばであることがわかる。

的な説明原理を与えた。人間的な秩序の中に、技術的なものと政治的なものを、お互いにしっかり心理的なものに結びつけ、交流させる方向への決定的な第一歩を、フロイトは踏み出したのである。

もしフロイトに対して、たとえ本質的な価値でなくとも、大切にしていた幻想を破壊した人だと見る人があるなら、私は皆さんにこのフランクフルト・アン・マイン市で起こった出来事を思い出してもらいたいと思う。一九三〇年に、ゲーテ賞委員会の会長が、フロイトに対してゲーテ賞の授与をこの地で発表したのである。病床にあった父に代わって、娘のアンナ・フロイトが旧レーメル会館（現在は再建されている）での式典で賞を受けとった。ゲーテ賞の授与に際して、会長は述べている。「容赦のない脱幻想にメフィストフェレス的に没頭することは、人間の創造的な潜在能力に対するファウスト的な敬意と不即不離の半面であります」。受賞の受諾の手紙の中でフロイトは、この文章ほど「自分の心の中の個人的な動機」をはっきりと認めたものはないと述べている。

第2章　臨床的エビデンスの特質

私の受けたこのシンポジウムへの招請状には、「……臨床家は実際にどのように活動しているか」という問いに答えるのが、中心的な課題であると記されていた。招請状には、心理療法家の頼りとする直感（「あるいはそれに似たような個人的判断」）についてでもよいし、客観テスト（「治療者のよって立つ理論が違っていても、比較的共通したもの」）について考えてもよいという好意的と思われるゆとりが与えられていた。そして最後に、「直感が作用している範囲で、臨床家はその操作をどのような仕方で訓練しているのか。それは臨床家の理論的な枠組みによって支えられているのか。あるいは、長い個人的経験によって支えられているのか」という問いで締めくくられていた。この問いは、臨床家はどのように仕事をしているかという問いの範囲で、臨床家はどのように考えているのか、ということに力点がおかれている。

このような招請状は親切で、招待を受けた者が、自分のありのままの姿を示すように元気を与えてくれる。また、長い歴史をもつ伝統のある科学の仲間入りがしたくて、その研究者たちがするように、臨床家たちもできるのだと言いたくなる誘惑からも解放される。直感と客観的資料、理論的枠組みと経験の四つは、明確にしなければならない基本の領域なので、スピーカーはすぐにもそれについて意見を述べることができるだろう。しかしまた、一回の講義だけでは、ただ個人的な色彩の強いものを現象的にスケッチする以上のことはできないかもしれない。

前章の講義は二〇世紀初頭における精神分析の起源（およびその創始者）に焦点がおかれていた。本章の講義では、半世紀後の精神分析家にとって臨床的経験はどんな意味をもつかを論じたものである。この講義はマサチューセッツ工科大学で一九五七年の「エビデンスと推論」に関するシンポジウムでおこなわれた。

招請状には、私の場合、ある特定の「学派」の心理療法家だということも述べられている。つまり、私はフロイディアンの精神分析家として訓練を受け、またこの方法を他の訓練生――大部分は医師であるが――に教えている。ここで私はこの学派の心理療法を専門職として考え、臨床的エビデンスの特性が臨床家の日常の仕事の中で、どのように決められていくのかについて理論的に述べてみたい。とはいっても、私がフロイトの立てた概念体系――それは十九世紀から二〇世紀初頭にかけて、物理学的生理学の中で教育を受けた医師によって生み出されたもの――にこだわるのは、ただ狭い職能人ということからだけではない。それは物理学的概念が心理学に移植されることによって、新しい臨床的思考の様式が今日の時代にもたらされたということである。これを否定する人はいないだろう。

「臨床的（clinical）」というのは、もちろん古い言葉である。この言葉には医師が病人へ医療をほどこすという意味と、死の床にある人の最後を牧師が見守るという意味がある。近年、西洋では臨床の領域が急速に拡大しており、臨床ということばには、単に医学のみでなく、さまざまの社会的な配慮をも含まれるようになってきた。つまり、身体《からだ》の健康のみでなく精神の健康をも含んでいる。また、病の治癒の問題のみでなく予防の問題をも含み、治療の問題のみでなく研究の問題をも含むようになってきている。このことは臨床的な仕事はさまざまな種類のエビデンスと混ざり合い、いろいろの方法論とも重なり合っていることを意味している。極東では、心の問題に関して言えば、「臨床」という用語は全く違った歴史的意味合いをもっている。中華人民共和国では改善をしなければならないと見なされる人に、「思想分析家」が会う。この思想分析家は自己の思想を「人民の意志」に改善するために、誠実な告白と自己分析をすすめる。心の病いや、反社会的に偏った行動、心理的な治癒の概念のイデオロギー的な意味については学ぶべきものが多い。しかしここでは、心理療法の出会いの中から得られるエビデンスの特質について述べるように招かれたのだと私は考えている。*

そこでまず、医療臨床の中核を形づくっている要素である二人の人間の出会いについて簡略に述べたい。このひとりは援助を求め、もうひとりは専門的な方法をもっている人との出会いである。二人の**契約**は治療的契約である。料金と信頼のもとで提出される情報と引き換えに、治療者は専門家としての精神《エトス》の範囲で、その患者の利益になるために仕事をすることを約束する。普通には、**主訴**があり、ある程度はっきりした苦痛や失調が語られる。そして**症状**がある。これは目に見えることもあり、身体《からだ》の部位を特定することもできる。それから**病歴**をとること、つまり障害の病原的な再構成がおこなわれる。次に**検査**、つまり医師自身の経験からくる勘や考えが種々の検査の器具でもって裏づけられる。これには臨床検査の幾つかの方法も含まれることがある。そこで出てきたエビデンスを評価し、判断と予後の推測に進んでいくにあたって医師は**臨床的に考える**（これは実際、**予後の推測**の臨床的なかたちである）――自分の心の中に、さまざまな思考**モデル**、つまり**身体の解剖学的な**構造や**生理学的な**機能、種々に分類された疾患単位の**病理学的な**諸過程など、かなり違った水準の知識がいっぱい詰まっている。臨床的に将来どうなるかの予測（予後）は、主訴、いろいろの症状、病歴などから手掛かりを得て、解剖学的、生理学的、病理学的な諸種の考えを、素早く、大部分は前意識的なレベルで相互に吟味して推測がおこなわれる。この推測を基礎にして、**もっともよいと思われる処遇の方法**が選ばれる。これがもっとも単純化した臨床的な出会いである。この臨床的な出会いの中で、患者は自分の身体《からだ》の一部を検査にさし出し、できるだけ身体《からだ》そのものになり、人間的であることをやめる。つまり、いろいろの器官の寄せ集めを超えた創造物であることをやめるのである。

しかし、立派な医師であれば誰でも知っていることであるが、患者の訴えは症状よりもさらに広いものであ

＊　この講演が行われた一九五七年はまだ、東西の冷戦状態がいろいろのところに影響を与えていた。中国を含む共産主義国と米国に代表される資本主義国との思想的な対立は続き、まだ、米国の中では、反共産主義という雰囲気は強かった。これが背景になっているところがある。

り、病的状態は局所の痛みや失調よりずっと大きなものである。それはユダヤの一老人の次の言葉によく示されているようなものである（ユダヤの老人は世界すべての国の犠牲者のために語る方法を心得ている）。「先生、私のおなかは調子が悪いし、足は痛むし、心臓もギッコンギッコンです。その上、先生、私自身全体、気分がよくないのです」。このようだから、処遇は身体の特定部位の改善に限定されないのである。つまり、「立派な」医師の場合には自然にやっているものだが、訴えを広くとり、症状に対応した**解釈**を患者に与え、多くの場合、「患者自身」を医師と同じ観察者に仕立てたり、助手に仕立てたりする。このことは、回数を重ねて診察する（心理療法のような）場合に重要である。つまり、面接が繰り返されて、前に立てた予測やおこなった諸検査がひとつずつ証明されたり、反証となったりする**展開していく治療歴**の場合には重要となる。

良かれ悪しかれ、身体的なものを扱う場合であっても、精神的なものを扱う場合であっても、これが伝統的な臨床的出会いの中核である。しかし、今から例をあげて分析しようと思っている**心理療法的な出会い**を示す特定の事例の場合には、**主訴**と**病歴**と**解釈**の三つの項目が、他の面よりもずば抜けて際立っている。つまり、人の心を扱う臨床家は、患者が治療者に語ったことばと、そのお返しに与えられる解釈の間で、治療者の心の中に何が起こっているのか——これが吟味されるべき問題であると私は思っている。これは次のようなことを意味している。つまり、患者の単なることばや社会的な表現に直面し、また非言語的な道具で支えられるものがないのに、心理療法家はどんな方法で、信頼に足る見方や考えをすることができるのだろうか。ここまでくると、招請状にあった「……臨床家は実際にどのように活動しているか」という問いが、一体、好意的なものかどうかわからなくなってくる。というのは、心理療法家は、多くの場合、面接の場を用いたり、医学的な用語を使ったり、ときには臨床検査的な方法も用いたりして、医学の伝統的な教科書にあるような明確さに見合うようなものはほとんどないのに、心の解剖学・心の生理学・心の病理学を頼りにしている、と言っていることには疑問の余地があるからだ。要するに、純粋に身体医学的な医療での医師と患者の出会いよりも、患者の訴えと治療者の解釈の両方の中にある主観の要素が、はるかに大きいのだ。もちろん、この主観という要素は、原理的に言って、どのような臨床的な接近からも完全になくすることはできないのではあるが。

　実際、私が自信をもって述べることのできるような臨床活動の領域の中でのエビデンスと推測に対して、探索的な活動をすると、中心に主観性をもち込まざるをえない。心理療法家もまた、他の臨床家と同じようにヒポクラテスの誓いを立てているが、治療と研究のために自分を提供している患者との契約を、面接の時間ごとに果たさねばならないのである。治療的な出会いによって、治療の前よりも健康な、もっとまとまった人間になることを期待して、患者はもっとも個人的で神聖な自分についての資料を提供する。心理療法家には他のすべての臨床家と同様に、次のことが要求されている。つまり、もっとも個人的で情緒的な事柄について話し合っていても、たとえ未熟なかたちであるとしても、自分の依って立つ概念モデルとの間で知的な内的接触を保っていなければならない。しかし、他のどのような臨床家よりも、心理療法家は患者のいろいろの動きや反応をとらえようとする観察の場で、**特有の研ぎすまされた自己意識**（specific self-awareness）をもたねばならない。臨床活動の中に**専門的に訓練された主観**（disciplined subjectivity）の中核があると私は言いたい。これは治療者の側からも、患者の側からも言える。そのすべてをただ見かけの上で客観的な方法――他の領域でのいわば機械・器具の中で開発されたもの――に置き換えられるものではないし、それが望ましいことでもない。治癒に作用していると考えられる訓練された理解の方法と合意を得た洞察の中に、治療者と患者の二つの主観がどのように参与し合うのかということ――それが論じねばならない点である。

　さて第一に、最近、病歴《アナムネーシス》と呼ばれている、「生活史の聴取」についてひとこと述べたい。多くのクリニックでは、これは多くの場合「受理《インテーク》」面接者の手でなされている。患者が治療に入った瞬間から、自分の病歴を客観的に述べることができるが、後に「担当のドクター」に独特の依存的な姿勢で報告するまでは、一時的に保留しておくことができるとでも思っているようだ。本格的に治療が始まると、もちろん、この病歴の大部分は、治療過程の重要な時期に、またもう一度報告されるようになる。しかし、心理療法家が患者の過去に、とくに興味をもって問題にしてもしなくても、治療者は患者の生活史に入り込み、患者の過去でこれまで重要であった人たちの中に自分も加わることになる。だから、あいまいにするつもりがあろうと、なかろうと、方法論的には、このシンポジウムの中では歴史家の立場に一番近いだろうと私は思っている。

R・G・コリングウッドは歴史的過程を次のように定義している。歴史的過程というのは「歴史的に知られている限りの過去が、現在の中に生き残っているものである」。だから、存在自体は「思考過程そのものである……歴史は、その一部であるものが、一部であることを知っている心の範囲の中にのみ存在する」。そしてさらに、「歴史とは精神の生活そのものであり、**精神の生活とは歴史的な過程の中で生きていて、そのように生きていることを知っているときに存在するものである**[1]」。

ここで歴史哲学を論議するのが私の仕事ではない。ただ、コリングウッドの定義した歴史家と臨床家が似ているというアナロジーは、生活史の聞き取りをする中で、生活史の一部になっていくという、事例の歴史を調べる人の働きのところに当てはまると私は思う。しかし、似ているのはそこまでである。歴史家が臨床的な政治家であれば、臨床家との類似性は当てはまるかもしれないが。つまり、臨床的な政治家とは、出来事を記録しながら、出来事を修正し、出来事を方向づけながら、その変化を記録する人ということである。このような意識的な臨床家的-歴史家-政治家がいつの日か現れる可能性もないとは言えないだろう。

次に、歴史的なものとしての心理療法的な出会いについてもう一度述べたい。人は緊急の事態になってしまったと周囲に伝え、自分でコントロールするのを放棄して処遇の流れに身をまかせることになる。このとき主観的にひとりの**病める人**、つまり**患者**（patient）になると同時に、外から見るとひとりの援助を求める人、つまり**クライエント**（client）の役割を受けいれたことになる。自分の一側面をとらえることに「重きをおいて」、しばらくの間は治療法に結びついた診断的な手段を使って観察するので，私的生活と公的生活とのバランスや，自分で気づかないままにやってきた自律的な生活を，ある程度は中断しなければならなくなる。このような「観察のもとにおかれて」，患者は自分自身の観察者になる。障害の発生の時期までさかのぼって考え，自分の位置を歴史的に観察し，（魔術的，科学的，倫理的な）自分の自己統制が回復される前に，世界の秩序のどこが破綻し，どのように復元しなければならないかを，患者として考えるようになり，また援助を求めるクライエントとして考えることを求められたりするようになる。このようにして，患者はひとつの**事例**になるプロセスに参加するのである。つまり，社会的には生活していくようになるかもしれないということと，しかし，それにもかかわらず，患者は自分自身についての見方を生涯にわたって変えてしまうかもしれないということだ。

これに対して臨床家は，自分の前におかれた挫折した人生の断片に判断をくだし，自分自身と自分の方法とを，その人生の断片の中に投げ入れ，その人のもっともなじみ深い生活史の一部となるのである。また幸いにも，臨床家は一貫した世界像を土台にした組織的な方向づけをもつ治療的な仕事をする人としてとどまっている――たとえその世界像が，病める人は悪霊によって病をひき起されたという考えであろうと，悪魔の誘惑によるという考えであろうと。また，化学物質の毒性に冒されたということであろうと，内的葛藤による混乱からくる間違った親譲りのものだという考えであろうと。また危険なイデオロギーのために迷わされてしまったのだという考えであろうと，幸いにも仕事をする人としてとどまっているのである。専門的な諸理論の助けをかりて，クライエントに自己を見つめるように促しながら，臨床家自身はクライエントの生活史の一部になろうとする。たとえ，そのクライエントが癒しの歴史の中でひとつの事例となるとしても。

カリフォルニアの北部に，私の知っている高齢のシャーマンの女性がいた。[*] 精神障害について私の考えを彼女

＊　Erikson, E. H.: *A Way of Looking at Things*. W. W. Norton, New York, 1987, p.384-445を参照のこと。

に語ると、軽やかに笑い、そして真顔になって――そのために儀式的に涙を流すほどに――彼女が患者の「苦痛」を吸いとる方法について述べてくれた。彼女は私が自分の技法に確信をもっているのと同じく、治療し理解する自分の能力に確信をもっていた。アメリカの精神医学の歴史の中で、私と彼女は対極のところにいるにもかかわらず、私はこの女性に仲間のような気分を味わったのである。このような気分はまた、すべての心理療法のもつ、歴史的な相対性を共に感じているということから来ているのではないかと思う。つまり、症状に対する見方の相対性、患者意識としてその人のとる役割の相対性、求める治療の種類の相対性、積極的に与えようと考え、実際に与えることができる援助方法の相対性である。この高齢のシャーマンの女性と私は情緒的障害の位置づけ、つまり障害が「何であり」、それを選ばれたどんな方法で治療するかということでは考えが違っているのだが。

しかし、このシャーマンが子どもの病気発生の源を、その部族内の家族の緊張と関係づけ、「痛み」を（これは「子どもの皮膚の下」に入り込んでいるが）、子どもの祖母の魔術（アンビバレンス）のせいにしているのを見ると、私が専門的に面接室でおこなっているのと同じ力を、このシャーマンも扱い、私が確信をもっているのと同じように、このシャーマンも同様に確信をもっていることがわかる。このような経験は、必ずしも「未開の」というわけではないが、精神医学の異なった立場の治療者たちと討論する際にも、繰り返し感じてきているところである。

今日の専門的に訓練を受けた心理療法家は医学的方法や概念を受け継いでいる。しかし、この考えに反対して、治療状況での人と人との出会いに関して実存的な観点や社会的観点をはっきり主張する者もいる。ともかく、心理療法家は自分の諸活動を生活史的な過程の関数と考えて、自分の領域においては歴史を記録しながら歴史を生み出していると考えている。

このように常に変化する流動的な状態の中で、私たちは臨床的なエビデンスの道筋を追わねばならないのである。「科学的」であると言って人々に印象づけることのできるのは、心理療法の副次的な方法――つまり、神経学的検査、化学的分析、社会学的研究、心理学的実験など――はもっと具体的な資料だとして、人々に印象づけるかもしれない。しかし、厳密に言うなら、これらのすべての資料は治療的でない観察状況に患者を追い込んでしまう。これらの方法は、それぞれある事柄についてかなりの程度「客観化し」、幾つかの理論を支えるしっかりしたエビデンスを提供し、ある種の患者群だけに効くような治療の方法に導くかもしれない。しかし、これは心理療法的な出会いそのものの中で生み出されるエビデンスの本質ではない。

本質を示すようなエビデンスを述べるためには臨床例の見本が必要だろう。この臨床例は患者が私に何を言ったか、言いながらどのように振舞ったか、それに対して私は何を考え、おこなったか――といったきわめて疑念を差し挟まれそうな方法についてのものである。実際のところ、治療室（それもフロイトの時代よりも軽やかで明るい雰囲気になっている）が、啓発された地域社会に向けてさまざまな窓を開いていく時代の始まり、つまり、この治療室に一方視の鏡やカメラ、録音器具といった研究のための窓まで備えつけられているような時代の始まりに、私たちは立っていると言えるだろう。しかし、ここで明らかにしようとしている種類のエビデンスは、ある程度の期間、これらのドアは閉ざされ、防音されて、外からは見えないということが欠くことのできない条件の中で得られるものである。

私がこのことを強調するのは、臨床例が生まれる治療状況に関する適切な研究を閉め出したいからではない。私たちの多くの治療的解釈が、ちょうど次の例にあるようなユダヤ人の（裏読みの）会話と大同小異であることを私は十分に心得ているつもりである。ポーランドの駅で、あるユダヤ人がもうひとりのユダヤ人に尋ねた。「あなたはどこに行くのかね」。もうひとりが、「ミンスクまで」と答える。すると、はじめに聞いた人が、「ミンスクに行くんだって？」とびっくりして、次のように言った。「あなたがミンスクに行くと言われると、あなたはピンスクに行くのだと私は信じねばならない。けれどもそうは言っても、あなたはミンスクに行くのだね。だったら、なぜ私に嘘をつくのかね」。かなり行きわたった偏見があって、多くの場合、心理療法家が患者の心の中に「実際に」存在していると言い、またある場合、無意識的に存在すると言い張るものを、一つひとつ明らかにして、治療者の主張しているところに真実はあるのだ、と単純に信じているような、ちょうどミンスク・ピンスク逆転を上手に使う技術をもっているのだと言う。[*] わたしは特にこの点を考えて、臨床的な判断の中に、どのような方法があるか例をあげて示してみたい。そこで次に私が選んだ臨床例は、資料の中でも、もっとも主観性の強い資料である夢の報告である。

ここで述べる患者は二〇歳前半の青年であり、精神科病院で治療を続けている。入院の第一年目の中頃の面接時間に、これまで見たこともない心乱される夢を見たと言った。この夢は「精神的な破綻」当時のパニックの状態を生き生きと思い出させた。この精神的挫折のため、海外伝道に携わるための研修を中断し入院することになったのである。彼は夢を振り払って忘れることができなかった。目が覚めたときも実際にあったことのように思われて苦しんだ。夢を私に語っているときでも、まだ夢の気分は生き生きと続いていて現実感があいまいになっていた。彼は正気を失ってしまうのではないかと恐怖におののいていた。

「夢」は次のようである。「古い四輪馬車時代の馬車の中に、ひとつの大きな顔がありました。顔は全くのっぺらぼうで、無気味な細いくねくねとした髪が顔のまわりにありました。それは私の母かどうかよくわかりませんでした」。この夢の報告は、やや哀調をおびた調子で語られ、いつものようにそれに続いて、前の日に何をしたかといった普段の生活のことが語られた。しかし、その話は後で見ると、ずっと前に田舎で牧師をしていた、亡くなってしまっている祖父と患者との関係についてのまとまった説明となっていた。実のところ、小さな子どもであった彼は、祖父と一緒に小川の橋を渡っていた。自分の小さな手は祖父のしっかりした手の中に握られていた。ここで患者の気分が変化して、農園への激しい郷愁に深く心を動かされ、そのことを感動しながら認めた。

そこに彼の祖先の北欧系移民としての価値がおかれていることをはっきりと、しかも印象強く示していた。

この患者は、夢からどのような経路で祖父のことへとたどりついたのだろうか。ここで次のことを指摘しなければならない。臨床的な出会いの場で、患者の「連想」は、まだ明瞭になっていないことの意味を明らかにする一番よい手掛かりであると私は考えている。それが強烈な感情体験であれ、頑固にへばりついた記憶であれ、印象に残る反復して出る夢であれ、変化しやすい症状であれ、同じである。ここで連想されたエビデンスと言っているのは、夢を話している最中、またその後に、患者の心の中に起こってくるすべてのものを指している。はっきりとした思考の障害のある場合は別として、自我の統合機能《エゴ・シンセシス》と呼んでいるものが「同じところに属するもの」を連想するものだと考えることができる。たとえそれが時間的に言ってどんなに違っていても、空間的に隔たっていても、また論理的に矛盾していても、同じところに属するものを連想する。患者の性格や知性、よくなりたい意志といったものの中にある、ある種の結びつきを治療者がひとたび確信すると、臨床的な出会いの繰り返しの中で、一連の主題や考え、情動を生み出していく患者の力を頼りにすることができるようになる。これらの主題、考え、情動は、またそれ自体で関連したものとつながり、相互に照合していくものを見つけていく。もちろん、臨床的資料そのものの中にあるこのような根源的な統合機能を信じるからこそ、臨床家は「自由に漂う注意」を用いて観察する。治療者は当て推量をひかえ、患者が治癒的な明確化を求めるときと、治療者がもっとも適切なものと思われるものを認識して、それにことばを与えること、つまり、**解釈**を与えるときとが、ひとつに合流する瞬間がやってくることを待っているのである。

また同時に、ある面接時間に語られることはすべて、それまでの面接において語られた事柄とつながりをもっている。あるひとつのエピソードから得られた洞察がどんなものであっても、それまでの疑問や、それまで半分

＊　自分の思いで勝手に裏読みをしている精神分析家に対する皮肉としてのブラック・ユーモア。

しかわからなかったことなどをはっきりさせるという事実とつながって出てくる、ということを理解しなければならない。このようなエビデンスの連続性（evidential continuity）について、ここでは大まかに述べることしかできない。実際、この一時間の面接を説明するのに数時間かかるだろう。ここでは右の夢との関連で、次のような表面的に見ると逆説的な事実のことだけを言っておきたい。この患者は前回の面接で自分の仕事や日常生活で、ずっとうまくやれていることを話し、私に対して信頼を示し、私への愛情とでもいったような好意さえ示していたのである。

夢の報告の後、その残りの時間、私は患者のことばに耳を傾けた。彼はゆったりした椅子に腰を下ろして私と向き合っている。私はたまに、彼の言う内容や気持ちがよくわからないときに、はっきりさせるためにだけ口をはさんだ。面接の終わりに近くなって、まとめとして、私は彼の夢を聞いてどんな気持ちになったかを述べた。この解釈は、私自身にも彼にも納得できるもので、後で振り返ると、治療全体にとって節目となったのである。（私たちが語りたいのは、このような治療面接の時間のことである）。

さて、報告された夢の意味の、多くの可能性の中からひとつを選びとる際に、私がどのような推理を働かせているかという課題に目を向けるには、読者にも私と一緒に、フロイトの言う「自由に漂う注意」の世界の中に参加していただかなければならない――ここでつけ加えておかねばならないが――この自由に漂う注意は、患者の「自由連想」に向けられているときであっても、観察者自身のさまざまな思いの方向へも向けられる。そして、ただひとつの事柄へ過度に意図的に集中しないで、むしろ現れてくるいろいろの主題によって自分が印象づけられるのを待つのである。これらの主題は、はじめ漠然としているが、徐々に一貫して患者の伝えようとするメッセージとその意味の性質を指し示すようになる。これは実際、幾つもの層の上に意図的に交差させていく技術的な積み重ねである。それによって観察している現象の中に、「エビデンス」をつくり上げている問題の中核を探り当てることができるのである。

ここで次に、心理療法家の心の中をどのような考えが通過していくのかについて述べてみたい。心の中では、あるものはゆったりと漂うようなものであり、あるものは続いて緊急な感じをもち、またあるものはとても言葉にならない意識する以前のものであり、またあるものはすぐにでも言葉にすることができ、相手に伝えることができるものである。

この患者の行動と言葉が、私を治療的な危機に直面させる。ここで私のするべき最初の課題は、この患者はクライエントとして何を求めようとしているのかをとらえ、次に私は何をすべきかを読み取ることである。臨床家が何をすべきであるかということは、もちろん一から十まで臨床家の働く場によって決まる。私の場合は、開放病棟の精神科病院であり、重症神経症の治療やその他に幾人かの境界例ないしパーソナリティ障害の患者の治療をしているところである。このような病院で、時にはもっともひどい退行した状態として、軽度の現実感の喪失状態が見られることもある。しかし、日常では、患者は好きなことをしようとしたり、勉強しようとしたりしている。また、理性的にそして役に立つようなやり方で過ごそうとしている。調子のよいときには、聞き分けがよく、社会的に役に立つような行動もできる。時には創造的な仕事もできる。だから病院は十分に配慮した上で冒険を重ねていると言ってよい。つまり、他方で、患者たちが働く能力を発揮する機会や、積極的にかかわる機会や、社会的な責任のある仕事を他の人と一緒におこなう機会を与えているのである。

これに対して、患者がこの病院に適しているかどうかということは、前もっておこなわれる「評価の期間」に確かめられている。患者の生育史は精神医学的面接の中で聴取され、また患者の家族との面接の中でも聴取されることがある。また、内科医によって身体的な検査を受け、心理臨床家は患者の生育史の知識に影響されないで、「無作為的《ブラインドリィ》」な手法で標準化された心理検査をおこなう。最後に、結果が全スタッフ会議で示される。それから最終的なまとめとして、所長が患者を全スタッフに紹介し、患者は所長や他のスタッフから質問を受けたりする。そして患者の「担当治療者」が決められる。治療者はこのような予備的なスクリーニングの過程から、患者が示すだろうと予測される精神状態についての範囲、つまり患者に特有な危機的な問題点と、特有の改善されていくところなどを示す総合的な診断を得ることができる。言うまでもないことだが、たとえ十分の準備をしていても、いざ心理療法が始まると、治療がどの程度の深さ、どの程度の高さに達することができるかをしっかり予測することができるとは限らない。

最初の心理検査報告書は、ここで取り上げている患者の精神状態の問題点について次のように記してあった。「心理諸検査の示すところによると、禁止的、強迫的な傾向をもつ境界性パーソナリティ障害的な行動傾向を示している。しかし、患者はこれらの境界例的な行動傾向から、自発的に十分な距離をとることができているように思われる。現在のところ、彼は不安定なかたちで攻撃的な衝動を統制しようとしており、おそらくかなり強い不安を感じているだろう」。この記述と他の諸検査の結果は、治療の過程で確認された。このような臨床状況において、この種の患者の夢の報告は、まず何よりも臨床的観察者に診断的な資料としての印象を与える。この夢は「不安夢」である。このような夢は誰でも見ることがあるだろう。夢の状態が、幾分かは目が覚めた後までも持ち越されたとしても、それだけでは病的ではない。しかし、この患者の夢は、重症の情動障害が視覚の中に限定して示されているにすぎないように思われる。もちろん、このような精神状態が実際に続けば、彼は全身的なパニック発作に陥ってしまうだろう。実際のところ、彼はこのパニックのために私たちの病院に入院したのだった。患者の目覚めた生活の中に侵入している身の毛もよだつ恐ろしい夢の報告は、心理検査の結果と並んで、またこれまでの治療過程の中で観察してきた気分や状態の動揺の幅や色合いと共に独自の位置を占めており、彼の入院以来のもっとも悪い状態を示していることがわかる。つまり、患者は「自分の境界例的な行動傾向に十分な距離をとる」ことができない状態にかなり近づいているのである。

最初にするべき「将来予測」は、この夢が切迫した発病の徴候なのか、それとも反対に、潜在的には改善の可能性を示す臨床的な危機なのかを見きわめることである。第一の可能性では、患者は私から遠ざかっていこうとしている。だから、いわば緊急の対策を立てねばならないことになる。第二の可能性は、患者は重要なメッセージをもって私に近づいてきている。だから私はその意味内容が何であるかを理解し、これに応える努力をしなければならない。私は後者の可能性をとった。患者はあたかも発病寸前のような様子であったが、これらの状態の中に挑む感じを私は受けた。それもどちらかというと怒りの感情をともなったものだった。私のこの印象はある程度、今回の面接と前回のかなり状態のよかった面接時間とを比べて得たものだった。今回の状態は、彼の無意識が急激な回復にはまだ十分に耐えられないということだろうか。病から回復するということは、患者が治療に頼る資格を失うことであることを考えると、このパラドックスは理解できる。というのは、聖フランシスのことばをかりれば、自分の能力の限界まで人を愛するほどには、人から愛されることを求めず、人に慰めを与える以上に、人から慰めてもらうことを求めないものだからである。この夢は、患者がまだ自分は病気であることを幾分大きな声で伝えているのではないだろうか。その意味で、この夢は、患者自身よりも重症なのではないだろうか。この診断的な結論の説明ができるためには、臨床家の心の中で素早くなされる数多くのある種の推測が示されねばならない。そしてさらに、患者の言語的、行動的なコミュニケーションを分析し、私自身の知的な、また情動的な諸反応を分析することによって、はじめて具体的に実証することができるのである。

夢解釈の経験の豊かな人は、ちょうど医師がX線写真を判読するように夢を「読んでいる」と思うことがある。とくに、よく喋る患者や、逆に緘黙がちの患者や、長い事例の報告などの場合、夢がその人の内的ないろいろの赤裸々な事実を示してくれることがしばしばある。

まず、夢のイメージに注意を払ってみたい。ここで中心となるのは、誰かはっきりとはわからない大きな顔である。話された言葉はなく、動きもない。夢には他に人はいない。いろいろのものが省かれているのがはっきりしている。この点は、経験の豊かな夢の解釈者ならば、いつも自分が内的にもってチェックする夢の形態《コンフィギュレーション》の目録を手掛かりにして、夢の形態が示されているものと抜け落ちたものを取り上げることができる。この内的な夢の形態目録は言葉で表現されたものにすることもできる。それはフロイトが「夢の見本」*でおこなった最初の古典的な夢分析をレビューした私の論文[2]の中で、私が試みたようなやり方である。そのときに検討した夢は、大部分の夢に見られるような重要な項目である運動、活動、人、話しことばが、抜け落ちている特徴を示していた。ここで吟味している夢で、抜け落ちた内容の代わりに、私たちに示されているのは、のっぺらぼうの動きのないイメージである。それは患者の母親を表しているかもしれないし、そうでないかもしれない。

しかし、このイメージが「何を表しているか」を理解するために、もっとも蓋然性の高い説明を見出そうとする従来の古典的な科学的な努力を、ここでは捨てねばならない。（その方法は、幾つかの文脈に共通する解釈を導き出すことはできるが、ここで吟味している夢の文脈に適用すると「乱暴な」解釈になってしまう）。そうする代わりに、「自由に漂う」臨床的な注意と判断に身をまかせ、この夢の中に凝縮されている**可能**なすべての顔に気を配るようにしなければならない。そして次に、その組み合わせた姿《プレゼンス》を説明する**ほぼ確実な意味**を取り出す。それから私は、夢の中の顔を、患者のこれまでの生活史の中で重要な意味をもつ順に、すべての顔と関連づける。患者の母親や祖父の顔と同様に私の顔と関連づけ、それからメデューサの渋面と同様に、神の安らいだ顔へと関連づける。このようにしていくと空虚な怖い顔の輪郭の、ほぼ確実な意味が徐々にたち現れてくる。

そこでまず、私自身との関連から問題にしよう。この患者の顔の表情と声の調子から、私は治療中に起こった一連の危機場面を思い出した。そんなとき、彼は私が「トータルな存在として（all there）」そこにいるかどうか確信がなく、私が彼を認めず、怒って去ってしまうかもしれないという不安を示すことがあった。このことから、私は次のことを考えさせられた。つまり、臨床家は患者のどのような表現に接しても、その表現の中にある治療者自身の位置をとくに考慮しなければならないのである。

心理療法家は患者の夢イメージのいろいろの意味に、自分のやり方を押しつけてはならないが、夢の中のいろいろの人物の顔に、治療者自身の顔や治療者に似ている人物や、治療者としての役割などを見出すことができるかどうかには、とくに敏感でなければならない。ここでの顔は、怖いふさふさとした髪のあるのっぺらぼうである。私自身の赤味がかった顔に、ときどきバサバサになっている白い髪は、患者の想像の中に簡単に取り入れられて、慈悲深いサンタクロースの顔か、あるいは恐ろしい幽霊となるだろう。ちょうどそのころ、私自身の別の事柄を考えなければならなかった。治療が始まって三カ月目に、私は緊急の入院をして手術を受けねばならなくなり、そのために患者を「見捨て」なければならなかった。このことを彼は、臨床的なことばを用いて自分の邪悪な目のせいにしていた。この夢が報告されたときも、私はまだ気分が悪くなるときがあった。このような患者の目から、この状態を隠しきれるものではない。言うまでもなく、敏感な患者は、一方では私の世話をしたいという同情の心と、他方では私が彼の世話をすべきであるという当然の要求との間で葛藤に陥ってしまう——というのは、治療者のトータルな存在のみが、自分の危機をのり越えるための十分なアイデンティティを与えるものだと患者は感じているからである。これらのことから結論として、空虚な顔は私と彼との治療関係の中の幾分かのぎこちなさに関連があるのだと考えた。つまり、夢の伝えるひとつのメッセージは次のようなものとなるだろう。「先生が、私に注意を向けるよりも、自身のことを考えたり、またぼんやりしていたり、もしかして死んでしまったりしたら、**私は一体自分のもっとも欲しいもの——まとまりのある人格、自分のアイデンティティ、自分の顔を、どのようにして得ていくことができるのだろうか**」。

しかし、このような間接的なメッセージは、たとえ直接の現在の場に関連させ、治療状況そのものに関連させて理解されたとしても、常に「多重的に決定されている《オーヴァー・デタミンド》」ことがわかる。つまり、表面的にはその治療と関係のない、他のさまざまな生活場面からくる他のメッセージを伝える**凝縮された符号**《コンデンスト・コード》からなっていることもある。私

＊　フロイト著、高橋義孝訳『夢判断』人文書院、一九六八年、第二章「夢判断の方法」を参照のこと。

たちはこれを「**転移**」と呼んでいる。「母親転移」を推測することは、今日ではもうほとんど型にはまった常套の課題事項となっていて、そのために過去と現在との関係について誤った見方を導いてしまいやすいほどである。だから、患者の言わんとする「顔を失う」ことの不安と、夢の中の顔は母親かどうかわからないという言葉との関連について、私はこれまで論じるのを延期してきた。これを無視していたのではない。むしろ順序として、まず全く突然に私を失ったり、あるいは私を失うのが早すぎたりすることで、患者は自分自身を失ってしまうかもしれない、という彼の不安について問題にしたのである。

臨床的な活動とは常に進行している中での研究活動である。この患者の夢がたまたま、当時の私の研究にとくにぴったりしていたということを述べておかないと、臨床家の遭遇する落とし穴のすべてを述べたことにならないだろう。けれども、このように研究が臨床と一致することは、治療的な契約としてやや複雑な喜びにちがいない。研究心の旺盛な臨床家——作家的な野心をもった臨床家はなおのこと——患者たちを自分の好きな研究や話題のための補足的な注書きの材料にしてしまわないように、常に注意しなければならない。このころ、私はピッツバーグとストックブリッジにおいて、若者たち、つまり大学生や神学生、労働者、芸術家たちの「アイデンティティの危機」について研究をしていた。私の研究の目的は、「**アイデンティティの混乱**」と呼んだ症候群をさらに明確にすることであった。この用語は一〇代後半および二〇代前半の若者が、生涯における自分の居場所と使命とを見出すことのできない状態を記述するものであり、またある場合には、はっきりとした病的症状を示し、退行する傾向を記述するものである。(3) このような研究は、最終的な確定診断を疑わないで見過ごしてしまうのでなく、むしろもう一度それに疑問を投げかける可能性が開かれるものである。外見的に見て病的な障害であっても、これまでの一般的なやり方の精神医学的な診断によって処遇されるよりも、むしろ**ライフ・クライシスが極端に拡大して表現された状態**として取り扱った方が、ライフサイクルのある段階の時期には、おそらくうまく対処できるかもしれない人がいるのではないだろうか。ここで臨床家とは、自分が臨床的疾患の下位群のわずかの患者、あるいはたったひとりの患者を救うことができるなら、今日存在している統計的な決定論にとらわれてはならない、という信念によって行動しなければならない。なぜかというと、新しい方法によって理解された少数の事例が、やがてすべての患者を代表する「典型例」となることがあるからである。

しかし、どのような新しい診断的な印象も、同時に疫学的考察が求められる。これまでひとりの患者の治療の要求として述べてきたこと、治療者のトータルな存在《プレゼンス》を求めることによって自分のアイデンティティを獲得しようとする治療的な要求は、イデオロギーの確認を求める**どこの若者の要求**とも同じものである。この要求は歴史の中でも、ある危機的な時期にはっきりと見られるものである。それは若者たちのさまざまなかたちで示されるグループへの「献身（confirmation）」、理想主義的な若者の運動から犯罪集団まで、その表現の幅はいろいろだが――「献身」を求めるような時期に見られるものである[4]。

ここで吟味しようとしている若者は、神学校に在学している学生だった。私たちの小規模な病院の患者のひとりだった。彼の症状は、アジアでの伝導活動に携わるための訓練を受けていた、アメリカの中西部地方にあるプロテスタントの神学校に在学している間にひどくなっていった。彼は誠実さと内的要求のために、普通の信仰者よりも事態を深刻にとらえていたが、祈りの中では彼が期待していた変容は起こらなかったのである。彼にとって、会堂の薄暗い窓を通して入る光を見つめ、「神と対面」する出会いを必死に求める要求を満たすことは、最近の神学校ではそれほど容易なことではない。「神は人を照らすために自らの顔を示し給う」とか、神が顔をそむけ給うとか、神の顔が遠くにあるなど、聖書の中で多くの言及があることを、わざわざ皆さんに言う必要はないだろう。患者の報告したはっきりしないが恐ろしい顔の不安夢から推測される治療上の主題は、精神医学的な症状をひき起こした時点での、この患者の信仰上のためらいをうまく反映していたものでもあると思われる――この症状こそ、**アイデンティティを与えるものへ直面するために突き進む願望**の共通の特徴なのである。

そうすると、この一連の思考は、直接の臨床場面（および、夢の中に私の顔を認めるということ）から、この患者の年齢に典型的な発達的危機（および、「アイデンティティの混乱」を顔がないと考える可能性）に導かれ、また、患者が発病する寸前の職業的、精神的危機（および、聖なる顔を求める要求、つまり実存的な認識の要求）に導かれる。夢の中の「四輪馬車」は、さらに一歩深い以前のアイデンティティの危機――つまり、さらにもうひとつの重要な顔へと私たちを導いてくれる。

馬と四輪馬車は、もちろん、文化的な変化についての歴史的なシンボルである。個人の考えによって違うが、それは見込みのない旧式のやり方を滑稽に表現しようとするのか、あるいは古きよき時代についての郷愁のシンボルかのいずれかだろう。ここで患者のアイデンティティの危機に決定的に作用した家族の歴史の特徴が問題になってくる。家族はミネソタ州の出身である。* 母方の祖父は村の牧師であり、個性的で性格の強い、地域の信頼を得ている人だった。このような祖父たちは今日、封建時代の社会的な価値が同じようにあった世界、つまり、「確固たる良心に裏づけられた支配性と苛酷さ、そして自尊心を維持している克己心と慈悲心」を表している。患者の両親が北部の田園地帯から、その当時まだスモッグの立ち込めていたピッツバーグの町へ移ってきたとき、** 患者の母親はとくに、自分の娘時代の田園地帯式の生活に対して断ち切り難い郷愁をもっていた。実際、母親はこの少年の心の中に、田園の生活の郷愁を植えつけ、町の生活に対する強い失望を示していた。ちょうどそのころ、患者はアイデンティティの危機の始まりにあって（おそらく家族の文化的葛藤を断ち切るためだったろうが）、一時的に非行のような行動に走ったこともあった。馬と四輪馬車とは、思想的にも技術的にも、輸送手段の近代的方法に対しては全く逆行している。だから、これらすべてが同時に、時代の変化のシンボルとなり、アイデンティティの混乱、文化的な退行のシンボルとなるのである。

夢の中の身の毛のよだつ静止の状態は、それ自体で重要な夢の形態的《コンフィギュレーション》な項目を表しているかもしれない。ちょうど競争的変化と運動の激しい世界のただ中で、あたかもエンコして動けなくなっているかのように。さらに推理すると、四輪馬車の中に座っている人の顔は、また、亡くなった祖父――その人も白髪だった――を表しているにちがいないと私は思っていたが、患者は（すでに述べたように）自発的に過去の一連の記憶を述べたのだった。祖父が患者の手をとってミネソタ州の古い農場でのやり方を教えたことがあった。この経験を語っているとき、患者のことばが詩的な響きをもち、表現が生き生きとしてきた。そしてそれまで隠されていた混ざり気のない温かい感情的経験に彼は近づいているかのようだった。けれども、乱暴な少年であった彼は、この祖父の死の直前に仲たがいしてしまっていた。それを知って私は彼の涙に同情を示したのである。しかし、その涙にもかかわらず、その気分は奇妙に倒錯して、怒りを抑えているかのように感じられた。そしてあたかも、「あんなにはっきりと子どもに約束しておいて、そして見捨ててしまうなんてひどいよ」とでも言っているようだった。

　ここで忘れてならないことは、人間の発達における「幾つかの卒業」は、すべてそれまでなれ親しんだ場所を放棄することを意味している。また、すべての成長は――つまり、患者たちを危険にさらしたような成長は――この事実とうまく調整をしなければならないのである。

　ここで私のこれまでの推測に、もうひとつの仮説をつけ加えたい。夢の中の顔は（夢イメージに典型的な凝縮に見られるように）、また患者が反抗的な少年として仲たがいした、今は亡き祖父の顔をも「意味して」いた。そうすると、この直接の臨床場面も、過去の患者の発病の歴史も、彼自身の青年期の一時期も、すべてがアイデアの上では共通の基盤をもっていることがわかる。つまり、患者は自分の将来の精神的健康を知恵と確固としたアイデンティティという安らぎの上に築きたいと願っており、すべての場合に示されているように、彼は自分の

＊　アメリカ中西部の北、カナダに接している。北欧系、ドイツ系、アイルランド系の移民で九〇％以上を占めている。宗教はキリスト教のプロテスタントが多い。先住民も多く住んでいる平原地帯。

＊＊　アメリカ東部、ニューヨーク州の南。石炭の産地であり、アメリカの鉄鋼産業の中心地として知られていた。

怒りが知恵やアイデンティティの源を破壊してしまったのではないかと怖れ、これからも破壊することを怖れているように思われる。祈りの中や、さらに外国での伝道の中に、患者が確実な保証を必死に求め、しかもこれらの努力にもかかわらず、心の平安が得られない失敗感は、右に述べたような文脈にすべてつながっているのである。

この時点で読者の皆さんに念を押しておいた方がよいかもしれないが、右に述べたことは宗教的な努力の失敗なのであって、信仰そのもの、あるいは聖職者や礼拝を求める心を否定するものではない。ここでもその観点から説明した。事実、忠誠を尽くす心《フィデリティ》の発達と、重要な場において、尽くす心《フィデリティ》を与えたり受けたりする能力は、若い成人にとって心の健康の条件のひとつであり、また若い患者にとって回復の条件のひとつなのである。

馬と四輪馬車の主題は農場のシンボルとして、郷愁を感じさせる母親と亡くなった母方の祖父とが結びつくことに役立っている。そこで最後に、患者の次の言葉に注意を向けてみよう。「それは母親かどうかわかりません」と半信半疑の態度で述べているところである。この関連で治療の全期間にわたって、もっとも反復して示された訴えをもう一度振り返ってみなければならない。祖父は患者の人生の中で、何にもましてもっとも一貫した安らぎを与えてくれる存在である。他方、母親は、患者の幼少期から彼の記憶や想像の中で、その美しいふっくらとした優しい顔で、感情をむき出しにしたり、苦痛を訴えたり、自分を見失ったり、偏った見方をすることが多く、調和のとれないものになっていた。患者が入院のとき、生活歴を聞く前に実施された心理検査では、次のようなことをとらえている。「TAT検査に示される母親像は、子どもを過保護にして支配する人として示されている。また、自分に向けられる子どもからの攻撃性を恐れ、『自己憐憫』や自分の弱さを示すことで、子どもを支配する人として示されている。図版に示された幾つかの物語の中で、母親はわずかの反抗的行動にも『怖れ』を示し、子どもが受け身的でおとなしいときだけ満足している。この母親像に対して、うすうす意識されているが、かなりの攻撃性が見られる」。そして実際に、患者が怒りと怖れをこめて繰り返し述べたのは、ひどく怒っている母親の記憶であった。母親が怒るのは、患者が荒っぽく行動したり、不注意だったり、きかん気だったり、我を通していたときだった。

私たちの関心は、このように行動した実際の母親を非難することではない。患者のある種の内省的な気分の中で、確かに母親がこのような姿で現れるということである。このような記憶は一群の患者には典型的なものである。そこで臨床家が考えさせられるのは、このような患者たちが似たようなタイプの母親をもっているからそうなのか、または母親に対する患者の典型的な反応が共通しているのか、あるいはその両方なのかということである。ともかく、このような患者の多くが、しばしば無意識的ではあるが、自分たちは母親に根深い障害を与えてしまったという、強い確信をもっている。このごろは体罰やひどい罵声など、あまり表面化しなくなった。両親は、しばしば子どもの頑固なわがままに深く傷ついても、体罰や外から見えるような残酷なやり方で子どもをたしなめることはなくなった。したがって、罪を犯したイメージの中に、もっとはっきりと「傷ついた」母親が現れやすい。ある場合には、このイメージは青年期の問題解決の障害となる——あたかも、回復不可能なものをもつのが成人期へ進むひとつの基本的条件でもあるかのように。この傾向を心に留めておいてみると、精神病の発病との境い目に直面している青年期後期の若者たちは、ここで述べているような患者たちのもつ人生のもっとも早期の課題、なかでも基本的な不信感に対してバランスをとることのできる、十分に強固な基本的な信頼感を獲得する課題の時点まで退行していることが証明される。基本的な信頼感は（生まれたての動物の中で、もっとも依存的であり、その上他の動物よりも本能的働きが少ない）新生児が直面させられているものであるが、基本的な不信感と十分に均衡がとれていなければならないものである。元気を回復し、心の活力を得るために、私たちは夢経験や芸術的な経験の中、宗教的な献身の中で、人生早期の段階や最早期の段階をもう一度生きるのである。しかし、これらの患者たちは、このような部分的な退行を一人ぼっちで、突然に、強烈なかたちで体験する。その上難しいのは、あと戻りのできない最後の審判を下されたような感覚で体験することである。このことは、またこの夢の中にも見られる。

夢の中での漠然とした母親の存在は、この夢のすべての材料の中で、逆にひとつ完全に抜けているものを指示している。それは父親であり、夢の中にも、連想された主題にも現れてこない。患者の父親イメージは治療の後期において話題の多くを占めるようになったし、患者の精神的な問題や職業的な問題の最終的な解決にとってもっとも重要であることがわかる。このことから、この面接時間の中で、祖父が父親を「示している」ということがうすうす推測できるのである。

一方、夢の中の空虚な顔と長く輪郭を描いている髪の中に母親の顔つきを認めたことは、重要なシンボルの問題を示唆している。フロイトが、蛇の髪をもち口をあけた怒りの顔のメデューサを、女性の空虚（feminine void）のシンボルのひとつとして説明し、そして女性に対する男性の恐怖のひとつの表現として説明していることを思い出してもらいたい。* 患者の記憶や連想の幾つかが、（母親の感情状態との関連で報告された他の面接のものであるが）「女性の生理の厄介さ」、妊娠、出産後の精神的な不安定について、幼児なりに観察し思い描いていたことにたやすく跡づけることができるのは確かである。この点で、顔のないことは、また内的な空虚《ヴォイド》をも意味し、そして（男性のひとつの観点からは）「去勢」をも意味する。とすれば、この恐ろしい全く空虚な顔の中に、顔のないこと、顔の欠如、アイデンティティの欠如の表象を強調することは、フロイト的なシンボルと矛盾しないだろうか。「古典的な」解釈の文脈の中では、基本的に夢のイメージは抑圧しなければならないような性的な観念のシンボルである。けれども、私の解釈の文脈では、個人のアイデンティティが持続して存在することが危うくなっている危険性のひとつの表象である。理論的に考えると、これらの解釈は、こちらが立つと向こうが立たないという、お互いに排除し合うものではない。そしてこの事例においては、解釈の違いの論議は、臨床的な配慮、つまり解釈するべきシンボルを、まずその場でただちに有効であることを示すものに置き換えたのである。はっきりと一致して示されている資料の中で、緊急の対人関係の要求がはっきりとしたかたちで認められる場合に、教条的に性的なシンボルを用いることは無益だろう。この夢の性的なシンボルはその時期がきたときに取り上げられた。つまり、別の文脈で、ことに男性性と性の問題がもう一度現れ、すべてのアイデンティティ葛藤の中に内在している両性的な混乱を示したときに取り上げられたのである。

夢のひとつの中心的な主題を回顧的に追いながら、私は患者のこれまでの人生の四つの時期にこれを認めることができた――これら四つとも未熟なままの卒業であり、そのためにさらに大きな自由と本物のアイデンティティを待ち望むのではなく、頼るべき人に見捨てられてしまうことに対する怒りと不安を残した。その一つ目は、現在の治療――そして（患者自身に対する、また私に対する、あるいはその両方に対する）強い怒りからくる行動によって、彼が私を失い、その結果、私への信頼を通してアイデンティティを再び得ていく機会を失う不安。二つ目は、入院直前までの宗教教育――祈りによる神の「現前《プレゼンス》」によって、彼の内的な空虚さを癒すことを求める空しい努力。三つ目は、もう少し以前の思春期――祖父と同一化することによって、強さと平安とアイデンティティを得ようとする望み。四つ目は、彼の幼児期――母親に対する不安と罪意識と怒りにうち克つため、母親の慈悲に満ちた顔を自分の心の中に生き生きと保ちたいという切実な願い。これらの諸点は、ひとたび見出されると、連想されたすべての材料に新しい意味を与える中心の主題をさし示していることがはっきりする。その主題というのは次のようなことである。「私が、誰かの強さや愛情を信じはじめようとするといつも、何か怒りと不快な感情が二人の間に侵入し、そして不信感と空虚感が生まれ、怒りと絶望の犠牲者になってしまう」。

当て推量のことばを患者の耳に流し込み、患者が疑問を通して学ぶのをやめてしまうように見える臨床家の習

＊　フロイト全集第四巻「メデューサの頭」新宮一成監修『夢解釈Ⅰ』岩波書店、二〇〇七年を参照のこと。

性に、皆さんも少し退屈していらっしゃるかもしれない。しかし、臨床家は自分の理解の仮の図式が、自分で正しいと確信し、それを適切にことばにしたら患者にも正しいと感じられるような、まとまった解釈になるまでは、自分の中のさまざまな患者についての再構成を口に出すことができない。この妥当な再構成ができたときに、臨床家は自然に自分でことばを口にしたくなるのである。そして臨床家は情動やイメージを、もっと伝わりやすい方法で表すように患者を助け、患者が自分でいろいろと印象を伝えることができるように助けるのである。

フロイトの言うように、よい夢とは欲求充足の願望を表す試みであるとすれば、この夢の中で願望がうまく満たされなかったということは、長持ちのするアイデンティティをもった顔を見つけようとする試みである。眠りから覚めて、夢を見た本人がびっくりしてしまうような不安夢は、軌道を外れた願望充足のひとつの症状である。この時点で理解された中心的なテーマは、幼児期において基本的信頼感を得られない原因となった内的な障害が、少なくともひとつはあるということを示していることになる。

この患者とのコミュニケーションには、夢の報告に対する私の情緒的な反応をはっきり示すことが重要であると思われた。ことにこのような若いタイプの患者のように、まだ二〇歳代で、幼児期に経験した母親の調子のおかしい情緒状態に思い悩み、心を痛めているような場合、患者のさまざまな情動に対して、治療者自身の反応をはっきりと示すことができると、患者は社会的な現実をとらえることを学び、情緒的な緊張に耐えることを学ぶことができる。だから、私はまた皆さんに、患者についてこれまでに示した幾らかの資料を見てきたように、患者に対して次のように話したのである。つまり、私は感情的な腹立ちを交えずに、しかし偽りのないある程度の怒りの感じをこめて、自分が非難されたと思ったと伝えた。そして彼が私を心配してくれていたこと、そのことは私自身を頼りない者と感じさせたこと、彼の諸々の記憶が私を感動させたこと、また彼は母性のよさと祖先の不滅性と私自身の完璧さと、そして神の恩寵とを、いちどきに私に証明させようとしたのだと彼に伝えたのである。

しかし、解釈の中で用いられたことばを思い出すのは難しい。音で再生されたり、文字に記録されたりしたものはあいまいに聞こえ、あいまいに見える。二人の人が親密な思いつくままの会話をしている中の、どんな私的な会話にも見られることばのように。しかし、何が話されていても、治療的な解釈は、かたちとしては簡単で明瞭である。しかし、すでに私がここで示したような**ひとつのまとまったテーマ**、つまり治療者と患者の関係の中での目立った行動傾向、患者の症状の重要な部分、患者の幼児期の重要な葛藤、そして患者の仕事と愛情生活につながっているところでの、共通するまとまったテーマが同時に含まれていなければならない。こういう風に言うと、実際以上に複雑に聞こえるかもしれない。しかし、実際はしばしばたいへん短い、さりげない発言が、これらのすべてを含んでいる。さらに、これらのいろいろの傾向**こそ**（結論として繰り返したいのだが）、患者自身が苦しんでいる心の中で、お互いに深く関係し合っている。つまり、患者の心にとって外傷的な過去は、言うまでもなく現在の生活のただ中で喫緊《きっきん》の葛藤として患者に受けとられているのである。だからこそ、このような解釈は、患者と治療者の問題解決のいろいろの仕方をつなぎ合わせるのである。

違った気質をもつ治療者や、治療理論の違う治療者は、何が解釈かという考えも違っている。機械的で権威的な説明をするとか、温かく親のような示唆をするとか、とうとうと理論を語ったり、逆に次に何が起こるかを見て確かめたりするような励ましはほとんどしないとか。しかし、この事例のような治療的な介入は、臨床的な仕事にとって全く独自な方法論的な問題点、ことに臨床家の中の「複雑な」気持ち、感情状態や意見の位置づけをはっきりと浮き彫りにする。もし、臨床的な出会いの中で、自分自身の情緒的な反応をエビデンスの材料として、また治療的な介入の指針として用いないで、エビデンスを横において、その代わりに確実な客観性をもっともらしく主張してしまうと、エビデンスは「すべてあります」ということにはならない。ここで教育的経験のひとつとして、治療者自身が精神分析的治療を受けることを必修とすることの重要性がはっきりする。*というのは、観察者の情緒的反応の中にある個人的な誤差は、実験室における感覚の誤差と同じように、心理療法においても重要だからである。なぜかというと、抑圧された種々の感情は、治療者自身のもっとも手におえないさまざまな盲点の中にたやすく隠されてしまうからである。

この点について私はさらに細かく問題にするつもりはないが、ついでに次のことを言っておきたい。私たちにはマイナスのことであるが、かなりの人は、ただ自己欺瞞を維持するというだけの客観性を大事にしてきている。「精神分析を受けた」人**が、以前に拒否されたり、否認されたりした自分の衝動は跡形もなく（つまり跡形というのはさまざまの症状のことであるが）なくならない、ということは「間違いない」という事実を学んでいる。それなら次のことも学んでいるだろう。つまり、自分の倫理的な事柄についての厳しい判断が一貫していることは正しい、と。たとえ現代の生活では、いろいろの事柄に強い姿勢をもつことは、あまり賢明でなく、有利でもないと見なされているとしても。だから、心理療法家は誰でも、非合理で道徳的な怒りのために、自分の倫理的感覚を放棄してしまうと、自分の臨床的に認識していく主な道具である自己そのものを失ってしまうことになる。その理由は、自然の秩序に関する気づきについて私たちの感覚を研ぎすましていくと、陰気さの場合も同じであるが、自己陶酔の存在を認めて吟味するようになり、実際、治療と理論の両方にとって重要な道具となるからである。そしてまた、病人に何が起こっているかを探索するのに、誰にもいつも起こったり、また起こらなかったりする疫学的なさまざまの要因について、どこを探せばよいのかという示唆を与えるのである。しかし、このことは、また次のことも意味している。つまり、世代間の相互の倫理的な関係について、科学的な基礎として役立つかもしれない人間についてのひとつのモデルをもっているということを意味している。また、道徳についての特定のシステムの中で、私たちの職能性ということを肯定するか、あるいは否定するかということに深くかかわっているのだ、ということを意味している。

だから、表現できる情動や反応することのできる考えの組み合わせが、治療者のスタイルをつくり、それは顔の表情や姿勢や声の調子などの微細な変化の中に示されるのである。治療的な介入の中核で、もっとも決定的なところは、はっきりした説明をしようとしてもうまくいかない。この難しさは「技術的」出会いという代わりに、最近広く流行しているような「人間的」出会いということばを唱えたところで克服されない。人間的であるということもまた、口先の「ポーズ」にすぎないこともある。そしてこの「人間的」ということばを空しく使用することに対して、使用禁止令が必要となる時期がくるかもしれない。

臨床的なエビデンスの問題を終わりにするにあたって、私たちは患者に何を期待することができるだろうか。私たちの解釈が「正しい」ものであり、だから、私たちの臨床研究でのエビデンスは完璧だ、と言えるのは、どんなことだろうか。この問いに対するもっとも簡潔な答えは次のようになるだろう。この患者の場合、私が自分の考えや気持ちを伝えると、彼が元気づけられて喜び、目を輝かせたということである。私が伝えたことは、彼が自分で十分学ぶことのできる将来のことを、必要以上に私にまかせようとしてきた、ということであった。それは治療的な「示唆」ではなく、また臨床的な意味での元気づけでもなかった。私が伝えたことは、患者の内的なさまざまの能力や私たちの治療共同体の環境の中での機会を利用する彼の内的な力に根差したものである。患者は面接の時間が終わって出ていくときには――来たときにはひどくうちのめされていたが――にこやかな顔をして、かなり晴れやかで元気そうであった。これ以外のことについては、つまり、この面接の時間が回復の過程を促進させたかどうかについては、将来の時の経過がはっきりと結論を示すことになるだろう。

しかし、そうは言っても、あの夢の経験そのものは正しい方向への、ひとつの歩みであったと認めざるをえな

＊　精神分析家の訓練のひとつとして、訓練生は精神分析を受けることが義務づけられている。
＊＊　精神分析の訓練中に精神分析を受けて、自己洞察を深めた人という意味。少し皮肉がこめられている。

い。患者が仮病を使っていたので、私がそれを責めたとか、また偽りの絶望を示しているから、彼の夢を過小評価した、という印象を皆さんに与えたくはない。その反対である。彼は自分自身に対しても、私に対しても、真剣に取り組んでいることがわかった。病院と私の保護の下で、彼は自分の最初の発病を反復させる危険を冒《おか》して問題の根底にたどりついたのである。彼は非現実ぎりぎりの境界にまで進み、そこから非常に凝縮された、外から見ると蒼茫としたイメージを取り出してきた。しかし、そのイメージは、一方ではひとつの症状として経験された。けれども、実のところある種の創造されたものであり、ひとつの凝縮されたたいへん意味深いコミュニケーションであり、挑戦でもあった。それを受けとめることができたのは私の臨床的な理論だった。このようにして彼の相互性の感覚と現実感覚が取り戻された。治療者として患者の転移を意味あるものとして受けいれる一方、その転移に取り込まれることは拒んだという事実によって、患者のこれらの感覚は強められた。私は母親としても、祖父としても、また神（これはもっとも難しいことであるが）としても振舞わなかったが、彼の無力感の背後にあるものを理解することによって、専門的な心理的援助を与えたのである。患者の怒りが私の怒りをひき起こした事実を、自分も患者も危険にさらさないで、私は伝えた。患者もまた夢の中でゴルゴンのメデューサのイメージの中で怒りに直面できたこと、そして私たちは英雄ではないが、一緒に力を合わせてこれを倒すことができたことをも示すことができた[*]。

　推論の正しさの証明は、もちろん患者が直後にすぐに同意するということだけではない。実際、私はこの夢の経験の後の時間で、患者が直後に同意しすぎることが見られたことを示してきた。その証明とは、治療者と患者とのコミュニケーションが「前向きに進んでおり」、新しい驚きをともなったいろいろの洞察に導き、患者が自分で自分の責任を感じる範囲が広くなるように導かれる過程の中にあるのだと言うことができる。この過程の中で、彼のように入院していれば、「治療共同体」のもつ社会的なさまざまの影響や、うまく方向づけされたいろいろの作業活動によって援助されている――これらすべては臨床的なエビデンスの特性を問題にするのでなく、もし治療過程の特性を問題にするなら考慮されねばならない事柄である。しかし、次のことは重要なので憶えておかねばならない。ひとつの好ましい社会的な場の中においてのみ、開業の外来患者の私的な生活であれ、入院患者の計画された共同体であれ、ここで述べた二つの治療的な要因は十分に作用することができるということ。それは病理的な過去についての洞察を得ていくことと、過去と現在とを橋渡しする治療関係の確固たる現在という二つの働きである。

もう告白してもよいだろうが、はじめに述べた招請状は、実のところ「ひとりの有能な臨床家はどのように仕事をしているか」を語るようにという依頼であった。ゴシック体にした戸惑ってしまうような、「有能な」という小さなことばを操作的に説明することができるまで、はじめに示したような文章に置き換えて説明してきた。有能な臨床家の特徴のひとつは、治療的にかかわっているときには中心主題だけが意識されるが、患者とのコミュニケーションを妨害することなく、自分の内部で多くのことを生起させておくことのできる状態である。ひとりの治療者としての臨床家アイデンティティは、自分が選んだ分野で、最初になじんだ修行時代での決定的なさまざまの学習の経験をもとにしているので（この点では誰の場合も同じであるように）、実際のところ援助的な明確化をしていく動きとともに、理論的なドグマをも背負いこんでいる幅のある伝統的な理解の図式を身につけてしまうことは避けられない。しかし他方で、治療者が臨床カンファレンスの中で、自分のやり方を表現することができれば、さまざまの前意識的なものをはっきりと意識化することができるにちがいない。そうでないなら、どのようにしてこのような思考の仕方を訓練し、お互いに分け持ち、また教えることができるだろうか。臨

＊　ギリシャ神話の中で、ペルセウスがニンフなどの助けをかりて、ゴルゴンの姉妹のメデューサの首を討ち取る。ゴルゴンは直接に見ると、石にされてしまう――石化――力をもっていた。

床的な印象主義を超えなければならないとすれば、逆に、このように共有することや教育は、種々の概念的な接近の中での共通なものを前提としているのである。ここではただ示唆するだけにするほかないが、臨床的な観察と、フロイトが精神医学に持ち込んだ、もうひとつの次のような概念的な観点との間には深い一貫した関係がある。つまり、ある種の心の解剖学を意味する**構造的**観点（structural point of view）や、心の力の生理学を意味する**力動的**観点（dynamic point of view）、心の成長を再構成し、その強さや危機を示す諸段階についての**発生的**観点（genetic point of view）、そして最後に**適応的**観点（adaptational point of view）との間には、深い体系的な関係があるのだ[5]。しかし、そのようないろいろの命題が（子どもの直接観察や知覚の実験から、「メタ心理学的」論議までの広い範囲まで）広く検討が加えられ、検証されたとしても、臨床的なエビデンスは直接性（immediacy）ということにその特質があり、究極的には思考の機械的パターンから生まれる理解の図式を超えていると考えられるのである。

フロイトによって、精神医学や心理学に導入された「観点」（points of view）は、今度は奇妙な運命に出会うことになる。この観点が医学の臨床家を幾世代もの間、心の働きについての解剖学的な思考や、生理学的な思考や、病理学的な思考のかけ橋であったことは間違いない。さらに、行動の神経学的基礎は、他の決定の要因に結びついているという、実りある考えもあった。私自身は、フロイトの神経学的仮説の運命そのものを判断することはできない。ひとつの領域から別の領域に移し替えられた概念は、その新しい領域に革新的な光を与える。しかし、やがてさらに新しい、もっと適切な概念によって必然的にのり越えられていくのである。精神分析での「観点」の運命は、はじめから定められていた。というのは、本家にあたる医学の場では、諸器官や諸機能といった目に見える事実に基づいているので、心の研究においても、リビードや死の本能や自我が実在するかのように扱われて、時がたつと不適切に具象化して考えられるようになった。フロイトは十二分にこの危険に気づいていた。しかし、その観点がどのような利用価値の高い理論モデルを導き出してくるかを見るために、とらわれのない考え方をして、そこから学びたいという、いつもの姿勢をとっていたのである。彼はまた、観点が有効でなく、不合理になると、その方向を転換させる勇気ととらわれのない《オーソリティ》態度と内的な一貫性をもっていた。フロイトに続く多くの臨床家たちに、フロイトと同様に、一定の距離をとり、とらわれのない態度をとることを期待することはできない。多くの臨床的な文献は、フロイトの諸理論をもとにした推測の助けをかりて臨床的なエビデンスを利用し、元の理論を確認するために用いていることを否定はできない。そのやり方は理論と臨床的な観察との間の溝をしだいに広げていくにすぎなかった。とは言っても、私の臨床的な思考法の中心的なものとして、伝統的な精神分析の諸概念が存在し続けていることは、はっきり言っておかねばならないだろう。患者は私とのコミュニケーションの中で、私が明らかにする意味については（程度に違いはあるが）**無意識**であること、そして完全に抑圧されていると考えられるものや、意識化されにくいと考えられるものや、コミュニケーションからただ切り離されているにすぎないと考えられるものなどを十分に意識化するということで、私は患者を援助していると言うことができる。しかし、それは言うまでもない。そのようにしながら、（私の助けをかりて）もっとはっきりと見て、感じて、話したいという、患者の側に働いている上手にやっていきたいという願望があることを前提としている。また**退行する傾向**、つまり過去を現在の時点で解決しようとするために、以前のいろいろの失敗に後戻りすることを、私は想定する。しかし、だからといって、私は過去が現在を支配するような、ある種の運命的なものとは見なしていない。というのは、時間的な過去の裏側というものは、表側である現在がしっかりと確固としたものであるときにのみ取り出すことができるものだからである。さらにまた、私は**転移**の力を認める。患者の過去の生活で中心的な人たちとの問題の解決方法が、私に転移され、持ち込まれることを認める。けれども、患者のこれまでの人生で、現在の時点において私がひとりの新しい人物《ニュー・パーソン》としての役割をとり続けることで、はじめて患者の過去からの転移が不適切であることを明確にすることができる。過去において、リビードの固着と依存の関係、そして重要なものを放棄させられたこととの関係を私は考える。しかし、私がこれまで学んできた人の発達に照らしてみると、これらの関係は**リビードのバランスの悪さ**（libidinal disbalance）だけによって障害を受けるものではない、と私は考えている。実際のところ、このようなバランスの悪さは、両親との次のような**相互的な関係の欠如**（missed mutuality）が影響しているのである。つまり、自分の子どもとの間で相互性ができない失敗の結果であり、いろいろの可能性を自分の日常生活で妨げられてきた親は、自分の子どもとの相互性を築くことに失敗し、自分の子どもが潜在的な心の強さを得ていくのを妨げているのである。このように見ると、抑圧や退行、転移、リビードといった基本となる概念に名前をつけることで、患者の生活史の中の新しい出来事として、臨床的な観察と出会いの経験を、私はこれらの概念と結びつけようとしてきたのである。同様に、自分の分野の理論を用い、発展させるために治療的契約を生かすような立場から模索している臨床家も他にいる。このことはご存知の通りである。終わりに述べたいのは、治療者の選んだ治療的介入とそれに対する患者の反応は、治療的な出会いの中で得られるエビデンスの統合された部分だということである。このような経験から、治療者は記録ノートに戻り、自分の心の理論モデルに戻り、治療的介入のはじめの青写真に戻り、臨床的洞察をより広く適用するための計画に戻るのである。

私がこれまで述べてきたのは、確信のもてる記述で終わることのできた事例である。そこでは治療者にも患者にも、よい組み合わせであるという印象を与えているかもしれない。このような仕方で臨床的なエビデンスのひとつの断片に取り組むことを常に要求されると、私たちにはごく少数の確信のもてる事例しか提出できないだろう。本当のことを言うと、私たちは失敗から学ぶことの方が多い――ここで示したような方法で事例を検討することができるのであればという条件つきではあるが。とは言え、私たちの仕事の中で、以下のような幾つかのよい方法があることを、これまで示すことができたと思う。それは自分にぴったりたりする仮説と、患者の診断資料や病型や身体的健康の状態を、お互いに吟味することによって、正確に近い推定にすることである。つまり、患者の発達段階、年齢群の「平均的な」危機、社会的位置の関連や患者のようなタイプで、また知的な程度、教育の程度、現代の社会的な現実で、どれくらい成功できるかという確率の高い推論にしていくのに十分な、よい方法があることを示すことができたと思っている。このようなことは私がここで大まかに述べてきたような一連の出会い、つまり、上に述べたすべての領域において、前向きの動きや退行的な動きといった特徴のあるプロセスのことであるが――それらを聞いていないと、これまで述べたことは信じにくいかもしれない。このようなものが私たちの臨床会議や臨床セミナーで用いられるエビデンスを証明する方法なのである。

実際、多くの臨床的な訓練はこのような流れの図式でできている。それぞれの段階の中で、もしも臨床的なエビデンスが、患者や私たち自身を評価しすぎていたり、あるいは不十分だったり、患者を受けいれる環境が、患者に与えるチャンスや私たち独自の理論などを、過大にあるいは過小に評価していることを示していることがわかれば、治療のそのときの段階で、かなり正確に補助的な方法が出される。

主観性や恣意的な選択性を少なくするために、最近は面接のすべてが音声を録音・録画されて、十分に経験豊かな第三者の観察者が、それを使って面接のやり方をあとづけたりすることができる。項目によっては何度も繰り返すことができ、ときにはスローモーションで見たりすることができるようになった。ある種の研究には、これらは重要である。また訓練にも役に立つことがあるだろう。しかし、治療者自身に対して、第二の観察者は自分たちの反応を土台にして、記録のできないものを基にしておこなった治療者の判断に、賛成か反対かを決めなければならない課題に直面しているのである。グループ・セラピーとして発展してきた新しい方法、つまりひとりの治療者が、グループになっている患者と顔を合わせ、また患者も互いに顔を合わせ、臨床的な出会いの基本的な要素にいろいろな組み合わせ方や種類があるところでも、臨床的なエビデンスは変わらない。いずれ、臨床的なエビデンスは、心理療法家や患者の社会や歴史における位置についての研ぎすまされた自覚（例えば社会学的な研究から出ているような）によって相当に明確化されるだろう。だとしても、その本質においては、これまで述べてきたことと変わらないだろう。

臨床的な仕事の中で、隠れたかたちで存在している相対的なものは、ある人々にとっては、科学的価値を引き下げるように見えるかもしれない。けれども、この相対的なものそのものが正確に理解されれば、人の心の研究を伝統的な自然科学と同一の科学にしようとしてきたいろいろの試みよりも、臨床家は今日の科学者や将来の科学者と、よりよい研究者仲間になれるのではないかと私は思っている。だから、ここで私は、臨床家の基本的な観点に対する操作的な考えの入門的なことを述べることにとどめたのである。臨床家の基本的な観点とは次のようなことである。伝統的な科学者たちは、その人に対して外から**対象として**（to）とらえて、何ができるかを発見して、ものの本質について学ぶ。これに対して臨床家は、その人**のために**（for）、**寄り添って**（with）、働きかけることによってはじめて、人間性の本当の姿を学ぶことができるのだという考えをしているのである。だから、臨床的エビデンスは、**個々の特定の**事例に**ユニークなもの**は何かを調べる研究の——心理療法家の参与の要素も含めて——その仕方に、私は焦点をあててきたのである。けれども、ここでは問題にしなかったが、このようなユニークさというものは、他の背景に照らしてみて、例えば、**多くの事例**の証明できる諸要素に**共通するもの**についての研究を土台にして、はじめて浮き彫りにすることができるものだと私は思っている。

第3章　現代におけるアイデンティティと根こぎ感

これまでの二章は、人生の途中で精神病理的な意味で「挫折」した個人の、心理療法的な観察に基づいた精神分析を扱った。第三章では、歴史的な運命によって根こぎの状態におかれている一群の苦しんでいる人たちに、臨床的な洞察を適用したものである。この講演は一九五九年、ウィーン大学において開催された世界精神保健連盟（ＷＦＭＨ）の主題講演でなされたものである。この講演にひき続いて全世界の移民と亡命の窮状についての集中討議がおこなわれた。

強制的な移住によって、家や仕事そして自分の国から切り離された人の精神的な健康は、国際会議で繰り返し特別な関心事となってきた。私自身がひとりの移民なので、（私の国の多くの人がそうであり、その両親や祖父母の大部分がそうであるように）、日常生活の病理のちょっとした症状的なことを告白することから話を始めさせていただきたい。はじめはあまり気づかずにメロディーを口ずさんだりしているが、やがて強迫的になって頭から離れず――自分の困惑であったり、またまわりの人々の困惑であったり――ちょっとした困惑の状態となってしまった経験がおありのことと思う。このような強迫的な暴君から私たち（また、まわりの人々）が逃れることができるのは、メロディーの中に含まれている意味に気がついたときである。

ここ数週間、私はドボルザークの『新世界シンフォニー』*にとり憑かれていた。そこで立ち止まって、そのメロディーをよく聞いてみると、私がアイデンティティと根こぎ感について話さねばならないことのために緊張し

＊　第九番ホ短調『新世界より』一八九三年作曲。彼がアメリカ滞在中に、故郷ボヘミア（チェコ共和国）を回想して作曲したと言われる。

ていた、ということに気づくのは難しいことではなかった。アメリカの地平とヨーロッパの渓谷とを混ぜ合わせたような『新世界シンフォニー』は、私自身の移住につきまとっている良心の呵責と苦痛に対する、ひとつの明るい保証として役立っていたのである。しかし、何と言っても大事なことは、アメリカに渡ったひとりの**移民**（immigrant）として、私自身の立ち位置をもう一度肯定しようとするものだったと私は思っている。この移民ということばは、私の移住のすぐ後から、**亡命者**（refugee）ということばにとって代わった――**居留者**（settler）とか、**開拓者**（pioneer）ということばがすでに神話的になってしまって、**移住者**（migrant）や**遍歴者**（itinerant）にとって代わってしまっていたのと同じように。

英語の小さな「イン（in）」という前置詞は、移住の終着地では特別に重要な意味をもっている。それは実際「全く別の世界」をつくりあげるのである。現代のイスラエルでは、「移住者の集まり（ingathering in-migration）」ということばは、母国となる受けいれの約束を伝えることばである。つまり、自分の意志でやって来た新しい入国者に、新しい土地で新しい根を生やし、自分を受けいれる国の積極的な意志によって、新しいアイデンティティを見出すことを約束することばである。* **主体的で相互的な選択**は『新世界シンフォニー』の主題である。つまり、移住しようと決めた人の主体的な選択、そして新しい居住者と古い居住者との相互的な選択なのである。しかし、このシンフォニーは、すべての移民の苦しい複雑ないろいろの事実に照らしてみると、ひとつの回顧的なノスタルジーの歌でもある。そして反復的なメロディーは、時として時代錯誤的な響きの歌でもあると私には思われる。

そこではじめに、移住する決意についてひとこと述べたい。ダニエル・レーナーは最近の調査でトルコの村の人々に、もし移住しなければならないとすれば、どこに行きたいかを尋ねている。(1) 多くの人にとっては、別の選択を考えることさえ怖しいことであった。彼らが言っているのは、「死ぬ方がまし」ということであった。しかし、アメリカへの初期の移住民たちは、あたかも自分たちの根を引き抜いてしまうような悲痛な決意――その結果、新しい「生き方」を生み出すしかないような決意、つまり個人的な新しい資源でありパターンであり、産業的エネルギーの新しい資源でありパターンでもあるが――新しい思想的な方向づけを、強制的に生み出す決意をしなければならなかったのである。移民たちは変化を選び、古い根を自分から引き抜き、そして「変化（Change）」の中に新しい根を見出さねばならなかった。人々は運にまかせ、それを変化への「機会（Chance）」に変えねばならなかった。この事態は少数の者にとっては限りない機会であったが、残りの大部分の人にとっては単調な、やるせない生活であった。人々はこの新世界に適応する人の中から、新しいエリートをつくり出した。女たちが三つのアール（R）**を主張していたのに対して、男たちは三つのシー・エイチ（Ch）――「変化（Change）」、「機会（Chance）」、「選択（Choice）」に心を注いだ。これらが思想の基盤であり、私がアメリカに到着したころは（「ニューディール政策」の時期であるが）、その最後の花を咲かせていた。***

第二次世界大戦が近づくと、新しいことばである「亡命者（refugee）」が普段に使われるようになった。このことばは、今や安住の地でアメリカ人となった人たちの間で、ひとつの新しい態度を示しているばかりでなく、また新しい入国者の人たちの態度を示すものでもあったと私は思う。出国するまでは筆舌に尽くすことのできない避けがたい苦難を生き抜いてきたのに、大部分の亡命者たちはアメリカに到着すると、旧移住者が得てきたすべての選択と機会を――ときにはもっと多くのものを自由に手に入れることができた。それにもかかわらず、多くの人々は移住のもつ未来を描く思想になじんでいくのを嫌がり、むしろ自分たちを拒絶した世界にしがみつい

＊　イスラエルは一九四八年に建国。世界各地のユダヤ人が、この地に移住してきた。
＊＊　Reading（読み）、(w)Riting（書き）、(a)Rithmetic（算数）。
＊＊＊　F・ルーズベルトがおこなった、世界的経済恐慌に対する、アメリカでの経済救済政策をニューディール政策と呼んだ。大統領に就任した一九三三年からスタートした。エリクソンのアメリカ移住は一九三三年。時間的なズレは、彼の思い違いだろう。

たのである。少数の人々は「ナチス」がテキサス州に上陸し、「親衛隊」の部隊の基地をつくっているという内部情報を得ている、と怒りをこめて力説していた。もし移住しなければ、自分の国の人々からせん滅されてしまうという悲惨な事実に苦しみながらも、この人たちは、安全性が低くなるということはないのに、生命の保証がなくなるという、迫害妄想的な要素に支配されることが身についていたのだった。

右のような方法で、あるいはまた別の方法で、私たちの多くは根こぎの状態と、再び定住することの困難さが生む症状に直面してきた。ここで私たちの仕事は、移り住む人々が順応していく際に、幾つかの普遍的な心理的機制を明らかにする手助けをすることである。しかし、私たちと一緒に移住に参加できなかった人々、つまり死者たちの冥福を祈らずに、これらの問題について私の考えを述べることはできない。移住のときの最悪の状況は、最低の生活であり、望みも風前の灯《ともしび》だった。しかし、この人たちは逃亡するということさえも拒否されたのである。これらの人々に関する私たちのイメージには、地上で最後の彼らの経験であった地獄が、永久に刻みこまれていなければならない。

国を越えて移住することは、さまざまの破局や集団的な危機のあらゆる場合と同じく、新しい傷ついた世界像を生む。また、しばしば一時的な、新しい乗り換え通過のためのアイデンティティを緊急に身につけるように要求される。移住者を動機づけて動かすものは何だろうか。自分の母国からどのように追放され、またどのようにして母国を捨てたのだろうか。自分の家と行く先との間の距離を移動するために、どのように運ばれてきたのだろうか、またどのように道を選んできたのだろうか。人々はどのように隔離され、また反対に自分を周囲から遠ざけてきたのだろうか。新しい状況に受けいれられ、また自分から状況に参加していったのだろうか――これらは状況的な決定因である。しかし、ジグムント・フロイトによって明確化されている第二の幾つかの決定因は考えられていない。フロイトは、人が自分の個性を維持していくにあたって、心の中心的なひとつの機制である

「受動的なものを能動的なものに変える」ことについて述べている。というのは、これはせめぎ合う力の世界の中で**中心性**（centrality）、**まとまり**（wholeness）、**自発性**（initiative）をはっきりともっている個人の位置を維持し、また取り戻すことができるようにするからである。これらは私たちがアイデンティティと言っているものの属性であると皆さんも考えていらっしゃるだろう。

アメリカの開拓者に典型的なものと思われることわざがある。「あなたの隣人の煙突から煙があがるのが見えたら、先に進むときだ」。このことわざは、強く迫ってきて、閉じこめようとする強い運命の力を、積極的に克服していくパターンを一途に守っていこうとする姿勢を示している。つまり、待つことなく、自分の主義に従って進むのである。これに対して心理的な逆の位置にあるのは、次のような例である——表面的なパターンでは、全く反対であると言うべきかもしれないが。エルサレムの通りで、ハシディム派の老ユダヤ人が、私に向かって投げかけたことばに示されている。「あなたはアメリカ人かね？」と私に尋ねた。私が頷く。すると彼は私の目を覗き込むようにして、ほとんど憐れみともとれるような同情をこめて、「**私たちは**自分らがどこにいるのかわかっているのだよ。**この場所こそ**、私らの住むところだ」と言い、自信に満ちた誇りをもって、「他にはないよ。まったく」と、まったく（ドイツ語でシュルスプンクト（Schlusspunkt））を強調してつけ加えた。

積極的に母国を飛び出すこともできるし、積極的に動かないで留まることもできる。また（ルイス・ピンスキーがヨーロッパの地下組織の青年たちについて言ったように）、「積極的に隠れる」ことすらできる。[2]もう一方で、自分たちの平原に住んでいたアメリカ平原の先住民の子孫に見られるように、遊牧生活を強制的に放棄させられて、遊牧を永久に許されなくなると、根こぎにされたと感じるかもしれない。政府が四角い家に押しこめてしまったずっと後になって、彼らは住むためのトレーラー・ハウスを求めたのである。自分の意志で巡遊するのを許されないと、抑うつ患者に典型的な、またバーキス博士が強制収容所の収容者について報告したような、[3]スローモーション映画のような、ぼんやりして足を引きずるような態度や話しぶりを示した。遊牧の狩猟生活者の部族的アイデンティティはその根を絶え間ない動きの中で培ってきた。部族が定住生活に追いこまれて、あたかも見こみのない患者のように行動していることを、私もまた記述したことがある。(4)

ところで、病んでいること（patienthood）とは、ひとつの停滞（inactivation）の状態である。アージェンス、原動力（agens）というのは**パティエンス**（patiens）（疾患、患者）の反対語であり、私はここで「受動的」と「能動的」ということばにもうひとつの意味をつけ加えるために、この対語を用いたい。そして攻撃的とか服従的、男性的とか女性的といった含みをもったものから解放したいと思っている。ところで、**パティエンス**という語は、長い辛抱か、力強い回復のための助けがなければうち克てないような、強大な力が外からと内から加わっているところに晒《さら》されているような状態を意味している。一方、**アージェンス**とは自発的な活動が中断しないで続いている内的な状態であり、自発性を認めようとする目的のために行動する内的な状態を意味している。**アージェンス**の段階とは、グループであれ、ひとりであれ、何かを達成するために私たちの助けを求めているクライエントたち、または患者たちであることがすぐにおわかりのことだろう。しかしまた、ここでは外に見える活動の状態を言っているのではなく、自我の活動的な緊張状態として概念化している内的な状態を述べているのだということもおわかりのことだろう。

確信にみちた強い意志《ヴェンジーンズ》（ドイツ語でシュルスプンクト〈Schlusspunkt〉）をもって踏みとどまったエルサレムの例のハシディム派の老人と、身体《からだ》が悪くなって患者になり、自分のことを考えはじめたアメリカ中西部出身のユダヤ系の老人を比べてみたい。このアメリカ人は事業で大きな成功をおさめ、北部の厳しさや都会の生活や事業の圧力に二度と苦しまないため、南カリフォルニアに引退するばかりになっていた。しかし、これまでの決まりきった仕事を整理しはじめてから、耐えられないほどの痛みを胸のあたり全体に感じはじめた。しかし、医者たちは器質的なものを発見できなかった。彼は町を歩きまわるのに普通のステッキではなく、長い杖を使っていた。近所の人々は彼のことを「放浪のユダヤ人」と呼ぶようになった。彼は自分の主治医に、最近見た次のような夢を話した。この夢の中で、彼はロシアの大きな川のほとりの故郷に帰っていた。父親が荷物をいっぱい積んで川を下り、港々で商売をするために幾つもの船をつくった。しかし、この男性の夢の中では、半分しかできあがっていない、荷物も積んでいない父親の船がすべて、船泊まりの場所から離れてしまい、無情にも下流にどんどん流されていたのである。

この夢を解釈するためには、心理社会的なひとつの事実と心身的な事実をあげれば十分だろう。この人は十三歳のときに家を離れている。十三歳はユダヤ教の堅信礼の年である。* そして彼の胸の痛みの範囲は、彼が家を離れてからは無視していた宗教儀式の下着を身につけて覆われる部分と一致していた。彼は人生の頂点に**たどりついた**（arrived）とき、若いときに**離れる**（leave）と決めたことについて罪責の念に苦しむのである（それも致命的に）。成人になってからは、彼はユダヤ教会やいろいろの慈善活動の有力な後援者となっていた。けれども心の深いところで、自分は父の未完成の船のようなものにすぎないのに、船泊まりの場所をあまりに早く離れてしまい、「船の造り主」に忠実ではなかったと感じていた。このように、病むことが自分の個人的な受難になってしまっているような人を助けることが、どんなに難しいものであるか、読者もおわかりのことだろう。実際、この夢を見てそれほど時を経ない時期に、この人は胸の痛みとは関係のない身体的な理由で亡くなった。高齢者に少なからずあるもの、つまり、統合性についてのある種の苦闘は、昔のアイデンティティ獲得の失敗――それは未解決の広範な罪責感を残しているが、その失敗を表すために原因のはっきりしない身体症状が出てくるように思われる。というのは、この夢の底流にある問い、つまり誰が船のつなぎを外したのか、それは何の目的のためだったのか、という問いの中に深く浸透している罪責感の問題があるからである。皆さんはこれ以上に、綱の

* 十三歳以降、正式に成人として宗教上の責任と義務を与えられる儀式。バー・ミツヴァ。

シンボルに、移住の主題について私たちのイメージを覆っている根の主題の変奏を認められるかもしれない。いろいろの根がある。引きちぎられるか、うまく取り出されるか、運搬の途中で枯れてしまうか、湿り気を与えられて生き生きとしているか、ふさわしい土が与えられるか、あるいはうまく支えられず、萎びてしまうかなど。

このような事例では、個人的な治療の仕事と社会的なリハビリテーションの仕事を含んだ病の要素が混ざり合っている。老人は内的な葛藤または統制できない衝動（ドイツ語の Getriebenen、英語の the driven ones）につき動かされている人と、土地と故郷から**放逐されてしまった人**（ドイツ語の Vertriebenen、英語の the expelled ones）との中間点で生きている。この人たちの共通に見られるさまざまな症状は、積極的に克服していこうとする活力をなくし、地域の生活でお互いにかかわって育み合うものを失った自我の状態と違っている。この一方の極は統制できない衝動によって動かされている人である。つまり、「動揺し」「落ち着いていない」と感じている。その中間の人はまた、自分の内的な強迫につき動かされている人、つまり、「自分たち自身を迫害」している人である。もう一方の極の人は、迫害的な力によって、発達が阻止され、はじき出され、はね飛ばされている。いろいろの症状は一時的なものであっても、慢性のものであっても、犠牲者のすべての種類に見られる症状は、ひとつのまとまった共同の防衛を築くために共通の敵をつくりあげ、衝動的で迫害的ないろいろの力に対抗する武器を躊躇なく使うことを示している。このようにして、外の迫害者は心の内の隠された迫害者と手を組む。そして状況が巧妙な方法や解決を求めているところで、自分は価値がないのだという感覚を増大させていく。そして内的な罪意識は、抵抗し管理しなければならないものや、抵抗し管理することが可能だったかもしれないものを、変更不可能なものとして受けいれてしまうのである。ホームシックの気持ちは、実際には自分たちが排除された土地を、自分たちが見捨てたのだという、自分への非難に変化させてしまう。言い換えると、歴史的な運命と個人の生育史とが共謀することによって、自我の自発性の力を働かないようにさせてしまうのである。しかし、これらすべてにおいて、運命を自分が選び、そこでは自分が生き生きと活動するものとして運命を経験する（自我の機能に中心的な）個人の要求の萌芽を認めることができる。たとえ、絶滅や迫害や亡命を選ばされたり、巻き込まれたり、自分で招いたり、受けいれたりすることを意味しても、自我の中心的な要求の萌芽なのである。強制収容所の集団の中で、単なるシリアル・ナンバーの数字になってしまい、この人たちを回復させようとする人々に対してさえも、自分たちを迫害するのだ、という妄想をもった人々と言えども、このことをことにはっきりと認めることができる。もし信頼する方法を忘れてしまうと、反対に強い不信感を生むように駆り立てられ、誰もが自分に敵対していると強硬に言い張るように駆り立てられる可能性も出てくるのである。

このようにして、病を生む問題は、外的な状況と内的な状況が重なってひき起こされる。それはまた、アイデンティティの問題の中でも、同様に外的な状況と内的な状況が重なっていることが認められると私は思っている。しかし、このアイデンティティという用語は、アメリカではあまりに広く使われているので、この文脈で何を意味しているかを明らかにする、ということと同時に、何を意味し**ない**かを述べることも重要である。

老人の事例の中で、青年期において満たされなかった**堅信礼**について私は話をした。ここでしばらく、人の人生の中で根こぎの「自然な」時期があるという事実を考えねばならない。それは青年期である。ちょうど空中ブランコの芸人のように、激しい動きの中で、若者は子ども時代の安全に摑んでいた横棒を離して、成人のしっかりした横棒を探し求めて飛び出さねばならない。過去と将来の間に横たわり、また手を放して行かせねばならない人と、「受けとめる」人との信頼感を頼りにして、息をのむような距離の隔たりを支えなければならない。幼児期からつくられてきた若者の衝動や防衛の組み合わせ、昇華と能力の組み合わせがどんなものであっても、今や仕事関係や愛情関係でのさまざまな具体的な機会の中で、意味をもつものでなければならない。人が自分の内面を見ることを学んできたものと、他の人が自分に示すいろいろの期待や認識とが一致しなければならない。また、自分にとって意味をもつようになってきた価値は、これからさらに普遍的に意味をもつものと、かなりの程度一致しなければならない。

このようにアイデンティティの形成は、初期の精神分析の中で記述されたような、一方向の仕方で**自分を他人と同一化する**過程より大きい。アイデンティティ形成は、幼児期のいろいろの状況を超えた予測可能な世界との関係の中で、はっきりとした個人として、自分を**自分に同一化するため**の高められた認知的・情緒的な能力を土台にしている過程なのである。だから、アイデンティティは幼児期のいろいろの同一化を足し算した総和のようなものではなく、むしろ古い同一化の断片と新しい同一化の断片との新しい組み合わせなのである。このような理由から、この時期に、さまざまな社会が、あらゆる種類の思想的枠組みの中に、若者を承認《コンファーム》し、役割を与え、仕事をするように仕向けるのである。このような役割や仕事によって、自分を**認め**、他人によって**認められていると感じる**。儀式的な堅信礼やイニシエーションの儀式や教化は、健康な社会が新しい世代に伝統的な強さを伝え、それによって若者の強さを、自分たちと結びつけるという必要不可欠の過程を拡大するためのものである。このように社会は新しい個人を承認し、また社会はやがて歴史によって承認される。というのは、いわば幼児期の葛藤のときから貯めておくことのできた、「葛藤外」(conflict-free)のエネルギーを、社会的過程のために自由に使うように導かれるからである。このような複雑な過程は、個人の成長と社会の発展によって生み出されてきたものだが、同調的な価値によって育てられるものではないし、またその生み出されたものが、ただ単に空疎な儀式によってしっかりしたものになるものでもない。つまり、西欧側の衰弱したいろいろの信条も、共産主義世界の決まりきった紋切り型のイデオロギーも、いずれも共通の障碍物に突きあたってしまうのである。

ここで、自分で社会から**逸脱する**運動や組織を、自分で選んだり、引きこまれたりする若者について少しだけ注意を払わねばならないだろう。運動や組織を利用する指導者たちを無条件に憎むのと同じように、若者を卑劣なせん滅の行為に熱狂的に参加させるのは、どんな内的機制であるのかを問いただし続けねばならない。その答えは次のようなものである。彼らもまた青年として根こぎ状態にされ——また同様に国や社会の階層の伸びてゆく若いメンバーなのに、これらの国や社会の階層は、国家アイデンティティをもち、また経済的に自立しているアイデンティティがまとまりのある状態となることが否定されており、その結果として、全体主義的なイデオロギーと呼ばれるようなものを摑みとろうとしたり、また、反対にそのような思想にとらえられてしまうことを、若者は求めたのである。

　若者は自分なりの仕方でまとまりのある人《ホール・パーソン》にならねばならない。発達の途中にあっては、身体的な変化の違いや性的な成熟や社会的な目覚め具合の程度に、個人差が大きいのが特徴である。この発達の段階で、達成されねばならないまとまりのある状態《ホールネス》を、私は内的なアイデンティティの感覚と呼んできた。まとまりのある状態を経験するため、若者は幼児期の長い年月の間に成長させてきたものと、これから将来において達成することが約束されているものとの間に、前向きの連続性を感じていなければならない。また、自分が何になるか思い描いているものと、他の人が自分の中にあるものを見て、何を期待しているのかということとの間に、前向きの連続性を感じていなければならない。私個人として言うなら、アイデンティティは子どものときから自分が依存していた人のようになりたいとか、しばしば強制的にそうなるようにさせられるとか、幼児期に次々に起こるいろいろの同一化のすべてを含んでいるが、それをすべて足した以上のものである。アイデンティティとはユニークな産物であり、同年輩の若者との新しい同一化や家族以外のリーダーとの同一化の中でしか解決することができないような危機に直面する。青年が新しくて信頼のおけるひとつのアイデンティティを求める動きは、本当にしばしばお互いに、他人と自分を厳しく比較する中で、自分をはっきりとさせ、また過剰にはっきりさせ、またはっきりし直し、お互いにもっとはっきりさせたりするところに、あきらかに認めることができる。一方、信頼のおける仲間を求めることは、可能性の中でのもっとも新しいものを厳しく調べたり、また価値の中のもっとも古いものを厳しく調べたりするところに見ることができる。個人的理由としても、集団的理由としても、自己を定義する結果があまりに難しくなると、役割混乱の感覚が生まれる。若者は自分の性的選択、民族的、宗教的、性格的な選択の可能性をまとめあげるのではなく、むしろ、対抗的になってしまう。そしてこちら側か、あちら側か、どちらかにはっきりさせるように駆り立てられてしまうことになる。

アイデンティティを論議するのに、私は「まとまりのある状態《ホールネス》」と「全体性《トータリティ》」という用語を使ってきた。両方とも総体（entireness）を意味している。しかし、ここでその二つのことばの違いをはっきりさせておきたい。

「まとまりのある状態《ホールネス》」は、全く違った部分であっても、有効なつながりや組織となるような部分の集まりを意味している。この概念は（英語の語根 whole の組み合わせでわかるように）、まごころ（wholeheartedness）とか、誠実さ（wholemindedness）とか、まろやかさ（wholesomeness）といったことばにもっとも印象的に示されている。だから、ひとつのかたちとして（ドイツ語でいう**ゲシュタルト**〈Gestalt〉）、まとまりのある状態は、全体の中での違った機能や部分の間に、健やかで有機的で前進的な相互関係、そして開かれていて流動的でもある境界をもっている。これと対照的に、全体性《トータリティ》は、絶対的な境界が強調されるような**ゲシュタルト**である。ある種のあいまいに決められた境界線があり、その内側に属するものは、何ひとつ外側にはあってはならないし、外のものは何ひとつ内側には存在できない。全体性《トータリティ》というのは全く排他的であると同時に、絶対的に**内側**的である。アイデアが論理的であるか、そうでないかは問題ではない。また集団の中の人々が、いわばお互いに求め合っているかどうかなどにも関係がない。

そこで、強く求められているまとまりのある状態《ホールネス》を放棄することを意味するとしても、また別の選択を考えたり、別に変更することを考えたりしないのが、全体性《トータリティ》を求める心理的要求というものである。このことを読者と一緒に考えてみたい。このことを一言でいえば次のようになるだろう。つまり、人は事故やまた発達的な展開のためにまとまりのある状態《ホールネス》の本質を失うと、全体イズム《トータリズム》と呼んでもよいような方向をとって自分自身や世界を再構成する。これを単に退行的な機制だとか、幼児的な機制だとか見なさない方がよいだろう。たとえもっと未熟な状態であるとしても、それは経験に対処する別の方法なのである。だから、少なくとも移行し乗り換えをしようとしている状態のときには、ある程度は適応的で、生き残るための価値をもっている。これは正常者の心理の範囲の事柄である。

しかし、本物のアイデンティティは、若者にとって重要な社会の集団、つまり自分の社会階層、自分の国、自分の文化といった、アイデンティティの集合的な感覚から得ている支えを土台にしている。歴史的な発展や技術的な発達が、深く根をはって大きな規模で生まれてきたアイデンティティ（例えば、農民、封建領主、貴族）を、ひどく深く侵害しているところでは、若者は個人的にも集団的にも、危険にさらされていると感じている。そして同調的なアイデンティティ（極端な国粋主義、人種差別、階級意識）の中で、全く紋切り型につくりあげられた敵を、集団的に非難する動きに深く入りこんでしまうような教条を受けいれやすくなってしまう。正義感と犯罪との混ざり合ったものに深くかかわっている、教条主義につながっているアイデンティティを失う恐怖は、全体主義的な状況のもとでは、組織されたテロになる可能性となり、また大規模なせん滅をするために、さまざまの仕事をつくりあげる可能性をおびてくる。また、アイデンティティ感覚を傷つけるいろいろの条件は、年配の人々を、青年期的なあれかこれかの選択にしがみつかせ、数多くの成人がレジスタンス運動に身を投じたり、またレジスタンス運動の中で心理的な混乱をひき起こして麻痺状態になったりするのである。

このようにして、ひとつの無益な悪循環ができあがってくる。というのは全体主義的な犯罪がうわべでは成功し、自己拡張の意識を高めるのに「うまくいった」と思える場合でさえも、全体主義的な姿勢は、種々の文化や個々人が生活しているまとまりのある経験を導き出すことはできないからである。しかし、迫害を克服した人も、単に正義の復讐といった行為から平和を得ることはできないだろう。正義の復讐によって、犯罪者といっしょに犯罪の記憶を消そうと試みても、できはしない。未来の指導者の手のうちにある、いろいろの破壊の手段に照らして考えると、私たちの歴史的な記憶が、心の悪についてもっと責任のある判断を求められていることは明らかである。新しい世代が全体的な拒否によって、自分の言いたいことだけを主張し、他の主張は否定するよ

うなことがあればいつでも、悪についてもっと責任のある評価をしなければならない。(5)

個人的、文化的な一定の条件のもとでは**発達的危機**が早い時期に起きることがある。アンナ・フロイトとソフィー・ダンは強制収容所に収容された子どもたちの中に、極端な、不適応な仲間から孤立するというかたちで、社会的良心の発達が早期に起こることを実証している。(6) アイデンティティの危機もまた、極度に早期に現れることがある。ピッツバーグの軍事工場にある保育所のマーガレット・マクファーランドが話をしてくれた。それによると四歳の黒人の女の子が、いつも鏡の前に立って石鹸で自分の皮膚をゴシゴシこすっていたという。それからゆっくりと逆に、今度は鏡をこすりはじめる。しばらくして、代わりに絵を描くように言われると、この子ははじめ怒ったように、何枚もの画用紙を茶色と黒色でびっしりと塗りつぶしていた。そして「大変**よく**描けた絵」というのを先生のところに持ってきた。先生にははじめ、ただ白い画用紙が見えただけだった。しかし、もっと近づけて見ると、この子が、白い絵の具でたっぷりと隙間なくぬっていたのがわかった。このような遊びのかたちでの自己抹消の行為が起こったのは、それまで一度も人種差別の行われたことのなかった保育所でのことだった。これは清潔感の統制と社会的な自己評価の喪失が、幼児期にどの程度まで結びついてくるのかを示している。また、人々の中に深いアイデンティティ障害をひき起こすことを示している。この人々にとってはあまりにも「違っている」と感じさせられてきているので、差別反対の法的な運動は、ただ長い苦痛な内的な再同一化の始まりにすぎない——もっと包括的な新しいアイデンティティのもとで、本物の参加をしていくということは一応おいておくとしても、そうなのだ。

幼児期のすべての発達段階の期間につくりあげられたいろいろの自己イメージは、アイデンティティ感覚を少しずつ準備していく。それは比較行動学者たちのおこなった研究が私たちに示してくれたように、発達の最も早期において他人の顔を互いに認知したり、また他人に認知されたりするところから始まるのである。これらの研究の成果は、人間の条件にうまく適用されたら、自分を最初に「認知する」（自分へのはじめての「注視」、ドイツ語で言う「アンゼーン」〈Ansehen〉を自分に与える）目や顔のもつアイデンティティを賦与する力について、新しい光を投げかけることになるかもしれない。また、脅威となる疎遠感、つまり「顔を見失う」ことに関する幼児期の起源について新しい光を投げかけることになるかもしれない。ひとりの人になること、自分は自分であるということは、自分が生まれ出たスタートの中にある基本的な信頼感が存在していることが条件であり——そこから生まれる堅固な強さを前提としているのである。

ここでこれらの問題を見ていくのは次のような理由からである。深い精神的な動揺の体験や根こぎの体験は、次の二つのために退行をひき起こすのである。第一に、認知されたい、根源的な望みを得たいという目的のため。第二に、それが得られないこと——死人になること、つまり、アイデンティティが死産してしまうという根源的な恐怖のためである。根こぎ状態になった人々が、相手の言うことばを聞かないで、相手の目や声の調子に「こだわっている」のは、このような理由によるのである。

しかし、青年期におけるアイデンティティの深い混乱は、常に、幼児期的な始まりの「認知されること《リコグニション》」のところにさかのぼっていくが、他方で、未解決のアイデンティティの問題は——「放浪のユダヤ人」の事例で具体的に示したように——老齢期にまで持ち越されてしまうことがある。その時期になって、老人の中に、自分の人生は価値があるとは思えないという疑いが絶望感の一部になってしまうのである。そうなると、自分の人生をうまく生きられなかった人は、生きる主体として**積極的に死ぬ**権利を奪われることになる。意味のある終末をもたなかった乳幼児を、ルネ・スピッツの研究は映像的に描いている。[7] これは意味のある終末を期待していない人々の生気のない顔を描写した、印象的な絵画にも匹敵するものであるといってよい。しかし、このことは、高齢期の人は、自分のアイデンティティを再適応させるために、死ぬまで努力するように仕向けられねばならないのだ、ということを言わんとしているのではない。その全く逆である。アイデンティティ形成が、青年期に比較的うまくいっているところでは、心理社会的な発達は、成人の時期を充実させ、最終的な統合へと進むのである。そこではいろいろの経験をしても、得られるものは少ないが、本質においては変わらない、わずかの原則がある。このような統合性のある高齢者がいないと、若者はアイデンティティを得ていくために、反抗することもできないし、また従うこともできない。

アイデンティティの中核的な問題は、だから、（用語が意味しているように）変化する運命に直面しながら、同一性《セイムネス》と持続性《コンティニュイティ》をもち続ける自我の能力なのである。しかし、運命は常に、これまでの発達段階の結果として、内的な条件の中で起こる変化と結びついている。この内的な変化はまた、発達段階の結果によって起こり、また環境の変化や歴史的な状況の変化によって起こるものである。アイデンティティは変化のプロセスの中での本質的なパターンを維持していく回復の能力を意味している。このように言うと一見おかしく聞こえるかもしれないが、ラディカルな変化に耐えるには、しっかりしたアイデンティティが必要である。というのは、しっかりしたアイデンティティは、文化が共通にもっている基本的な価値に沿ってつくりあげられているからである。ここでポーランド農民の家族や仕事や宗教に関する価値を考えてもよいと思う。それらの価値は、ピッツバーグのレンガ造りの住宅が立ち並ぶ市街地や溶鉱炉の生活、つまりポーランドの土壌と肥沃な平原から、近代産業のスモッグと産業的な生活に、比較的スムーズに移しかえることができた。あるいは、また次のようなことを考えてもよいだろう。数百年にわたって「聖書」に忠実に生きている「原始的」で孤立したイェーメン地方の人びとが、その聖書をつなぎ目にして近代文学の世界につながっている。また、ベン・デーヴィッドの観察をもう一度考えてみよう。それによると、よく統合された自己イメージをもち、集団的アイデンティティをもっている移住者は、イスラエルの社会にうまく同化していく機会が高いという。これらの例は、次のようなことも示している。つまり、アイデンティティは変化に対して鈍感で、閉ざされた内的システムとなっているということを意味しているのではなく、むしろ個人や社会の中の本質的な特徴を保っている心理社会的な過程であることを意味しているのである。

どんな時代においても、大規模な根こぎと移住の際の危険は、いろいろの外的な危機が、多くの個人や世代の中にある発達的な危機の順序や本来備わっている修正する働きを狂わせ、また、意味のあるライフサイクルの中にしっかりと植えつけられるべき根を失ってしまうことである。というのは、人の本物の根は、何代もつながっていく世代の中で培われるのだから。ただ住んでいた場所を失ったからというのではなく、発達の時間が中断したことで、自分の中心になる根を失うのだ。これが大規模に起こる強制された移住によってひき起こされる本当の障害である――つまり、世代の継承のプロセスの中に潜り込み、核爆発の遺伝的な障害についての新しい脅威にも匹敵するような恐怖の一部となるのである。

私たちは臨床家として、また管理者として、治療や管理、あるいはリハビリテーションなどに責任をもっているとしても、失われた精神発達を守る者になる。理想的に言うなら、私たちのリハビリテーションの仕事は、意味のある**モラトリアム**、つまり、さらに積極的なかかわりをもつために、一時的な猶予の期間を準備するものでなければならない。読者もよくおわかりのように、はじめに避難する行動そのものの中に、信頼のしるしや生きとしたエネルギーのしるし、さらに辛くても意味のあるものをやり通そうとする準備などがなければならない。これらのものは第二の実行の段階、つまり仕分けの段階になってはじめて壊れるのである。このことはまた同様に、ソーシャル・ワーカーや精神医学的ソーシャル・ワーカーが出会う共通の問題でもある。ここで入院患者の問題について少し述べてみたい。というのは、ここでも同じ問題が起こっていることがはっきりするだろうから。

自分から何かしようとしてきている入院患者たちは、また、しばしば自分からかかわろうとする。患者たちは自分でやる仕事や、しなさいと言われる仕事を、「自分でするために出かけ」ようと期待している。しかし、患者たちはしばしば、前向きの生活を切り離して、それと大きな距離のある、患者であるということを強化するような、診断のプロセスや、入院の手続きに出会うことが多い。このように文字通り、「泣き面に蜂」（傷ついている上に、屈辱を与える）のようなさんざんな目に会うのである。すでに自分の昔の仲間の人たちからは、逸脱した者、異常な者というレッテルを貼られていた上に、さらに入院という意味の深いモラトリアムによって、進むべき道を見つけていくと期待されている人だと分類され、診断されている。したがって、生涯にわたって患者であり、またクライエントであるという、消すことのできないアイデンティティを多くの人が得ていく。それは患者が「自分はそうだから」という経験を土台にしているからではない。入院のはじめに、この人に対しておこなわれた診断や検査の手続きの経験が、そう思わせるのである。

もちろん、はじめてのかかわりで失われた大事なものについての問題は、ひき延ばされてきた根こぎ感や入院することに内在する、もうひとつの危険を一層悪化させるにすぎない。これを否定的《ネガティヴ》アイデンティティ、つまりズレた自己イメージと社会的役割の形成のこととして私は問題にしてきた。開拓者と亡命者、フロンティアの人たちと外からの移住者との間のごく普通の評価の仕方の違いについて、私はすでに指摘しておいた。これにつけ加えれば、「ジプシー」「怠惰者」「浮浪者」という伝統的なよくないイメージを一方に、そして他方に「在院者」「拘禁者」という伝統的なイメージとの中間にある、さまざまの否定的なグループの中にいる人は、それが続くことに死ぬまで抵抗するか、それともその状態を受けいれるか、どちらかで満足しなければならない。長く続いた受け身的な姿勢は、このような周辺的アイデンティティを表面にひっぱり出し、何世代もの間消すことのできなかった自己イメージを、ものすごい力でもう一度新しく編成し直すのに力を注ぐ。それと同時に、また他に代えることのできないものにする。しかし、十分に考慮された治療的な管理者には、それらがすべて強制された怠惰さや、収容されていることで病状を示してくる二次的な社会的疾患であると認識されている。

ここでオースティン・リッグス・センターについて少し話をさせていただきたい。センターは開放の精神科病院であり、研究施設であって、私はそこのスタッフのひとりである。私たちが、患者を過保護にして、私たちの仕事を「患者のため」と称している診断的・予後的な偏見を克服すると、患者の中で自発的な活動の驚くような実例を体験するのである。それは次のようなことである。スタッフと同時に、患者からの強い要望で、私たちは「自分たちのための仕事」を自発的に始めた。仕事というのは、病院の保守の仕事のために、朝に患者たちが集まるというものであった。このようにして、方法を考えた患者たちは、間接的に「資金の援助」を必要としている他の患者の援助をすることができる。この計画が実施される前は、私たちはそれが実行できるものとは考えていなかった。さらに加えて、スタッフと患者たちの委員会*の助けをかりて、もっと個人の求めを満たす人たちのための「活動プログラム」が、ジョーン・エリクソンによって計画された。このプログラムの枠内で、専門的な教師の指導を受けながら、入院患者たちは町の住民の子どものための保育園を経営したのである。親たちが子どもを預け、さらに続けて預けにくるまでは、このことができるとは思っていなかった。私たちの活動プログラムは、演劇グループもとり入れた。そして専門家に指導を受けた。私のひとつの印象的な経験を話したい。あるとき若い患者のグループが、ひとりの患者の監督のもとで、かなり難しい演劇を上演すると決めた。彼らはその舞台を近くの市で開催される、年に一回のコンテストにかけることにした。そのコンテストでは、彼らはもっと大きな都市からきた、アマチュア劇団や大学の演劇学科のグループと競ったのである。そして「リッグス演劇団」が優勝したのだった。優勝の授与式の後で、別の競争グループの人が私を脇の方に呼んで説明を求めた。その人たちの意見によると、若者たちは立派に演じたのだが、それにしても医者にしては年が全く若すぎるように見えるのだが……と。

患者が職能的な仕事の中で、お互いに認め合う本当の場を地域から確保できることの重要性を改めて強調する

＊　必要なことや病院への要求などを満たすために、入院患者たちが自主的につくっている幾つかのタスク・グループ。

必要はないだろう。このことは特に若い患者にとって重要なことである。彼らの中で、アイデンティティ形成のプロセスがもっとも過敏なときに、否定的な自己イメージと結びつけるべきではない。たとえ（あるいは、全くそれゆえに）若者はアウトサイダーだとか、非行者、反抗者、患者として演じたり、実験していたりしていても。私たちの若い患者の幾人かは、莫大な資産をもち、これ以上はないほどの成功を収めた親の子どもたちであるが、放浪者のような格好をしていた。しかし、ご存知のように、事実そのような反抗的な格好であっても、彼らは大声で「否定的《ネガティヴ》アイデンティティ」を表現し、風変わりな服装で大人たちをからかい——自分の子どもを鋳型にはめ、そのアイデンティティを偏見で判断する大人をからかい——世界的な運動に自分もその一員として行動し、同化しているのである。

外的な根こぎによって精神的に衰退した状態《ペイシェントフッド》も、また精神医学的な患者としての条件も、両方とも、このように**能動的な自己-根こぎ状態**の位置と隣りあわせになっている。これは怠惰という特徴をもっている。また同時に精神的な不安定さと本物の冒険をする人のような特徴をもってもいる。ときにはすぐれて創造的なこともある。その創造的なものこそ回復の原動力である。しかし、「アウトサイダー」のために、アウトサイダーを演じたり、振舞ったりするような人々に対しては、アルベール・カミュの洞察を推奨したいと思う。カミュは人間の実存的な位置を示すために、**異邦人**ということばで現代最高の文学的表現を創造している。* しかも、彼は自分の若い時代の——サッカーの論理や倫理の大事さに正当な位置を与えている。人の実存の諸々の限界を深く知るためには、私たちはその時とその場所において、「ゲームのルール」を十分に経験しておかねばならない。ひとりの哲学的な「異邦人」として生きることは、成熟した人間がする選択のひとつである。そのような選択をするためには、未成熟な人は、私たちの助けをかりて、実際の仕事や愛情関係のかかわりの中に自分の住むところを、まず見出さねばならない。

若者は「常に守られるべき一群の人間である」ことをわからせてくれたのはカミュである。軍事的な思想に縛られていない限り、若者は逆説的だったり、矛盾に満ちたりして、いろいろのやり方で自分の本質を守ろうとしている。つまり、やりすぎた行動をしたり、反対に全く無為に過ごしたり、また、振り返ってみることを一切拒否したり、また反対に振り返りすぎたりなどをして。このように若者は、ある種の漠然とした聖なる倫理の感覚に忠実であろうとするために、これまでの古びた道徳観に尽くす心《フィデリティ》を示すことを拒否するというのは、いつもそうだというのではないが、多くの場合に当てはまる。アメリカにおいて、知的に優れた若者たちのなかには、国内で培われた個人主義に対して、最新の思想的な枠組を提供するようなヨーロッパの実存哲学と東洋の哲学を混ぜ合わせたようなものに惹かれている者もいる。現在の文化のなかで、神秘主義とか隠遁主義が生まれた時代や場所の歴史的な関心や規則正しい道徳観に根ざしているあり方については、ほとんど関心がもたれていない。しかも、歴史のどの時代においても、個人のアイデンティティを失うには、それをまず獲得していなければならないのである。超越するためには、倫理的な関心を正面からくぐり抜けなければならないのであり、迂回をすることはできない。瞑想的な隠遁主義は、その頂点にあったときには、創造されたすべてのものに対して十二分の認識を働かせていた。そして慈善的な仕事によって得られたものを世話し、超越性への道を確保し、世話できないもの、世話することを望まないものを生み出さないという責任を果たしてきた。この倫理的な立場と比較すると、われわれの文学的なセールスマンたちは、自分から解放されるというよりも、自分にとらわれた部分的な回心とか神秘主義を振りかざしているとしか私には思われない。というのは、「常に守らなければならない一群の人間」についてはっきりと気づいている人は、自分が共に生活し、人間の実存を深める人たちに対して、行為によっても、また沈黙によっても、青年期にある人たちを否定しない責任をひき受けねばならないことがわかっているからである。また、この人々には神経症的な根こぎの状態によって妨害されることなく、「究極的な関心」

＊　カミュ『異邦人』一九四二年出版。日本では多くの訳本が出されている。

にたどり着く機会が与えられるべきではないかと思う。

まとめとして、人の「根」について用いた樹木的な用語について述べておきたい。どこかの地域の中に根づき、多くの根によって支えられ、生態学的にとり囲まれている世界から生体的なエネルギーを得ているという人のイメージ。人はいつも根を失うということについてこれまで語ってきた。ある時代には大規模で悲惨な民族の大移動があったことが知られている。また、中世末期の人は、印刷機や火薬によって、またペストによって、また七つの海の征服によって、世界が想像もつかないほど変化してしまったと感じたに違いない。また同様に拡大された世界の中で、私たちは電波によるコミュニケーションや核爆弾によって、また精神的な不安定さによって、さらに宇宙の征服によって、世界が拡大されたと感じてきた。ノスタルジックに根について強調することは、近代の初頭には基本的に農業的な存在であり、「ふるさと」的な存在であったものを、意志的に、創造的に超越しようとするひとつの反動ではないだろうか。利用することを学んできた自然の一部に、自分自身のライフサイクルを完全に合わせることのできる人は、自分が耕している根に、自分が参加しているという感覚をもつことができる――たとえそれを寄生的であるとか、共棲的であると呼ぼうとも。根づいているということと、成長ということから得られるイメージは（すべての統合されたイメージと同じように）、ある種の単純な尊厳さや美を支えてきた。しかし、それはまた「根に回帰」した後で、ロマンチストの探索者たちが、結果的に無視してきたように、ある種の硬さや欠如の状態を育ててあげてきた。そのような探索を、私たち自身の社会階層の中にも見出すことができる。ここでは個人の「成長」のイメージや自分の中にある根のイメージについて、表面的に見ると精神分析のもっと「機械的な」概念に対する反応として、ひとつの好みを示している。しかし、実験室のイメージを用いようと、工場のイメージ、また植物園芸的イメージを用いようと、単に用語の響きによって、私たちは人間発達について、一層適切な概念をもつことができたと錯覚しないように気をつけなければならない。

個人としての個体発生（ontogenesis）に本来的に存在する内的疎外の状態をまとめておきたい――実際のところ、この内的疎外は、あまりに本質的なものなので、根こぎ感や見捨てられや孤立についての成人の条件は、「ずっと以前から」すでにわかっていたことの残響にすぎないように見える。どのような歴史的な惨事の中であっても、個人の過去が反響するので、不正な苦痛を強制したり、「人間の条件」の一部として、迫害を受けいれさせたりすることができると私は思う。しかし、これはまた私たちが自分を迫害する内的な傾向をもっているので、自分を迫害する者と同一化する傾向があるのだということを理解するまでは、私たちは不正や迫害を消すことができないだろうということを意味している。

事実を総合してみると、私たちはひとりの個人として、発達のどの段階においても、自分自身の中に根こぎ感に陥る傾向があるということができる。それは早期から始まる。というのは、それは（ドイツ語では**フレムデルト**〈fremdelt〉ということばになるが）なじみのない顔、変な、反応のない、目を背けたいくらいの不機嫌な顔に気づいて、怖いという反応をする時期であり、（基本的信頼の起源となる場である）親しみのある顔を認知する学習より前に始まるからである。そして精神分析が教えているように、たまたま別なところを向くかたちで顔をそらしてしまったと感じるような理解しにくい傾向がここから始まるのである。

人間以外の種でもまた、強烈な認知をする時期を経験する。たとえば、ある鳥の儀式やダンスの中にかなり派手に示されているものは、種の親和性とか生物学的な親子関係を確認したり、再認識したりしているものである。しかし、人間の場合、これらすべてが高度に個人的なかたちで、目や顔や心の出会いの一部となっている。つまり、これらすべてが、その個人の始まりのしるしであるように、人の意志の最終的な目的として残っている。つまり、「私は人に知られた者として、己を知る」のである。しかし、険しい道のりには、自分を知ることもなく、人に知られることもなく、ひとつの顔もなく、顔を認めることもないと感じる瞬間が何度もある。これがはじめての根こぎ感であり、移住の途中で何度も繰り返し体験され――そして精神病においても体験されるものである。

幼児期の後半に、頼りなくても自分の足で立つという、子どもが自律を楽しむ時期がくる。子どもは学びとっている空間を安心でき、安全にしていくようになる。自分を認めてくれる周囲の満足そうな目に気づく。これは子どもが安心と安全を学ぶ空間となる。自分をとりまく人々の意志に合わせて、よい感じを得るために、自分の意志をある程度抑えることを学ぶ。しかし、仕方のないことだが、否認されたり、恥をかかされたりするときもくる。不快な顔をされたり、笑われたり、誰に腹を立てているのかわからないまま、怒りで顔を赤くしたりする。自分を他人にさらしたり、冷たい目で見られたりする。これは第二の根こぎ感である。自分が自分に対してアウトサイダーとなっているような、自分がさらされていることに気づいている状態である。この時点から、完全に自分自身であることはなくなり、また完全に「第三者」になることもない。時には、自分の反抗的な衝動に同一化して、すべて自分自身になろうとする。あるいはまた、他人のやり方を強迫的に自分に当てはめたりして、同時に他人になろうとしたりする。あるいはまた、その両方をするかもしれない。その結果としては、自分を疑い、他人をも疑うことになってしまうのである。

もう少し発達の後期になってくると、良心の発達は自分を定義する感覚と、自分を明確化する感覚を準備できるようになり、増大していく自発性を社会的に認められた実りのある方向に進めていくことができるようになる。しかし、発達の中では「悪い良心」（ドイツ語では das schlechte Gewissen）もまたできてくる。この用語は興味深いことに、悪いことについての意識があるということとか、悪い意識とは何かということについては、あまりはっきりしていない。それはともかく、これは「超自我の形成」の部分である。これは人を心の中でおこなう価値判断者にする。極端な場合には、無意識的に価値判断をする人間に仕立てあげられてしまう。その結果生じた制止や抑圧は、疎外された状態として示すことができるようになる。なぜかと言うと、制止や抑圧が、私たちにとってもっともなじみ深い種々の願望や記憶を、遠くの別の世界に追いやってしまい、感じられなくなってしまうからだ。

右のことは、への緒がとれて、社会的、道徳的な世界の中に自分を位置づけるような社会人になると生まれてくる、避けることのできない内的な区分けである。私たちが神経症的な**不安**（anxiety）と言ったり、また実存的な**おののき**（dread）と言ったりするものは実際、人の**恐怖**（fear）のはっきりしたかたちにすぎない。そのわけは、動物たちが生存するためには、自分の住む環境に適応し、環境にふさわしい感覚で、近くや遠くを探査するのと同じように、人は許される活動の指標を探し、アイデンティティの形成を約束する内的な環境、また外的な環境を調べなければならないからである。

人はある環境ではずっと「気分が楽」であり、別な環境ではそうではないことがあるだろう。ロマンチックな憧れがあり、通りいっぺんの旅行では、その国の過去の外的な安全や、外国との関係での安全さの状況を過大に評価することがある。それと同じように、内的な安全感の情況も、過大に評価してしまいやすい。しかし、確かに人は、常に自然から疎外され、また内的世界からずっと疎外されてきたように見える。人は常に不可能に近い苦境を、住む場所に変えたり、また生産的な場所にしたりしてきた。技術的世界そのものが、適応するための内的な資源を弱めてしまうという理由はどこにもない。事実、技術的世界は善意によって強化され、またコミュニケートする人間という種の創意によって補給されるからである。

遊牧の人たちは疎外されていただろうか。カリフォルニア州北部で先住民のユーロク族の人々が鮭に祈りを捧げているのに、私は参加させてもらった経験がある。かれらは祈りの中で、鮭の本質に危害を加える意図はないこと、鮭が失ってもよい困らない部分の肉だけを食べていること、また鮭の骨格は川に流し、そしてやってきた海に流れ込んでいくように放してやっていること――だから流れて海にたどり着いたその骨格から、新しい鮭が大きくなり、そしてユーロクの網にやって来続けるのだと、涙を流しながらお祈りをしていた。これはもちろん、自然の深い神秘、特に鮭の繁殖に「ぴったり合った」呪術である。しかし、声の調子や祈りの内容が、次のことを示していることは明らかだ。人は個体発生的に保護的な提供者から疎外されていくことと、そして去っていく食料とが結びついて、祈る人のような姿勢になったのである。**農業に携わっている人**の場合はどうだろうか。確かに、農民の苦悩に満ちたさまざまの迷信は、自然が農民の想像の中で慈悲深い母であり、親しみのある住まいとしてだけでなく、苦しい重労働で抑えこみ、いろいろのずる賢い儀式で気分を和らげねばならない移り気な敵としても描かれていることを、私たちも納得することができる。**商業的**な世界の内的な危険については、現在私たちになじみ深いものである。売買し、お金を貸したり集金したりする人は、やがてすべての人の中から――自分自身や関係する女性、子どもも含めて――競争者をつくり、儲けを得るものをつくり、奴隷をつくる。そしてその程度に応じて、非人間的になり、共感する能力を失っていく。最後に**産業化**であるが、ここでは、人は他人や自分を道具や機械に変えて、自分を動かす機械になってしまう。ここで人は明らかに、種として出口のない袋小路に入ってしまっている。というのは、自己をせん滅する機械を完璧にして、周囲を見ないで目をつぶって、その機械を称賛しているのだから。

自然の搾取と商業主義と機械化された自己搾取との中間のどこかで――はじめマルクスの情熱的な関心をひいた主題であったが――大きな変容が起こっている。つまり、それは人間と自然との間の中間の人間の創造である。今日の**技術的な**世界は、想像しただけでもひどくおかしい疎外の状況を生み出そうとしていることが見えはじめている。しかし、これらはすべて人類の始まりの時期に、道具の発明と自己-意識的な大脳の発達と一緒に出発した技術的疎外の普遍的な問題であるということを曖昧にしてはならない。また、私たちのような心の援助者たちは、自分たちの意識や「人間性」を機械化されている集団の疎外された盲目性と呼ぶものから一定の距離をとることが多いが、ときには自己-欺瞞にふけっているだけだという事実を無視してはならない。なぜかというと、心の仕事もまた、たとえ目的は世界的に価値のあるものであり、平和的なものであるように思われるところであっても、罪をつくらざるをえない種々の方法を用いるので、技術的な疎外はもともと存在しているものだからである。つまり、実存をいろいろのことばに分析し、経験をいろいろの概念に抽象化し、現実をいろいろの実験へと強制し、そして疎外された人々と呼ぶことによって、現存する技術の力を、自分で意識しないまま、支配する人々に呪術的に復讐をするという方法を使っているからである。心の援助者が自分の周囲に疎外を感じとるのには何の不思議もない。問題はそれに加えて、どの程度、自分が研究したり、利用したり、悲しんだりしている世間的な力に対して、責任のあるバランスをとる人となるために学ぶことができるかどうか、ということだ。

根についての模索は商業的、産業的時代にあっては常に新しいかたちをとってきた。実業家が市場の株価の上がり下がりを、自然のサイクルと類似した法則性をもった理由によるのだと考える熱心さは、実業家的な天才をつくりあげるのに貢献した。しかし、非人間的で非情な機会に遭遇し、犠牲者にされた感覚を多くの人に残してもきた。あたかも新しいトーテムの動物のように機械に同一化しようとしている産業人の試みは、ロボットのような効率を求める競争を自ら永久に続けることになる。しかもまた順応がすべてうまくいった場合、人間の「アイデンティティ」について何が残されているだろうかと疑問になる。だから人間のアイデンティティの変化しない根について心を配ることは、農業的な時代には、自然を犯す技術ということが、広くゆきわたっている罪責感であったが、しかし、現代の容赦のない変化の時代では、罪悪感ははじめからまとわりついているものかもしれない。

私たちのアイデンティティに対する罪悪感と恐怖感は、人に生来的に植えこまれた道具の一部である。しかし、伝染しやすい不安のかたちは時代に影響されているところがあるようだ。途方もなく拡大している流動性の高い時代において、私たちは根とか原初のもの、つまり最初の要素にとらわれており——ついでに言うと、心理学においても、また発達をさかのぼって心と体の結び目の出発の時点にまで追跡しなければならないかのように、母と子との関係にとらわれることが起こっている。実際、母子関係は望みの個体発生的な起源や男性の世界の中で、女性のもっとも基本的な役割や、人の誇るべき発明である倫理感覚の根っこを新しく見直すことになるかもしれない――また、そうでなければならないだろう。

周囲を見まわすと、今日、人は（アメリカ的な原型だけでなく）自動車に乗る楽しみが、移動中毒というところにまで達しているように見える――しかもそれは新しいかたちの支配的な非情さをもっている。人に精神の健康は根を問題にする必要があるのだと伝えねばならないなら、私たちはもっと細かく、動いているときに運転者が必要としている根の最低必要量はどのくらいか、また運転者がもっていける最大量はどのくらいかを示さねばならない――ちょうど、宇宙空間に突入する限界量を割り出し、運転者が生まれたときには、名づける人もいなかった速度に耐える限界量がどのくらいか、実験室が割り出して示すようなかたちで――極端な根につながったままの状態であることの不快感が、次のような男性の冗談話の中にうまく示されている。この人は新しい電気自動車を五千ドルで買ったことを自慢している。車のサイズが小さいのを見て、友人が値段の高いのを気にする。そこで彼が答える。「うん、車そのものの値段はわずか千ドルだけど、電源からの引き延ばしコードが四千ドルかかったんだよ」。

一方、根なしの感覚は、技術的人間の疎外感として広く討議され、大きな貢献をした概念であった。しかし、人の自然に対する関係は、動物を生け捕りにする人であろうと、また野生生物を殺したりする人であろうと、植物を栽培する人であろうと、動物を家畜化する人であろうと、常にずっと複雑なものである。というのは、道具を発明する能力とともに、内的な良心の分裂をひき起こすからである。この良心の分裂は、動物が生態の環境で本能的に働きかけるのと同じことを、人にも働きかけるからである。精神分析が証明してきたように、このプロセスは、人の心の中に、自分の動物的な特性から切り離されたという感覚を生み、また自分自身の良心から見捨てられ、また追放されているという感覚を生み出してきた。自分の恐怖心や罪責感の中で、人は木や動物や機械に自分を「似せ」ようとする。敏感な良心をもち、同時に創造的な脳を備えた歩行する存在である人間が、文化的・技術的アイデンティティを求める願望に、あまりズレのない技術的な世界をつくっていくことができないのだろうか。自然からひき出すことのできるあらゆるエネルギーが、新しいスタイルにとけこませることのできる製品なら何でも生み出すのを、くつろいで（どんな技術の中でも、くつろいでいられるのはその人の運命のようなところもあるが）楽にしておれないのだろうか。というのは、道具を使用する生き物としての私たちのアイデンティティこそ、超越的なアイデンティティを精神的に模索していくためになくてはならない条件だからである（たとえ唯一の条件ではないとしても）。

ともかく、精神的健康に関係している専門家の代表として、多くの国から来た人々が一堂に会することのできる最新式の機械を利用し、また多くの違ったことばを同時に聞くことを可能にするコミュニケーションの道具を使用することで、私たちは機械化に対して前向きの承認を与えている。私たちの専門的な悩みは、呪術的な思考や社会的な搾取、そして道具や武器の使用という人の能力の中に、常に切り札として存在している思慮のない破壊性と共存しているということである。私たちは対人関係が原因の病的状態に対して戦いを挑んでいる。そんなものは避けられないと言って、すべてを覆い隠してしまうような高尚な理論や思想が、たとえ、あるとしても。私は次のような原則を主張したい。自分の人生の中で得られた果実を奪われてはならない、と。その果実というのは、自分の生きている時代の中で、自分の生きる中心的な課題に直面することができる機会が与えられている、ということである。

第4章　人格的強さと世代のサイクル

第四の講義では、自我発達の内的・外的な障害という点から論点を移して、ひき延ばされた幼児期や制度や伝統によって進化してきた基本的な人格的な強さを論じる。この論文は一九六〇年にサンフランシスコ精神分析研究所とマウント・シオン医学センターでのソフィー・マーヴィス医学博士の追悼記念講演に加筆されたものである。

1　人格的活力の時間的展開

精神分析家が人格的活力《ヴァーチュー》（human virtue）＊について、自制して語ろうとしないことにははっきりした理由がある。というのは、これを軽々しく語ることは、「人格的強さが誇らしく生まれ出てくる深い襞《ひだ》のある大地」を普段に観察している事実の重さを無視していると疑われる心配があるからだ。また、意識的な価値は、無意識を精査し、非合理な力を十分に精査した後に、はじめてしっかりした再検討がなされるのだというフロイト派の考え方を放棄していると批判されるかもしれないからである。

しかし、精神分析の考えの発展そのものや、現在の「自我の強さ」（ego strength）についての主な関心は、

＊「徳」と訳されている倫理的なことば。本来、徳と不道徳（virtue and vice）といったように、対になって表現することが多い。エリクソンはここで心理学的な人格的強さの発達的な特性としてとらえ論じている。ここでは「人格的活力」と訳した。ルビで原語の発音を示した。以下の説明にあるように、これは個人の固有の潜在的な強さを指している。

人格の強さ（human strength）をもう一度考え直すべきであるということを示唆している。道徳によって培われた高潔さとか公正さの意味ではなく、「潜在的な強さ」（inherent strength）という意味での示唆なのである。というのは、半世紀以上にわたって、個人の生活史を聞いてきた精神分析家たちは、個人のライフサイクルと同時に世代の継承の中に内在している強さについて、ある種の「非公式」のイメージをつくりあげてきていると私は思っている。ひとりの患者が本当によくなった——質問紙で私たちに答えさせるような、大変よくなった、とか部分的によくなったとかいうのではなく——本質的によくなったのだと頷けるような、もっとも喜ばしいときのことを私は考えている。このような場合、症状の消失は経過の中でついでに語られるだけであり、むしろよくなったことのはっきりした基準は、愛情関係や、仕事関係、家庭生活、友情関係、また社会生活でも、ある程度正しい方向に努力する患者の集中力に、強さと持続力が加わってきたかどうかである。しかし、私たちは人格の強さを組織だって討論することにはかなり尻込みしてきた。とはいっても、たとえばもっとも重症な精神障害と、最早期の基本的な望みの全く失われた状態との間に、内的に密接な関連のあることを認めている。また、強迫的な症状と意志の基本的な弱さとの間に、内的に密接な関連のあることを認めている。それにもかかわらず、望みの状態や統制された意志力の発生的・力動的な決定因が何であるかについては、あまり知りたいと思っていない。実際のところ、価値をおいているものを、二重否定のかたちで表現できればうまくできている方である。つまり、普通の健康な人というのは、比較的退行しにくい人のことであるとか、抑圧から幾分自由になっている人であるとか、思うほどアンビバレントにならない人である、というように。それにもかかわらず、精神的にも感情的にも明らかに健康である場合には、秩序のプロセスというものが支配しているので、どんなに否定のことばをたくさん並べてみても言い表すことができない。このプロセスを「自我の統合性《エゴ・シンセシス》」（ego-synthesis）と呼んでいる。このような用語によって、新しい観察を次第に蓄積してきている。しかし、このプロセスもまた、ある瞬間、またある場合に、「生き生きとしている」（animated）、「気力がみなぎっている」（spirited）と名づけてもよいような、ひとつのまとまりのある性質をもったものを備えていることがわかる。私はこれを分類しようとするつもりはない。しかし、それらが存在しているということを認めないと、人のバランスのとれた最もよい瞬間に対して――また、悲劇の最悪の瞬間に対して、私たちは本当の見通しをもち続けることができないだろう。

以下に述べることは、はじめにいろいろの発達的な基本の問題と、次に私が人格的な強さ・活力（virtue）と名づけた、基本的なある種の人間的特性について、発達進化していく様相を理論化する試みである。というのは、部分的には複数形の「諸々の強さ」（strengths）という言い方がぎこちないと思っているからであるが、何より人格的な活力という単語が論点をはっきりさせるのに役立つと思うからである。ラテン語で活力（徳）（virtue）とは、力強さ（virility）を意味している。ここで伝えたい**強さ**（strength）と**抑制力**（restraint）と**勇気**（courage）とを混ぜ合わせたものを示唆している。しかし、世界の公的な人格的な強さ・活力である男性性を考察するのは控えることにする。というのは特に、女性性は男性性の過大な破滅的願望から人間性を救い出すために、もっと大きな分担をするように強いられているということがわかっているからである。古代英語では「人格的な活力」ということばに、特別な意味をはっきり与えている。その意味は**潜在的な強さ**（inherent strength）とか、**生き生きした前向きの性質**（active quality）ということである。たとえば、大事に保存されている薬や、酒がもっている消えることのない効力という意味で使われていた。活力・強さとスピリット（spirit）*は、昔は互いに同じ意味をもっていた――活力・強さの中に酒の精力を与えるばかりでなく、その逆でもあった。だとすると、確かめなければならないことは次のようになるだろう。強さを失ったときに、人間からどんな「活力が抜け落ちる」のだろうか。活力が単なる徳目主義にならず、また倫理性が浅薄な善意というかたちにならないで、生き生きとして精神的に活発な性質を獲得するためには、人はどんな強さに「支えられて」いるのだろうか。

＊　「酒」の意味。また「精神」の意味もある。

そこで私は人格的強さの人間的な性質を、「人格的活力《ヴァーチュー》」(virtue) と呼ぶことにした。以下では、自我の強さが段階的に展開し、世代から世代に受け継がれていくプロセスに、これらを結びつけてみたい。

人間の生活を表面的に見ると、一人ひとりは無防備の脆弱さの状態で生まれる。逆説的に見えるが、長い幼児期の間、他者に依存しているにもかかわらず、自分の環境をつくり出す普遍的な力が、幼児には備わっている。幼児の弱さというものは、まったく相対的なものである。幼児は物理的な世界を支配する手段を何ひとつもっていない。それなのに、世話をする大人の優しさに訴え、幼児の要求を大人に満たさせようとする表情や反応を与えられている。幼児の健康にかかわっている大人の中に、関心をひき起こし、世話をさせ、積極的に世話をする心を刺激している。世話をするとか、関心をもつとか、世話をする心とかという単語を反復して用いたが、別に詩的な効果をねらったのではなく、生命体の全般に備わっており、ことに人の生活体に備わっている幼児であることの脆弱さ、無垢な要求を表している素直さが、それ自体で力をもっているという基本的な事実を強調したかったのである。赤ん坊は無防備でありながら、自分が自由にできる母親をもっており、母親を守る家族をもち、家族の構造を支える社会をもち、世話やしつけのシステムに文化的なつながりを与える伝統をもっている。これらは赤ん坊が、人間らしく成長するために必要なものである。その理由は、赤ん坊の環境は、あたかも第二の子宮のように、子どもがはっきりとした段階を踏んで、自分のいろいろの能力を発達させ、それらの能力を心理社会的な一連の危機の中で統合していけるような、外的なまとまりとそれが持続していくものを準備しなければならないからである。

最近、精神医学は母子関係に関心を示してきている。また、ときには精神的な正常さや精神的成熟について、すべての責任をとるような責務を果たそうとしてきている。また、若い科学である比較行動学の中に、この最早期の発達についての有力な支えとなる資料が得られているように思われる。比較行動学というのは、動物の母と動物の仔が、動物の仔の生存のために——種の生存のために必要な行動を、お互いに示す内的なメカニズムを調べる学問である。しかし、本当の比較行動学的な観点からの比較であれば、（たとえば、鳥類の巣の占有といった）動物の生活での最初の時期と、人の青年期を含めて成人になる前のすべての生活を並べてみなければならないだろう。その理由は、人の心理社会的な生存というのは、つくりあげられた環境の中で共同の生活をしながら、つながり合い、重なり合っている世代と世代との交流の中で生まれた基本的な人格的活力《ヴァーチュー》によって、安全に守られているからである。ここでいう共同の生活というのは、偶然の類似性ということではない。というのは、私たち個人のライフ・ステージは、他の人のライフ・ステージとかかわり合って、自分が他人を動かすと同時に、他人の発達の段階によってしっかりかかわり合いながら動かされるという、「相互的なかかわりの生活」をしていることを意味しているからだ。だから、（目的論的な比喩を用いれば）、いわば「起源論的」接近（originological approach）とでもいうような接近*の代わりに、つまり、基本的に幼児期の始まりを再構成して発達の意味を引き出すというやり方の代わりに、私は、ひとつの統合された心理社会的な現象として、ライフサイクル全体を描いてみようとしてきたのである。

　生涯にわたって、自分自身や他人を方向づける基本的な人格的活力《ヴァーチュー》に名前をつけるとなると、私たちはまずラテン語の語源から新しいことばを作りたくなる。** ラテン語というのは常に、専門性や明確さを示唆する。これに対して日常生活のことばは無数の意味を含んでいる。楽天家は、人格的活力《ヴァーチュー》を楽しく簡単に達成することのできるものだととらえようとする。反対に悲観論者は、理想的な仮のものにすぎないととらえようとする。しかし、自我にかなり近い現象に注意を向けると、長い世代の間に使用されて成熟してきた、生きたことばである日常語

---

*　病理の原因をすべて幼児期の出来事に還元して考える古典的な精神分析のやり方。

**　日本では漢字を使うように。

の方がラテン語より、記述する材料としては適切だと私は思う。
というわけで、幼児期に発達する活力の基礎として、「望み」(Hope)、「意志」(Will)、「目的性」(Purpose)、そして「有能感」(Competence)を取り上げ、青年期の活力として忠誠を「尽くす心《フィデリティ》」(Fidelity)を取り上げ、成人の中心的な人格的活力《ヴァーチュー》として「愛」(Love)、「世話《ケア》」(Care)、そして「知恵」(Wisdom)を取り上げようと思う。ちょっと見るとバラバラのようだが、これらの特性は相互に関係をもっている。「意志」というのは、ひとつ前の「望み」が確保されるまでは鍛えることができない。「愛」も、ひとつ前の「尽くす心《フィデリティ》」が信頼のおけるものにならないと、相互的なものになることはできない。すべての人格的活力《ヴァーチュー》の時間的展開の中で、それぞれの活力とその位置は、発達のほかの側面、たとえば、精神分析研究のあらゆる文献の中で[1]、しっかり調べられている心理性的な発達段階や心理社会的な危機[2]や認知的発達の段階[3]などと、まぎれもなくお互いに深くかかわり合っている。これらの発達の時間的展開は当然のことだとした上で、ここでは発達する人格的活力《ヴァーチュー》について、同様の時間的な展開に関心を向けたい。

健康な幼児の中に「望み」の萌《め》生《ば》えを見つけるために、この状態像の標準となるものを掴むことはかなり難しい。それを測定することはさらに難しい。けれども、「望み」の見られない子どもを見た人なら、何が**欠けているか**はよくわかるだろう。「望み」は生きているものに内在している、もっとも早い時期になくてはならない人格的活力《ヴァーチュー》である。他の研究者は、このもっとも早期の重要な性質を「自信」(confidence)と呼んでいる。私はもっとも早期の欠くことのできない心理社会的要素として「**信頼感**」と結びつけてきた。生命が維持されねばならない場合には、たとえ「自信」が傷つき、「信頼感」が障害を受けたとしても、「望み」は残っていなければならない。すべての「望み」を失うと、生活体は生きているぎりぎりの、生きた屍のような状態にまで退行してしまうことを臨床家たちは知っている。成熟した「望み」のこころの構造の中にも、自我の特性の中で一番子どもらしい性質を示しているものがある。それはまた、運命にもっとも左右されやすいものでもある。だからこのように、宗教的な心情は大人たちに、日々の祈りの時間の中で、望みを取り戻し、見ることのできない万能の力（神）に対して、腰を曲げて頭を下げる子どもらしい姿勢をとらせるのである。

好ましい社会的な状況の中で、配偶者同士の親密な出会いの中で確かな関係がないなら、私たちの生活は、そもそも出発点で何ひとつ安心できるものはない。幼児の笑顔は、大人の中に「望み」を呼び起こし、大人を笑顔にさせ、「望み」を与えるように仕向ける。これは顔かたちの記述にすぎないが、信頼して経験や保証を得ようとしている幼児が、保護者の中に強さ——つまり、相互性の経験によって、子どもからの働きかけのお返しに、保護者の方が目覚めさせられ、確固としたものにさせられる心の準備や要求を生むような強さを呼び覚まされるのである。

「望み」は、**信頼のおける母性的な人物**と新生児とのはじめての出会いで決まる。この母性的な人物は、温かい静かな発達によって、新生児の**取り入れ**と**接触の要求**に応え、喜びをもって消化しやすいような食べ物を用意する。そしてまた、食べ物がひどく足りなかったり、赤ん坊が求めている時間からずれすぎたりするようなことを防ぐ。これらは本能ではない。本能的なものでもない。生物学的な母は、社会的経験と少なくとも三つのかかわりを必要としている。第一に、母親は自分が信頼する母親から育てられた経験を有していること。第二は、母親というイメージが信頼できる現在の環境に支えられていること。第三は、現在、過去そして未来をつないで包んでいる世界イメージが神の摂理として存在していること。この三つである。これは母親たちだけが用意することができる。

「望み」は、言語が生まれる以前、言語が記憶される以前の時期、つまり個人の「有史以前」の時期でのさまざまの経験の組み合わせによって確かなものになる。精神分析も発達心理学も共に、この時期の成長の中で「対象」(object)が、確実な統合として中心的にできていくと考えている。心理学者は、この対象という用語は、物的な世界の持続する性質を知覚する能力を意味すると言う。これに対して、精神分析家は、はじめての愛情対象をややあいまいに語る。たとえば、まとまりのあるひとりの存在として世話をする人物についての経験であると見なしている。まとまりのある存在というのは、自分の身体的な要求や情緒的な要求が期待したように満たされることで、信頼に値すると見なして、その顔を見た通りに認知するのである。これら二つの種類の対象は、人生ではじめての知識であり、はじめての確認であり、だから望みの土台なのである。

「望み」が経験の基本的な性質をもつものとしてしっかりしたものとなると、証明可能な「いろいろの望み」として個々に存在していく。というのは、いろいろの望みを具体化していく成長の中で、さらに発展した一連の望みが広がっていくことを確認するからである。ときには、望んでいる出来事や状態が過ぎ去ってしまうことがあるかもしれないが。自分から動いていく範囲が広がると、その一歩一歩の中に新しい希望の火をとぼしていくという喜びを確認していく。また同時に、幼児は失望したものをよりよい見通しに変える能力と一緒に、求めることを断念するという、さらに大きな能力を獲得していく。そして幼児は、心に思い浮かべるものを夢に見ることを学び、どんな期待が実現可能であるかという期待を抱く練習をするようになる。

これまでのところをまとめてみよう。次第に成熟していく「望み」は、変化していく事態の中で望みをもち続ける。それだけでなく、信仰は山をも動かすと言われているように、いろいろの事実を変化させることができるのである。発達進化の過程からみると、動物の世界に存在している根づきの量に匹敵するようなものを、人にも与えているにちがいないと思われる。そこでは、本能的な備えによって、母の反応の始まりがお互いを確認するのである。もし大災難が個体や「種」に襲いかからないとすればという話ではあるが。幼児にとって、母親は始源である。まぎれもなく母親がはじめての確証である。徐々に現実の別の、もっと違った要素が入ってくる。だから、あらゆる自己確認は母と子の世界の、あの内的な光の中で始まり、その光の中では、聖母《マドンナ》のイメージが圧倒的であり、すべて安全なものとして伝えられてきた。実際、この内的な光は、多くの発達的な危機や偶発的な危機の混沌状態の中でも、輝き続けねばならないのである。

最初の公式を少し変えると、次のようになる。**「望み」とは、人生の始まりを覆っている暗い衝動や強い怒りにもかかわらず、求める願いは得られるのだという変わらない信念である。**「望み」は信仰の個体発生的な基盤であり、「世話《ケア》」の行動パターンの中に充ち満ちている大人の信頼によって育まれる。

望みの際立った状態のイメージが解釈された情景としては、自然ではパラダイス、社会的な現実ではユートピア、彼岸では天国である。今日のこの現実に当てはめると、個人にとって「望み」は不適切な楽天主義を意味することになってしまう。なぜかというと、本当の「望み」は、急速に成長している「自己の意志」が、他人の「意志」との間で避けることのできない葛藤をひき起こすからである。感覚や身体の筋肉の成熟によって、もっと積極的に経験する機会ができてくるにつれて、幼児は自分で自分を統制する要求と、他人からの統制を受けいれる要求という二重の要求に直面することになる。「意志」をもつということは、わがままに思いを通すということではない。むしろ、一方では自分の情動を認めながら、他方では判断と決断が増していくということである。実行できるものを求め、実行できないものは、求める価値がないものだとして諦める。またさらに、避けることのできないものにも、自分から意志的に直面することを人は学ばねばならない。

「意志」は明らかに自由意志（Free Will）という、とらえにくい問題の生まれてくる源である。自由意志はこれまで繰り返し、論理学的に、また神学的に解釈が試みられてきた。実際のところ、望みや意志なしでは、誰も生きることはできない。また、どんな自我も健全であることはできない。自分の立っている基盤そのものに対して挑戦したいと思う哲学的な人でさえ、次のことは現実だと感じている。つまり、意志や望みは両方とも幻想だという疑問を投げかけながら、このような大胆な論議をしようという意志をもっていることは幻想ではなく、一層現実的なものを感じるのである。自分が避けることのできないものに、意志的に直面する感覚を捨ててしまって、神々や指導者たちに服従すると決めてしまうと、自分のためには捨ててしまったものを、神々や指導者たちには情熱的に捧げるということになってしまう。

意志の萌生《めば》えは、アナロジーとして言うなら次のようになる。気づくこと、注意すること、操作すること、言語を発すること、身体《からだ》の動きなど、感覚の最先端において、表面的には、お互いに関係のないさまざまの経験を、自我がまとまりをつけていくにつれて意志を獲得していく。排泄するための筋肉のしつけは、身体のすべての筋肉のシステムと、尿や便の保持と排泄という二重の働きの中で、身体《からだ》の協応のプロセスにつながり、また社会化につながっている。内的な統制する力と、外的な統制する力とがぶつかり、葛藤の中心となってしまうことがある。（しつけの不足と、しつけの過剰からくる）失敗の感覚は、深い**恥**（shame）と、自分が実行したことは本当に自分が求めたものなのか、あるいは自分が求めたものを自分が本当に実行したのだろうか、といった強迫的な**疑い**（doubt）につき当たってしまうことがある。

しかし、早期の自我発達の中に意志が確かに萌生《めば》えてくると、「望み」と同じように、その枠の中で潜在能力のあることを示す。というのは、成熟していく個人は、期待することができるものの知識や、自分に期待されている可能性のある知識を少しずつ取り入れ、自分の中で骨肉化していくからである。失敗しても、意志を決定する実存的なパラドックス、つまり意志の決定は、いろいろの出来事によって前もって決定されるものだ、ということを「どこか深いところで」わかっている。というのは、意志の決定は評価的な性質の一部だからである。それは生きている過程に内在している。つまり、自我の強さというのは、一連の避けることができないものに、自分が積極的な姿勢でかかわったという感覚があるかどうかにかかっている。だから、（こんな複数形のことばが許されればだが）「いろいろの望み」の数が少ないほど、意志も小さい。成長と発達が、新しい問題を提出することができるほどの余裕があり、また期待されている現実が、空想よりも、一層満足のいくものや興味のあるものを見出す準備ができれば、試練のときが来ても、それほど絶望することはないだろう。

したがって、意志とは、幼児期における恥や疑いの経験を避けられないとしても、自己抑制をしながら、自由な選択を維持していく決意である。意志は法と義務を受けいれる基盤である。これは法の精神によって導かれる両親の公正な姿勢にその根をもっている。

意志の社会的問題は「善意」（good will）ということばの中に含まれている。他人の善意が、人と人との相互の意志の制限によって決まることは明らかだ。子どもが、次の新しい幼児に道をゆずらねばならないのは、二歳か三歳のころである。このとき、強い者の特権を認め、しかも弱い者の権利を守るのは、公正な親としてのつとめである。「我」を張る行動を抑え、働きかける意志のあることを示して、善意を分け持つことを学ぶ子どもに、親は自己統制の基準を徐々に与えていく。しかしやがて、子どもの自己像は、生涯にわたって分裂したままであるかのように、分裂した状態であり続けることになる。というのは、たとえ愛にあふれた母の理想的なイメージ（「前アンビバレント」イメージと呼んでいる）でもって、優しく立派だったと認識している子ども自身の自己像がある場合でも、支配的な親がアンビバレントな態度で愛したイメージは、アンビバレントに愛された自己像（あるいは諸々の自己像）と結びついているからである。その後は、有能と無能、愛情と怒り、一貫性と自己矛盾といった諸々の自己像が、人の能力の一部になる。つまり、これは全く心の失楽園である。この内的な分裂からすると、ある程度、市民的な秩序と世界的な秩序を感じさせる親の公平な姿勢のみが、公正さという癒しの感覚を伝えることができるだろう。

さて、私たちは第三の人格的活力《ヴァーチュー》にたどり着いた。それは目的性（Purpose）である。提示の仕方をこれまでと同じものと考え、これから先は少し簡潔に進めたい。

人は何かを求めながら、なぜそれを求めるかを十分にはわからず、さらに自分の意志をもつのを絶望的にさせてしまうような状況の中で、意志の萌《め》生《ば》えを鍛えねばならない。このことは幼児の長く続く未熟さに内在しているものである。同じように、実物でない「ただの」空想と遊びの中で、目的性の萌生《めば》えを伸ばしていかねばならない。つまり、方向を与える空間的な展望と、ほかの人と調和していくことを学んでいく。遊び《プレイ》(play)とは、子どもにとって、大人にとっての思考や計画、図面の青写真などと同じものである。条件が単純になり、方法が探索的であるような試みの世界である。だから、過去のいろいろの失敗を十分に考えぬくことができ、さまざまの期待を吟味することができる。遊び《プレイ》のいろいろのルールを、大人の意志によって、すべて押しつけることはできない。おもちゃと遊び友だちとは、子どもと同等のものである。おもちゃの世界では、しばしば形を変えて、夢の生まれるのと同じ方法のように、子どもは過去の「演じ遊び《プレイアウト》」をする。そして主題を何度も繰り返し、無数に形を変えながら、先のことを推しはかることによって、将来について学びはじめる。ごっこ遊びの世界の中に、自分より年上の者たちのさまざまの役割のイメージを取りこみ、やがて子どもが実際に年齢の多い者たちと同じようになるように動かねばならなくなる前に、この人たちのようになるというのが、一体どのような感じなのかを摑むようになるのである。しかし、子どもが自分の遊び《プレイ》の中で学ばねばならないものに、物は「何のためにあるのか」ということがある。また、その物の「本当の目的」は何であるのかといった、本当の目的のことを、少し極端に演じているだけだと見てしまうことは、表象的な遊び《プレイ》の発達進化的な必要性を軽く見ていることになるだろう。子どもたちは、ひとりの生き物として、内的な世界と外的な世界をひとつに結びつけ、記憶されているこれまでの過去と予想されている将来とを結びつけることを学ばねばならない。それによって、協同して使用する道具類を身につけ、地域の中でとるべき役割を身につけ、一定の技術の中で求められている目的性を身につけることができるようになる。

このように、幼児的な遊び《プレイ》は(成熟した人の心を刺激する遊び道具、つまりダンス、演劇、儀式と同じように)、目的的なものが過去に固着しているものから解放されるような、中間的な現実(intermediate reality)を提供するのである。遊び《プレイ》がもっとも緊迫しているのは、幼児性欲の時期が終わりを告げて、次の大きな人間的な障壁、つまり普遍的な「近親姦のタブー」（incest-taboo）に出会うときである。このことは重要である。性的な衝動と目的的なエネルギーは、子どもの優しさをはじめて目覚めさせた親である人物から離れ、官能的なものへ、また形のあいまいな性的空想へと向きを変えねばならない。はじめは未来の空想的なものへ、そして徐々にもっと実現の可能性のある目標に向けられていくのである。

幼い動物においてもまた、遊び《プレイ》は飢餓や危険に対して両親の保護を受けていることを前提として成り立っている。人間の場合、その上さらに処理しきれない葛藤からも守ってもらっている。遊び《プレイ》の年齢は、**いろいろのごく普通の家族**のあり方で決まる。遊び《プレイ》が終わり、後戻りできない「目的性」が始まるところで、家族の形がはっきりとわかるようになる。そこでは空想はもはや許されず、学ばねばならない現実が強く押し寄せてくる。このようなかたちで良心が統合されるのである。夫婦や家族に対して忠節を尽くすという理由のひとつは、子どもが家族を超えて目標を設定できるようになり、またそうしなければならないようになった時期に、子どもの良心に内的な統一がどうしても必要で欠くことのできないものだということなのである。しかし、一般にこのことについて理解されているとは言えない。その理由は、**内的な声**（inner voice）として内在化された大人の声やイメージが、互いに激しくぶつかり合ってはならないからである。これらの大人の内なる声やイメージは、子どものもっとも強い良心の発達に影響を与えるからである——その発達とは、一度できあがるとやり直しがきかない将来の中にある遊び《プレイ》と空想と、子ども時代の遊び《プレイ》と空想を分ける能力の発達のことなのである。脅し、罰、警告などは、共通して二度とやり直しのできない社会的な現実と、つまり、いわば永遠の現実がもっているいろいろの行動（それは示唆であったり、考えによって示されるが）、その行動を方向づける力をもっているのである。良心はこのような後戻りのできないことを、内的なものであり、私的なものであるとして受けいれる。経済的な目的追求のために、家族としてまとまりのある家族の倫理的な規範に同化することがたいへん重要である。このことだけでも、子どもに内的な自由を与えるのである。子どものためにその土地の文化を用意している学校には種々のかたちはあるとしても、そうである。

目的的であるということは、少しずつ現実の感覚と結びつくようになっていくことである。現実の感覚というのは、次のように定義されるだろう。それは**手に入れることのできるものということと、ことばで共有することができるもの**である。このように良心、つまり許されるおこないや考えを示す一貫した内的な声には、他人と分け持ったかかわりの現実《アクチュアリティ》（actuality）を裏打ちしていることばの構造の中に、しっかりと支えるものを見つけることができるのである。

だから、**「目的性」とは、幼児的な空想の挫折や罪責感や処罰を受けるような厳しい不安によっても、制止されることなく、価値のある目標を心に描き追求する勇気である。**これは日常の行為の諸々の理想をつくっているが、核家族に見られる行為から生まれる。これは目標のある方向性の強さであり、幻想になってしまう以前の、現実感をもった想像性によって培われる。また、禁止が働いて動けなくなる病的な罪責感でなく、現実的な罪責感によって制限されている。倫理的に言うと、内的に活発であるが、道徳的な面では、行動は抑制的になっている。しかし、遊ぶ子どもとして動き始めたことの中には、自分の最高の目標だと考えているところの中にも、演じ遊び《プレイアウト》やごっこ遊びのなごりが残されている。大人になって見ると、これらのなごりは生育史のいろいろの局面の中で演じられているものだということがわかる。また、現在の時点では、これらをさらに大きい、もっと完璧に将来の舞台に投影したり、いろいろの儀式的な会合の中で、式服の参列者と一緒に顔を並べるというかたちでドラマチックに表現していることがわかる。

次の人格的活力《ヴァーチュー》を何と呼べばいいのだろうか。「有能感」（competence）というのが私の思っていることにもっとも近いことばである。しかし、私の友人のホワイト（White, R. W.）は、この用語をすべての生き物に作用しているひとつの原理として使っている。(4) しかも、すべての生き物が、それぞれのライフサイクルのひとつの段階で、個体発生的な危機に出会わざるをえない特性があるということを認めるのは、それほど難しいことではない。有能の感覚は、やがて**職人**（workmanship）となっていくものの土台となる。もちろん、「楽園からの追放」*以来、人は単調なものであったり、奴隷的であったりする仕事に抗議して、外見的に見て、仕事をする、しない、を選べる人をもっとも幸運な人だと考える傾向があった。しかし、人は自分の知的な力や能力が「仕事に見合う」ようになれば、仕事を**しなければならない**、というのが実際のところである。それによって、自我の力が萎縮してしまわないようになるからだ。

文化のもつ技術の基本的な要素を教えられる年齢になったときでも、人はあらゆる動物の中で、もっとも分化していない動物であり、発達進化を先送りしてきた。「望み」、「意志」、「目的性」の萌生《めば》えは、ただ漠然と予想されている将来の課題を想像している。子どもには技術面での生活の仕方について、自分のアイデンティティに導くような基本的な種々の方法を示さなければならない。というのは、（幼児的なエロスについての近代的な主導者とは逆に）幼児性欲は、有能感を得る機会を失っているからである。またもし、R・W・ホワイトが幼児性欲に関する精神分析的理論に対抗するものとして有能感を示したとしても、子ども期においてエロチックな可能性のある本能的エネルギーを一時的に投入することは、ときには強烈であり、ときには命とりになり、ときには満足が得られてうまくいったとしても、エネルギーの分け前は極端に制限されたものである。だから、人に身体《からだ》、精神、そして物の世界の道具的な可能性を発達させ、社会的な責任をとれるような大きな領域の一部となるまでは、心理性的な潜伏期の時期は、性的な方向や官能的な方向の発達を少し先に延期しなければならない、ということは意味のあることである。

学校においては、思考の構造や身体的な協応動作の中で、何が「作用しているのか」**、素材を「生かす」、協同

＊　旧約聖書のことば。人類の祖先であるアダムとイヴが楽園から追放されたこと。

作業的な出会いで「うまくいく」こと、の中に見出すことができる。これは続けてやっていくことが大事だということを自分で確認することである。だから、すべての文化は、この時期に実際に役立ち、達成したものを維持することができる技術を児童に教えている。すべての文化はまた、練習したり、応用したり、儀式化したりして、その文化について学ぶことができる論理や「真実」（これが正しい）というものをもっている。将来において仕事が細分化していくために、識字を共通の基準として、文法や算数はもちろん、現実の働きについても、もっと抽象的で論理的な説明をするようになる。このように、子どもにおける有能感と合理的なものの萌《めば》生えは、「強い自我」をもった将来の職人としての感覚が育つ準備となる。これがないと、人は自分の資質について劣っているという感覚をもち、また自分の能力で対処していく範囲が少しずつ拡大していくのに見合う能力が不足している、という感じをもつことになってしまう。

このような理由で、この発達段階にある子どもは、分化したいろいろの仕事に対する準備ができている。そして**生産の精神**、**エトス**（ethos of production）に沿って、技術をしっかり学ぼうとする。その生産の精神、つまりエトスは、理想の姿、現実の姿、神秘的な姿などのあり方によって、子どもの予測の中にすでに入りこんでいる。また、教えている大人や協力する仲間関係の中で、この精神《エトス》と出会う。このように個人は、各発達段階で自分の文化の広い範囲に参加することによって、発達進化の中で獲得した重要なものを発達させる。子どもの中で発達していく能力は、技術の基本的な素材を理解し、また技術を学び取る推察力の要素を理解していくようになる。

だから、**有能感というのは、幼児的な劣等感によって損なわれることなく、課題を完成させるため、道具や知性を自由に鍛えることである。**有能感は、技術をもって協働して参加するための基礎である。また一方、道具や技術の論理を土台にしている。

思春期において性的な面が成熟しても、配偶者や親となる準備はまだできていない。実際、自分の性欲を直接に表現する自由が早いということが、人を人としてよりいっそう自由にし、他の人の自由を守るものとなるかどうかは深刻な問題である。ともかく、若者の自我のバランスは、新しく成熟した性器の次のような二重の意味での不確実さによって、はっきりと危険にさらされている。それは第一に、大人の世界の中に自分自身の位置を築こうとしている間は、性器そのものは部分的に、また全面的に、その機能を留保しておかねばならない。また第二に、強迫的な制止と留保しておくために起こる衝動性が、留保と入れ替わって外に出てしまうことはよく知られている。また、よく記述されている。しかし、このような中にありながら、また一方で、内的なまとまりや価値を求める「思想的な」探索は、日常の中にも見ることができる。青年期に、また青年期から現れる、この特別な自我の特性を、私は忠誠心をもった「尽くす心《フィデリティ》」(fidelity)と呼んでいる[5]。

尽くす心《フィデリティ》というのは、価値の体系について、避けることのできない矛盾があっても、自分で自由に選んだものに尽くす心《フィデリティ》をもち続ける能力である。これはアイデンティティの土台である。堅固になっていく思想や信頼する仲間からインスピレーションを得ていく。

若者においては、このような真実はいろいろの方法によって証明することができる。現実を描写する場合の強い義務感とか、正確さ、誠実さといったこと、正確さや誠実さの中にある真実の感覚、本物らしさの中にある、純粋さの性質、忠節や「本当だ」という特徴、ゲームのルールへの公正な態度、また貢献といったことなど、これらのすべての中に示されている。また、反面、呪われた反逆者について、宿命的な意味をもった自由と結びついているものがある。例えば、王である両親の不実による心理的な犠牲者であるハムレットが「生か、死か」(to be or not to be)と疑問をもちはじめるとき、ことばと行為によって「生きていくか」(to be)ということ

＊＊　同じworkという単語が、さまざまな違った意味をもっていることを「　」で示している。

は、（自分へ、愛へ、王冠へ）忠誠を尽くすことを意味しており、それ以外は死であるということを意味している。自分の家族を超えたトーテム、部族、信仰、国と社会の階層を青年に与え、これらの一員として文化、社会、宗教は、確認の礼儀や儀式に、真実という内実をたっぷりと豊富に与える。近代でもまた、社会は若者に「尽くす心《フィデリティ》」（もし、要求されれば若死をも）を要求し、受けいれるべき強力なイデオロギーを与える。というのは、若者は確認してくれる大人を必要とし、また同時に、しっかりと結びつく必要があるからだ。アイデンティティの発達進化の重要さ、歴史的な重要さは次のようなことである。社会的なグループは、ひとつの種としてまとまっていない上に、まだ歴史は人類というまとまりを示していない中で、選択されたアイデンティティに各個人を参加させることを約束し、**選ばれた**人間（special kind）だという信念と虚栄心を感じることを求めている。アイデンティティはこのような進化の事実や歴史の事実に負っているところがある。

しかし、部族的アイデンティティ、国家的アイデンティティ、階級的アイデンティティは、他人を自分に反目するものと考えるように仕向けることがある。多くはなかったが、ある人たちは動物世界にはないような無責任な残忍さで他人を扱い、敵として過剰に区別してきたこともあった。ともかく、技術的なプライドと結びついた、より高い地位のアイデンティティを求める要求が、冷静と沈着さをもって他人を搾取し、せん滅させてきた。達成した技術のレベルがどのようなものであっても、執念をもって目的を果たすような原始的なところまで人は退行することができる。つまり、他の種族、国家または社会階層の人々を抹殺することもできる。また、所有地からの産物として、人々を自由に売買することもできる。さらに、公衆の「熱狂的な怒り」の中で、人を切り刻んだり、実に見事に計画して集団を破滅させることもできる。おそらくもっと驚くべきことは、親が自分の子どもを「他人」として扱うことができるということだ。また、自分の価値を植えつける「土壌」として。むち打ち、飼いならすべき動物として。捨ててもかまわない所有物として。また搾取するべき安い労働力として。これらのすべては、歴史上のある時点まで、ある程度は自己正当化できる技術の精神《エトス》の一部であり続けたのである。それで高潔な人々でさえ、権力者に対してはっきりとわかるような裏切り者になることなしに、また連帯を乱す者と見なされることもなく、違った行動をすることはできなかった。だから、限りない技術的な拡大の時代というこの時代では、自分のアイデンティティを維持しながら、人は何を利用**しない**でいられるか、利用**しない**と決意できるか、何を発明**しない**でいられるか、発明**しない**と決心できるか、そして何を搾取**しない**でいられるか、搾取**しない**と決心できるか、ということこそが問題になると思われる。

ここで私たちは倫理的価値の領域に入ることになる。アイデンティティと忠誠を「尽くす心《フィデリティ》」は倫理的な強さのために必要なものである。これらは自然発生的なものではない。若者が忠誠を尽くす内容とその要求を拒否する価値のある対象を準備するのは大人である。ゆっくりと続いていくしつけによって、さまざまの文化が若い人々の心の中に入りこむ。これと同じく、反対に文化の側からもまたその血流の中に、若者の若返る力を取りいれていく。というのは、若者は社会の発達進化のプロセスのなくてはならない再生の器官だからである。その理由は、若者は自分が本当だと感じるものを保持し、それらに尽くす心やエネルギーを選択的に注ぎ、また再生する重要性がないものを修正し、破壊するからである。

忠誠（loyal）と法的（legal）ということばには近縁関係がある。忠誠を守ることのできる人は自分を法的にしばることができる――あるいは変誠を選択する決意をすることもでき、また機の熟した革新運動に忠誠を尽くして革命家となることもできる。若い大人として人を選び、また選ばれた人も――メンバーとして、友人として、恋人として、共に働く人として――このようなかかわりの中で、大人の人格的活力《ヴァーチュー》の基礎をつくりあげていくのである。そのアイデンティティと忠誠を「尽くす心《フィデリティ》」のスタイルは、歴史を経た環境の中にははっきりと自分の居場所を決めている。社会もまた若者の団結の力を取りこむ（あるいは取りこみに失敗する）というやり方で、社会自体の姿を浮き彫りにしていくのである。

今日、いろいろのイデオロギーは宗教が放棄してしまった地位を受け継ぎ、個人の信仰と集合的な自信を確かなものにする歴史的な展望として（ほかの主張に加えて、もっと実際的である、ということを示して）主張している。いろいろの宗教がするように、イデオロギーは肯定的な儀式や確固とした教義《ドグマ》をもって、疎外される恐怖感に対抗し、イデオロギー内の階級や種々の外の敵の中で、排斥主義という厳しく残酷な圧力を用いる。彼らは魔術と技術を混ぜ合わせながら、夜中の静寂の中で**ひとつの声**の音のみを拡大し、また多くの人の集会で、ただ**ひとつの顔**をスポットライトに映し出すなども平然とおこなう。けれども、この関連でもっとも適切なものは、イデオロギーがドグマを新しい科学の発達、技術の発達と結びつける仕方である。というのは、今日の科学と技術は、すべての働きたい人や働くことのできる人に、物質的な豊かさをじかに確かめられるように示すことができるし、またその上、物がうまく役に立つようにすることができるのだから。

愛（love）は人格的活力《ヴァーチュー》の中で最大のものである。実際、世の中でもっともすぐれた人格的活力《ヴァーチュー》であることは、ごく当たり前のことだと思われている。だからここで、その発達進化の理由をもう一度考え、愛がどうして特定の発達段階に割り当てられ、展開するライフサイクルの中で、特定の危機として割り当てられているかを述べるのは意味があると思う。愛はすべての発達段階を結びつけるものではなかろうか。もちろん、いろいろの愛のかたちがある。母親にすがる幼児の気持ちのよい接触、あるいは反対に、不安な接触から、青年期の情熱的な、また絶望的な熱情にいたるまで。しかし、愛は発達進化や世代的な意味では、前青年期の間に受けた愛が変容して、大人の生活の中で他人の世話《ケア》をすることになっていくものだと私は考えている。

人が性欲を超えて、その先に愛の選択を展開させているのは発達進化のたいへん重要な事実である。それは**アイデンティティを分け持った恋人や配偶者との相互性**である、と私は考えている。その理由は、他人の中に自分を見失うことによって自分を見出す、という逆説的な経験によって、相互的に確認されるものだからである。というのは、アイデンティティはそれを賭けるときに、もっとも大きな力を発揮するということを強調しておきたい。だから、愛はもっとも本質的な意味で、アイデンティティと尽くす心《フィデリティ》を前提にしている。いろいろな愛のかたちが、種々の人格的活力《ヴァーチュー》が形づくられていくのに作用していることを示すことができる。けれども、青年期を卒業した者だけが——両者がお互いに尽くすこと、無私であるという親密性を発達させていくことを知っておくことは重要だ。このように、親密な愛は心理社会的な発達進化の中では見えにくいかもしれないが、強い影響力のある守り役なのである。これらが**文化的スタイルであり、また個人的なスタイル**の力である。つまり、共有している二人の生活のパターンに確信を与え、また確信を要求し、二人の共同の親密性の中で個人的なアイデンティティを保証する。そして生殖と生産とを結びつけた「生き方」につなげていくのである。

若い成人の愛は、**選ばれた**、とりわけ**積極的な**愛である。配偶者選びの方法がどのようなものであってもそうである。その選び方が、それまで親しんできた経験を前提としているか、あるいは徐々に親しんでいくプロセスで進んでいくやり方であるかなど、どちらであっても。どちらの場合でも、問題は親のいる場所で世話をしてもらった経験を、新しい対象に移しかえることである。つまり、次の世代は親のいる場所で受身的に成長し、そしてお互いの関心によって他人を積極的に選び、お互いの関心として育て、大人への新しい仲間入りをするのである。「縁《えにし》の家族」(affiliation) ということばは、語義的には誰かを自分の子として養子にすることを意味している——実際、友情関係や親密な男女関係の中で、若い成人はお互いの義理の兄弟姉妹関係になる。ここでいう養子は自由意志によるものであり、(近親的な) 血縁関係を超えて、長く続く同胞関係であることが確かめられる。この時点から、自我の強さは、他の人の縁《えにし》の家族を土台とした程度によって決まる。縁《えにし》で家族となった相手は、共に子孫の世話や生産した物やアイデアを分け持つ心の準備ができている人たちである。

大人の性的なものは性器によって示されている。それは相互の性的な満足を完全におこなえる能力によって示される。強烈な力での確かめ合いが、お互いの体と気質との出会いを彩っている。これは神経症の研究が示してきているように、いろいろの障害をもたらすような長い子ども期を経てきたものであるので、心理性的な相互性の能力を大きく歪める可能性もある。フロイトは次のような観察をしている。（簡単に獲得されたり、また維持したりできるものではないが）成熟した性器期に達した人のみが、責任のある人とのかかわりの中で、知的な聡明さと性的な相互性、相手を配慮する愛との結びつきが可能になるのである。[*]

これまでのところ、男女の性の違いについては何も語ってこなかった。しかしそれには理由がある。その理由とは、男女間の生物学的な違いが——それは生後すぐからはっきりしているものではあるが——共同のライフスタイルの内部ではっきり二つの性に分極するもとになるのは、心理社会的な危機を通過し、共同のライフスタイルをもつようになってからである。それまで達成してきた人格的活力《ヴァーチュー》は、青年期までに発達してきたものや、青年期を通して発達する身体的・認知的な能力と同じように、男女の分極化や協同のライフスタイルに対する準備なのである。それは、青年期を通じて、またそれまでに発達してきた身体的、認知的なものも同じく、準備なのだ。「有能感」は両性に通じる人格的活力《ヴァーチュー》であり、「尽くす心《フィデリティ》」もまたそうである。その理由は、発達進化の理論からすると、「有能感」と「尽くす心《フィデリティ》」が、その一部が分かれたどちらかひとつの性になることを認めることができるまで、つまり「愛」と「世話《ケア》」というスタイル化したパターンの内部で、お互いに経験を拡大したり、また労働を分配したりすることができるようになるまでは、男として、女としての性的な差異は完全に分化していないからである。このような発達の理論はまた、コミュニケーションを促し、協力を進める能力や人格的活力《ヴァーチュー》については、男女にはあまり差異がない、ということを示唆している。つまり、男女の差異が本質的に最大のところというのは、愛情生活の側面や生殖が分化して、性器の違いが作用しているところである。(6) だから次のように言うことができる。男女は意識や言語、倫理など、自我の機能においてもっともよく類似している。この自我機能は性的な相互性や性器の両極性の事実を統合するために働く。

だから、**愛とは、分化した機能に内在している対極的なものを持続し、抑えていくために尽くし合う相互性である**。これは親密さに充たされているので、倫理的な関心の基盤である。

しかし、愛はまた境界線を引くために、自己中心主義的なものになることもある――それがベッドの中であろうと、家の中であろうと、村の中であろうと、国の中であろうと、自己中心主義的なものになりうる。このような「愛」がまた、自分の仲間愛や団体愛として特徴となるのは、仲間や団体を守るやり方に、「その仲間や団体に、あたかも自分の命がかかっているのだ」と言われて、それが集団に固執する理由となる。自我のまとまりや方向づけの確かさは、どのくらい強く依存しているのかの程度による。パニックによってひき起こされる怒りによって「途方もない」ものになって、共有のアイデンティティを集団で防衛するときには、動物の世界にも見ることのできないような残虐なレベルまで人を退行させてしまうことが起こる。**

世話《ケア》(Care)とは心理社会的な発達進化にとって本質的な特性である。というのは、私たちは教える種だからだ。動物もまた、巣立つために必要なものを幼い仔に本能的に教える。ある動物の種には、トリックや奉仕することを人が教えることもできる。しかし、人間だけが、家族や地域と結びついている無数の子孫の、長く、同じような、重なり合っている子ども期に心づかいをおし広げることができる。またそうしなければならない。これまで述べた「望み」や「意志」、「目的性」、「有能感」の根を移し植えていくにしたがって、私たちは幼児の身体的な経験に意味を移し植え、教えることばの字義以上のたくさんの理由を伝え、また徐々に独自の世界イメージや仲間のスタイルを描いてみせる。動物の親と動物の仔との間の比較動物学的な基本的な状況を、アナロジーとして人間においても通用させるためには、右に述べたすべてが必要である。これらすべてにより、比較行動学者のガチョウとガチョウの仔と私たちとを普通に対等に比較することが可能となる。***人間のライフ・ステージ

＊　フロイトの用語で、思春期以降を性器期と呼び、それ以前を前性器期と呼んでいる。
＊＊　第二次大戦中、ドイツのナチスが行ったユダヤ人強制収容や集団虐殺は、この例にあたるだろう。

の、この相互のかかわりを私たちがひとたび摑むと、大人が自己陶酔の——そこでは自分が自分のペットになるのであるが——精神的な歪みに陥らないために**必要とされることを求めるように**つくられていることがわかる。だから、私は性器期を超えて、世代性《ジェネラティヴィティ》（generativity）という本能的・心理社会的な段階を仮定してきたのである。大部分の人にとって、親であることは最初の生産的な出会いであり、多くの人にとっては重要な生産的な出会いである。[7] しかし、人類の存続のためには、諸々の仕事をする人や考える人の生産的な創意を必要とする。人は教えることを**求められる**。それは教えてもらうことを必要としている人たちのためだけでなく、自分のアイデンティティを充足させるためだけでもない。事実は語られることによって生き生きとなり、実際に示されるときに論理的になり、教え導かれるときに真実のものとなるからである。このように教える情熱は教師の職業に限定されるものではない。成熟した大人は、すべて自分にとって大切なものを説明する満足や、求める心で理解されたときの満足感を知っている。

世話《ケア》とは、愛や必要性や偶然性によって生み出されたものに対して広がっていく関心である。それは後戻りできない義務につきまとう両価的アンビバレントを克服する。

世代性《ジェネラティヴィティ》は無私の「世話《ケア》」のいろいろなかたちの背後にある本能的な力として、人が生み出して残すすべてのものに対して、また創造し、生産し（生産を助ける）すべてのものに対するものにまで広がっている。フロイトを世紀の性理論家とし、マルクスを世紀の労働の理論家とした西洋世界の思想的な二元論は、ごく最近まで、精神分析においてまだ地図の描かれていない人の心の領域を残したままだった。ここで私が考えているのは、**人が子どもを愛すると同様に、仕事やアイデアを愛すること**、また大人の自我が仕事に挑戦することから受けとる、また受けとらねばならない重要な欠くことのできない自己確認のことである。大人が必要とされることを必要とするように——自我の強さのためにも、また自分の地域の強さのためにも——同じように、人は自分の生んだものを「育て」、守り、維持し、やがて自分を乗り越えていくものからの挑戦を必要としている。

人が守護する神々を創造したのは、自分が世話《ケア》を受けたいというずっと続いてきている幼児的な要求の表現である。またそればかりでなく、自我理想の超人的なものへの投影でもある。この超人的なものは、子孫を増やしたり、出来事をひき起こしたり、永久に人を超えるものであることを証明する状況を自由に生み出したりするのを導くような、（少なくとも許すような）強いものでなければならない。しかし、人はまた、発達進化と歴史がもたらす責任を受けいれることを学ばねばならない。そしてまた、無制限の増殖や発明や拡張に対して、計画的に自分の能力を導き、制限することを学ばねばならない。ここで人という場合、女性を含めていることを私は強調している。というのは、女性の世話《ケア》に対する準備は、男性より身体《からだ》の内部にもっとはっきりと根をおろしている。それはいわば世話《ケア》の形態学的なモデルであり、それ自体、保護的な家であり、食物の源だからである。

　近代人は自己の生殖能力を制限することを強制されているが、生殖について技術的な方法で解決する、意識的な選択によって出産をする可能性の問題を考えるようになった。このような選択には人は心の準備ができていなければならない。でなければ、もし単に子どもを拒否したり、世代性《ジェネラティヴィティ》を否定したりしているのであれば、「安全な」愛情生活にとって、ある場合、性欲そのものの否定が続くということが重大であるように、内的な緊張の源となるほど重大なことになるかもしれない。そこでは「創造の火」を弄んでいるという独特の罪責感を生み出しやすい。だから、産児制限は人の心理性的な要求について十分な理解によって導かれねばならない。また、すべての人間が計画的にこの世に生まれ出るということに対して、普遍的で世代的な責任によっても導かれねばならない。このことは（避妊や食の保障を超えて）、私たちがここで描いているような発達の機会を、一人ひとりの子どもに共同で保障することを含めているのである。

＊＊＊　エリクソンが述べているのは、コンラート・ローレンツとニコ・ティンバーゲンの動物行動学の研究。二人はガチョウなどの動物を観察研究した。一九七三年にノーベル賞を受賞している。

最後の発達段階にやってきて、私たちは自分の文明が、東洋の文明のように、「仕事では孔子、引退したら老子」といった、全生涯についての概念を実際にもっていないという事実に気がつく。実際、驚くべきことであるが、（ごく最近まで、わずかの例外を除いて）西洋の心理学は人の全サイクルを見ることを避けてきた[8]。私たちの世界イメージは、大小のカタストロフによってのみ中断させられる永遠に終わることのない進歩への一方通行の道と同じく、私たちの生活も成功への――そして突然の忘却への、一方通行の道である。ライフサイクルを語る場合、二つのサイクルがひとつになっていることを意味している。つまり、ひとつの世代のサイクルは次のサイクルの中に含まれており、その中で個人生活のサイクルは終わる。多くの仕方で、個人のサイクルはその始まりに逆戻りをして、豊かな知恵をもった子どもらしい人に還《かえ》るか――それとも手に負えない子ども丸出しに戻るのかが問題である。これは個人のライフサイクルの中で重要であるだけでなく、世代のサイクルの中でもまた重要である。その理由は、人の長く続いた最後の時期が、もし日常の生活の様子から見て、子どもっぽさの時期として認められるなら、若い世代の生命力のあるたくましさを弱めてしまうにすぎないからだ。それはまた、ライフサイクルのどの時期においても、人生の始まりや、中期や、また終わりの時期においても、絡まり合っているライフサイクルの中での、生の感覚や死の意味をあいまいにする危険にさらされることになる。

ここで人は最後の試練を受けることになる。なかんずく、ひとりで歩かねばならない死の谷の入口で、人の実存が試される。私は「究極的な関心」の心理について、まだ話す準備ができていない。しかし、私の理論の大まかな結論として導き出された秩序は、偉大なる無と世代とのサイクルとのかかわりの現実《アクチュアリティ》とが、実存的に相補的なかかわりをもっていることを示唆している。というのは、ライフサイクルに何か意味があるとすれば、ひとつの世代は次の世代に負い、その強さがそれなりの仕方で究極的な関心に直面しうるようになる――ひどくなっていく貧困や情緒的な搾取によって起こされた神経症的な関心などで妨害されないものでなければならないのだから。

各世代は、世代の年輪を重ねたものとなっている知恵のかたちを見出さねばならない。だから高齢者の強さは、成熟した「知性《ウィット》」から蓄積されてきた知識や成熟した判断までのあらゆる知恵のかたちをとっているのである。それは時代の制約を越えた知識のエッセンスである。

知恵とは、死に直面して、命《いのち》そのものに執着がなくなるということである。それは身体的な衰えや精神的な機能の衰えにもかかわらず、経験の統合性を維持し、次に伝えるということである。また、統合された遺産を求める次の世代の要求に応え、またすべての知識のもつ相対性にも気づきをもち続けていくことである。

潜在能力、実践力、適応力は低下していく。しかし、精神の厳しさが、責任のある諦観の才能と結びつけば、かなり多くの高齢者は、（「統合」の意味するところでもあるが）人の問題の全容を見通すことができるだろう。また、次の世代に対して生活スタイルの「終幕」の生きた見本を示すことができる。このような統合だけが、限りのある命《いのち》は、はっきりと終わりを迎えようとしているという絶望感に、均衡《バランス》を与えることができる。そのような完結ということのみが、「終わった」、「かすんでしまった」、という意味のない嫌悪感をのり越え、人生の最初と同じようなかたちで終わりを形づくる、かなり無力の時期に直面する絶望をのり越えることができる。

もちろん、知恵のエッセンスが役に立つところで、長い生産的な生活を送る指導者や思想家はいる。無数の元気のよい子孫に生きる確かさを感じる人もいる。しかし、その人たちもまた、やがて高齢者の仲間入りをするようになる。時空間が狭まり、ほんのわずかのものなのだが、自分には満足できるかたちで、最後ではあっても確かな心のささやきを与えてくれるのが知恵というものである。

2　発達進化と自我

皆さんと一緒に人格的活力《ヴァーチュー》の現れてくる発達進化的な時間表を見てきたが、私と同様に皆さんも、この上に昇っていく発達進化のリストが、人の適応状態を検査する有効な目録として用いられないか、また好ましい子どもや成人、職業人をつくるための図式として用いられないかと気にされていることだろう。このような利用の仕方は長続きしない。というのは、机上の試みとしてもうまくいかないからである。また、ある人は、この発達進化の図式を道徳性の発達と重ね合わせて理想型として用いるかもしれない。このような試みも、**これらの**人格的活力《ヴァーチュー》の特性そのものが違っているのでうまくいかないだろう。むしろ私は発達進化の図式のリストそのものに、もう少し気を配る必要があると思っている。私が選んだ各活力と人の生涯における位置づけは、ややあいまいに見えるかもしれない。この話の流れで、私の好きなウィーンの小咄《こばなし》を思い出す。それも少し不快な感じをもって。オーストリアのある皇帝が、ウィーンの町を飾るバロック風の銅像の出来具合をどう思うかと尋ねられる。すると、この皇帝はいかにも芸術のパトロンよろしく、しばらく注意を集中して考えた末に、次のように言った。「左隅の方に、もう少し信仰と望みと慈愛が欲しいところだね」と。皇帝が銅像を鑑定したような目で、私もまた、ここで人の全生涯を眺めてきたのだろうか。

生まれ出る人格的活力《ヴァーチュー》は、美的な好みや道徳的なスタイルによって軽々しく、取り付けたり、取り外したりすることのできるものではないことを、私は示してきたつもりである。実際に、これらの人格的活力《ヴァーチュー》の「全体」は、三つの違った体系に深く根ざしている。第一は、個人の成長における**発達分化**、第二は、世代の**連続性**、第三は、**自我の成長**の体系である。次に、これらについて少し詳しく論じたい。まず第一の発達分化について話をしたい。

一九五五年に児童の発達の研究者の会合があった。そこで子ども期に「一般的な発達段階」――つまり、心身の異なる機能をはっきりと統合（englobe）する段階、同時に発達し、それぞれ独自の自律性をもっているようなもの――が存在するかどうかについて論じた。(9) ジャン・ピアジェ*も討論者のひとりだった。例のごとく、彼は追究の方法について鋭く、厳しい態度であった。一方では周囲に楽しい雰囲気を漂わせていたが。彼は生理学的次元でのこのような統合的な段階があるということに疑問をもっていた。その例として、歯の発達、頭蓋骨の発達、大脳の発達、内分泌系の発達が、それぞれ違った独自の速度を示すと説明した。ピアジェにとって、健常な子どもの場合、どんな瞬間にも、高度の**機能的統合**、つまり心理的・情緒的機能と同様に、すべての生理的発達の型を調和させ、一致させる能力が存在することは自明の理なのである。ピアジェはこれを**人格の統合**と呼んだ。しかし、また一方、ある特定の段階に**構造的統合**を示すような、機能的な統合を働かせている原理があるということは証明できないと否定している。「多様で、分化し、対立している」人格の実例として、自分自身の行動から、研究者の会合ではたいへん深刻になることができるし、（目的が限定されていないような）ときには、子どもっぽく振舞ってもよいと考え、またときには、若者のように行動することを期待されることがあると説明した。言い換えると、そこには次のような葛藤が存在するのである。

「私は構造的統合が存在するかどうか示すことはできない。私が理解しているただひとつの構造的統合性は、すべてを包むことはできないが、社会的にひとかどの役割をもった人物の統合性である。この統合性が、大人にさえ存在しないのに、子どもに存在することが考えられるだろうか」

しかし、私はここで構造的な統合性の問題を、臨床的・発達的・進化論的な観点から論じてみたいと思う。もちろん、ここで言いたいことは、ピアジェの要求する厳密さに耐える研究法や臨床研究と実験研究の統合の方法を示唆しようとすることではない。研究者は普通、実験的方法か、臨床的方法のいずれかをとっている。つまり、予定される場で、自分を研究の材料にするほど健康であるか、あるいは行動にまとまりがなくなってしまう

＊　フランスの心理学者（一八九六－一九八〇）。児童の認知的な発達について研究を深めた。

ほど精神的に分裂して、それ自体が研究の対象にされてしまうかのどちらかである。第一の領域の実験的研究者は、その方法によって人間の本性を明らかにできるかどうかということについては、一般に慎重である。とはいえ、それはただ、研究者の方法論的な控えめさによって期待が隠されているだけで、自分たちの信頼のおける資料が集積され、統合されれば、人間の全体の機能と同じものとなると考えていることは明らかである——実際、十分に深く研究された部分をまとめることに研究者が同意すれば、人の生活をもっと統制することができるようになることを示すのは難しくないという。このような立場に対して、私はもうひとつ別の立場に属している。つまり臨床家の立場である。臨床家もまた、違ったかたちで慎重であると同時に、自負心も強い。実験心理学者と比べれば、ずっと大胆に人格の中核の問題とか、人格発達段階の問題をよく口にしたがる。これは私たちの被検者となる対象がまるごとひとつの全体的な存在となることを望んでいるからである。というのは、臨床家には、この対象となる患者に、まるごとひとつの全体の世界に入ることのできる理論と方法が要求されるからである。そこからときには患者たちが、この理論の確かさに感謝を示すのを誤解して、臨床家は妄念をもったりする。つまり、すべての人が私たちの患者になるなら、人類に関する説明原理をすべて身につけ、人類を導くことができるのだというような妄念を。

ピアジェは、これらの実験心理学者や臨床家の両方の陥りやすい幻想をうまく避けることができている。先に引用した文は表面的にはナイーヴなところを装ってはいるが、おそらく彼が丁寧に、しかも明晰に、そこにいる臨床家を攻撃する直前には、次のような弱点をも示している。ピアジェが述べている自分の行動についての「子どもらしい」と「青年らしい」という言葉には、括弧をつける必要があるのではないだろうか。というのは、もし、ピアジェが子どもっぽさのなごりは「子どもらしい」ということを意味し、「青年らしい」という言葉で、本当に若さを主張しようとしているとすれば、その含まれる意味が多すぎるか、あるいは反対に、全く意味をなさないかである。要するにあいまいである。「子どもらしい」という場合、大人は驚くほど、子どもらしくある

段階C	「子どもっぽい」成人	「青年っぽい」成人	成人らしい成人
段階B	「子どもっぽい」青年	青年らしい青年	「成人っぽい」青年
段階A	子どもらしい子ども	「青年っぽい」子ども	「成人っぽい」子ども

図１

ことができるし、魅惑的にも、また見事な青年であることもできる。しかし、大人はやはり構造的には成人である。というのは、その人の現在の成人らしさが、自分の過去の自我に残されているものと、未来につくりあげていく自我の性質とその展開を決定していくからだ。さらに、この成人らしさは容赦のない厳しさなど、現実処理の操作の仕方で、過去の経験や将来の予測について注文をつける能力をも含んでいるからだ。

しかし、ピアジェの注は、人生の各段階で自我の強さを位置づけようとするときの**原理の図解**として役に立つと思う――これは各段階での機能的な統合性の構造的な基礎である。これまで私はいくつかの著書で、この発達分化の原則を**図１**のようなかたちで示してきた。

子どもは段階Ａで子どもらしく、青年は段階Ｂで青年らしく、成人は段階Ｃで成人らしい――**下から上への、この連続線上で**、各段階は、**一定の時期**を示している。この**時間の流れ**において、（健康な）身体と精神は、いろいろの**可能性**を生み出し、同時に、子どもは子どもらしいまとまりの統合を達成する**機会**を準備していく。病気とか、異常のプロセスがこれらの秩序を乱しているところでは、子どもっぽい、あるいは「子どもらしい」成人は、本物の子どもとは構造的に違っている。「大人っぽい」青年も大人の哲学者とは違う。また、子どもらしくない子ども、つまり「青年っぽい」子どもは、はつらつとした考える青年とは違っている。しかし私たち臨床家は、段階そのものより一定の段階に特有の心理的危機をよりよく理解し、点線の段階を実線の段階より、もっと知っているのだということを認めねばならないだろう。精神分析では、子どもの段階は、はじめからその段階に結びつけられている。これらの危機は（大部分が無意識的な）本能的な欲求であり、本能的な欲求がその発達段階で緊急の事態を生み、次の児童期の中核的な葛藤となる。ある特定の時期の中で、人は無意識的にその段階の人間になろうとする。先に引用したピアジェの注にも、臨床的な思考を幾らか戯画化した感じもあるが、大人の構造的統一体ということを主張する場合には、私たちの内なる青年的傾向や幼児的傾向を差し引いて考えなければならないことを示唆している。

もし、ピアジェの言う葛藤――私としてはもっと一般的で、発達的なニュアンスを込めて危機（crisis）と呼んでいるが――葛藤がなければ、私たちは大人らしい大人でない、（また、子どもらしい子どもでもなく、青年らしい青年でもない）ということは、ここでは当然のことにしておきたい。事実、各段階での精神的な統合体は、各段階に固有の危機と対応している。そして次にくる危機が重大であれば、理由がどうであれ、いつでも以前の危機が再現される。

人格的活力《ヴァーチュー》の出現の図式を示すにあたって、私はこれまではっきりと言わないできたが、発達的な危機があることも考えていた。ここで「危機《クライシス》」という古くから用いられている用語を定義しておきたい。臨床の領域では、（経済や政治と同じく）危機という用語は次第に、半分の意味にしか用いられなくなった。それも破局的という方の意味に用いられるようになっている。しかし、医学では、危機という用語は、良くなるか悪くなるかの峠、**あれかこれか**の決定的な転換の時期のことを意味している。人の発達の長い期間の中では、もし新しい本能的な欲求が突然の抑制に出会ったりすると、このような危機がはっきりとしたかたちでやってくる。またときには、新しい能力を発揮するのに見合う機会が与えられても、逆に強い制約のために、新しい望みが生まれるのが遅れてしまうと、危機は徐々にしか現れてこない。もし、この機能――機能的な統一体――がどんなものであるかわからない場合、右に述べた諸問題についてもっと考えなければならない。これらの危機の二つの側面を考えて、私が理論化した心理社会的な発達段階に二重の用語を与えてきた。(10) だから、次に三つを述べるにとどめるが、幼児期にあっては、基本的信頼感が基本的不信感を上回るとき、心理的な危機が最高潮に達する。また、青年期にあっては、アイデンティティが役割の混乱よりも力があることを実証しようとするとき心理的な危機が生まれ、老年期では、統合性だけが絶望感に対抗することができる。しかし、基本的人格的活力《ヴァーチュー》と呼んでいるこのような人格的な強さの心理社会的な基盤のことについては、ここでは細かくは触れない。*

次第に拓《ひら》けていく発達の基本的な姿については、かなり確信をもってお話しすることができる。しかし一方、その各部分について、どのように観察し、公式化していくかについては、残念ながら、まだはっきりしていないことを認めねばならない。「強い」人間のもっている属性を取り出し、それにはじめて名前をつけるときに、私は日常に使うことば、つまり日常語をあてた（それはこれまで、思想家や神学者がやっていたことである）。というのは、人の中にこれらを認めるときには、日常のことばの通りに見えるからだ。また、自分の中にあるときにも、そのように感じられる。さらに、「活力が人から離れてしまった」ときにも、その通りに感じられるからだ。それでは、この活力（virtue）の裏、反対のことばは悪（vice）だろうか。** むしろ、反対語は弱さであり、その表現される症状は、異常、障害、破綻、分裂ということだと私は思う。しかし、「弱さ」というと、障害の複雑さが伝えられない。また、これまで見てきた人格的活力《ヴァーチュー》が現れなかったり、現れても十分でなかったりする場合、積もっていく怒りを説明することができない。活発な緊張力を回復したときに、すべてのものがもっとも力強く、しかも簡潔な姿で、あるべき位置に落ち着くのである。ひとりの患者が喜びをこめて感嘆の声を出した

＊　本章の第一節を参照。この第二節は別の講演なので、このような発言になっている。
＊＊　virtue and vice、一〇七頁の注を参照のこと。

ことを思い出す。その患者は次のように言った。「先生は、もつれた紐をどのように解きほぐすかご存知なのですね！」。このような感激は、その裏にある驚きと同じものであろう。私たちは前もって、紐を解きほぐしておくことはできない。この意味で、諸々の人格的活力《ヴァーチュー》のリストは、ただ順序を示しているだけにすぎない。これらの人格的活力《ヴァーチュー》は新しい破綻があると壊され、破綻からの立ち直りの中で（これは驚くべきことであるが）、再び取り戻されるものである。したがって、このような順序を考えるということは、長期にわたる研究となり、熟慮を求められる仕事となる。というのは、諸々の人格的活力《ヴァーチュー》は、各世代と諸制度とが形づくっている「糸織り模様」のようなまとまりをもった原理を示し、またその欠陥を明らかにするものであるからだ。

このような文脈で、もっとも基本的な人格的活力《ヴァーチュー》を「望み」と呼ぶのは、次の理由によっている。それは世の中で高い価値をもち、認められているいろいろの望みがなければ、基本的な最小限のものが駄目になってしまう生き生きとした人格的活力《ヴァーチュー》を「望み」と呼んだにすぎない。つまり、すべての価値の社会的・発達的効力に枠をつけることを意味するのである。というのは、次々と続く世代の中で、基本的な強さが、各世代の中に段階的に確実に実現することのできないような諸価値は（その発生的な素質や特性が何であっても）、失われることになり、したがって人格的活力《ヴァーチュー》も失われることになるのである。

ここで示そうとする発展的な分化発達の中では、人格的活力《ヴァーチュー》は生涯にわたって展開し、最盛期と危機がある。望みとは、第一の、もっとも根源的で、しかももっとも長く続く人格的活力《ヴァーチュー》である。これはもっとも安定していると同時に、次々と発達の段階に応じて、新しい特性を獲得する。このようにして大人においては、「望み」は礼拝をともなう信仰のかたちとなったり、心の中だけの信仰になったりする。同様に、意志の原型もまた、必要なときに、他人に強く意志を示し、自己を統制する能力をもつ大人の、きっぱりとした態度で示される特性となる。

私としては、この人格的活力《ヴァーチュー》のリストが、これでできあがっているものだとは思ってはいない。はっきりしておきたいのは、段階を進みながら生成してくるものが、最初の危機を経て、変化をとげ、次の段階へ再統合をしながら、何ひとつ欠けることのない全体の一部になるということである。だから、幼児期における「望み」は、そのときすでに、「意志的」である要素をもっている。しかし、これは次の遊びの年齢になって、新しい危機がくるまでは、まだ問題にされないままである。赤ん坊が、すでに小さな発達的な素質をもち、長い年月の生活を経て、最後の老齢期に「知恵」へと展開するということ――このような考えは、もっとも熱烈な幼児期の研究者をのぞけば、おそらく世の批判を受けることになるだろう（しかし、一方、老子とは、「年老いた子ども」という意味であると聞いたことがある）。

人間における発達の全段階は、ピアジェの言う「人格の機能的統一性」がもっとも深く理解されるまでは、十分にとらえることはできないかもしれない。人格的な強さと同じように、ここであげた人格的活力《ヴァーチュー》は、明らかに心理性的発達と心理社会的発達の線上にあり、それを統合しようとする表現だということである。しかし、その統合性に到達したとき、各段階の特定の時期と、どのようにしてそのようになったかという結果についての機制はまだわかっていない。フロイトが口唇リビードと呼んだものは、「望み」が生まれる経験をはっきりと問題にしている。口唇リビードと「望み」とは、幼児期だから現れるものであり、また現れねばならないものである。一方、口唇リビードは強く、また充ち満ちた「望むことのできるもの」がないことには、人格の統合体の中に存在できる場所がない（また、すでに述べたように、世代のサイクルのプロセスの中にもない）。しかし、これら全体的な状態は、口唇期がうまくいったという以上の、多くのものにかかわりをもっている。社会的現実の中で、生活体と心との部分的な働きが成熟してくることに深くかかわっているのである。だから、何が一番目にくるのか、というような質問の仕方はほとんど意味がない。まとまりはその部分によってでき、また部分はまとまりによってできるのである。新しい方法によって姿を現すようなパート（部分）であっても、それを発見した人にすると、それが原因のように見えるが、また同時にすべてのパートの始まりのような印象を与えるものである。フロイトが自分の「本能論」を「神話学」だと言うとき、彼はこの点を見抜いていた。神話の主人公たちは嘘をついているのではない。その主人公たちは観察によってとらえることのできる新しいかたちを見出すのである。

人間の成長発達に組み込まれていくものには、すべて発達的な合理性がある。基本的な人格的活力《ヴァーチュー》もまた、その合理性があることを述べてきた。しかし、進化の用語に近いものとして「人格的活力《ヴァーチュー》」という単語を使うとき、「自然主義的な誤謬（naturalistic fallacy）」*ということがすぐ頭に浮かぶ。私がここで人格的活力《ヴァーチュー》を発達進化の文脈で用いるのは、発達進化の中に道徳的な目的性があるということを読み取ろうとするのでなく、発達進化から生成してきた諸々の適応力を識別したいからである。ウォディントン[11]によると、「人間は倫理化されるためにこの世に生まれた」と言っているが、人が生き生きとした人格的活力《ヴァーチュー》の上に、道徳的・宗教的な上位構造をつくりあげてきたということは明らかである。この道徳的・宗教的な上位構造は、私たちを精神的に高めるが、ときには全く堕落させたりもする。しかし、このことから、人の発達には各世代にわたって適応を保証しているしっかりした下部構造か、基盤のあることを認めねばならないだろう。発生学者は、人間が環境に適応するための「諸要因」、つまり生理的な身体成長と認知的な拡大、また子孫をうまく保護し、育て、物を生産し、文化の担い手になるために欠くことのできない一連の強さは遺伝的なものである、と言うことに尻込みしている。けれども、ウォディントンは、人は「倫理化されるためにこの世に生まれ」、しかも、本来「権威を受け入れるようにつくられている」ことを認めている。このことは、構造化された社会の中で、世代から世代にわたって発展させ、維持させる、生まれながらの素質を想定させるものだと、私も思っている。そうすると、これらのさまざまなプロセスの中で、仮に基本的な人格的活力《ヴァーチュー》と名づけ、並べたものは高邁《こうまい》な理想といったものではなく（人格的活力《ヴァーチュー》が比較的弱い時期では、とくにそうだが）、個人にとっても、各世代にとっても、存在する諸制度と共に生み出されていく能力の混ざり合った中から出てくる基本的な特性なのである。母性が「望み」を促し、思想的な制度が「尽くす心《フィデリティ》」の土台を用意し、協働の人間関係が「愛」を育てる。そしてその一つひとつがお互いに人格的活力《ヴァーチュー》の全体の段階と深くかかわっていて、文化的な環境の全体から生まれるすべての要因に関係しているのである。人の母性もその一部である。ここで素質と言っているのは、大文字の「望み」で強調して表される基本的な「望み（Hope）」の素質である。それは何か対処するための個々の小文字の望み（hopes）ではない。また、「尽くす心《フィデリティ》」も本質的なものを表すもので、個別的な忠節心とか、私淑とかいったものではない。これらの個々のものは、それぞれのイデオロギーによって大きな違いを示すことがあるからだ。「愛」も同じように全体的な本質を示すものであり、特定の文化に見られる性の規範や社会の規範と結びついたものではない。

話を終わるにあたって、私の考えの由来を述べておきたい。これまで何度も**進化的**という用語を使ったが、これはジュリアン・S・ハクスリーの紹介で書くことになった、『ヒューマニズムの危機（*The Humanist Frame*）』[12]に示唆されたものである。この招待を受けたとき、ハクスリーは「自分がこれまで書きたいと思っていたことを書いてください」と言ってくれた。このようなかたちで生まれてきたのがここで述べたものである。以下に、自我とその進化の弁証法を述べるにあたって、世界観あるいは世界全体を見る態度にもう一度戻る必要があると思っている――これはダーウィンとフロイトの研究にその発端がある。これはまた、人格的な強さを研究する際にも支えとなるものである。

今日よく言われているように、ダーウィニズムとフロイトの精神分析は、共に人間の「下部の特質」に焦点を合わせてきた。それらは類人猿から人類の先祖の問題と進化の問題、野蛮と未開から文明の出現の問題、幼児期

＊　G・E・ムアの『倫理学原理』の中で論じられたもので、心理的なものを他のものと同一視することは間違いであるという指摘。G・E・ムア著、泉谷周三郎ほか訳『倫理学原理』三和書籍、二〇一〇年を参照のこと。

から成人への発達の問題などである。理性的な人の非合理な日常と狂気との関連を明らかにし、また群集のアナーキーになりやすい政治的人間の傾向を浮き彫りにしてきた。人間に関するこのような洞察は、はじめは嘲笑と不信感をもって受けとめられたが、やがて今度は逆に、近代の神話のかたちをとるようになった。大衆向けの説明では（これには生物学の領域でない専門家も含むが）、ダーウィンの理論を一般化して、生存のための「歯牙と爪」の闘いと言い、創造物の王者である人間は、やがて祖父トーマス・H・ハクスリーの言う「闘士型（gladiatorial）」の人間となってしまうだろうと言っている。* また同様に、（精神分析の発展を知らない科学者も含めて）、フロイトの内的葛藤の理論をひどく単純化してきた。フロイトがもっとも初期に立てた理論によって、飢えた本能（非個人的な「イド」）と残酷な良心（道徳的な「超自我」）との間の、内的な心の歯牙と爪の闘争と見なしてきた。このようにしてダーウィンとフロイトの発見は、過度に宣伝されてきた――つまり、人類は、「人の下部構造の特性に直面する」カルト集団の中の悲劇的な特大のリーダーの役に強制的に従わせることによって、これらの恐れを知らない人間たちに復讐しているかのようである。その下部構造というのは、道徳的な嘲笑に接しても恐れないで、すぐにすべてに理由をつけて受けいれてしまうのである。死に対する内的な闘争や外的な闘争という二つの神話は、生物学者と精神分析家にとって、人の強さという問題を理解するのが難しかった。しかし、もし人間の未来というものが、縛りのない「本能」か、または過度な良心だけによって決まるなら、その最高の原則という名目のために、人類はおそらく自殺して死滅してしまうのではないだろうか。

しかし、問題はそんな通俗的な考えにあるのではない。人間の知られていない起源や、「下部」を曇りのない目で見るという、科学的な（また倫理的な）必要性そのものが、科学的な観察者を交わることのない平行線の二元論に導いてしまったのである。編者のG・G・シンプソンは『行動と進化』の最終章で、次のようにロウとフリードマンの「人間行動の進化に関するエッセイ」を引用している。

「セックス、攻撃性、また強奪本能――これらを、われわれは背後に担い、それとともに生きている。これには疑問の余地がないであろう。しかし、結論として言えば、フリードマンとロウが、この本でもっともよく実証している特徴のリスト――それは探索的な好奇心ということであるが――それを意図的に取り除いていることは残念である」(13)

実際このエッセイの二人の著者は、臨床的観察によって得られた資料について、本当に驚くべき明晰さで記述しているのだが、その解釈は精神医学の研究から得られたものを適用して、「内面をえぐり出し」、あたかも人間は抑圧と葛藤とアンビバレンスの無力な犠牲者であるかのように描いている。そして臨床的な経験から再構成された幼児のイメージでもって霊長類を描いている。このようにして、(シンプソンの言うように)自分が進化について文章を書いているとき、自分がいまやっていることを忘れてしまって、進化の問題から自分を除外してしまっているようだ。このような伝統的なやり方は、精神分析の中にも見られる。フロイトの描いた人間に関する図式は、基本的に自分の観察してきたプロセスから組み立てたものである。フロイトは先入観のない勇気をもって、患者を診るときと同じ眼で自分を見つめた。しかし、明敏な観察者であり、深い好奇心をもつフロイトにとって、人間についての理論モデルはまだ、存在していなかった。科学、道徳、そして自分自身というものは、フロイトにとって「改めて問うまでもない」自明のことだったのである。

ダーウィンとフロイトは良心そのものを再評価する方法を与えてくれている。良心について、ダーウィンは以下のように言っている。「人間と動物を区別するもっとも大事なものは……種や部族の中の個人の繁栄というの

＊　ダーウィンの進化論を擁護した生物学者。トーマス・H・ハクスリーは一族の元祖(一八二五－一八九五)。グラディエイターはローマ時代の剣を持って戦う闘士。後に引用されるジュリアン・S・ハクスリーはその孫である。

ではなく、部族全体の繁栄にすべて捧げられているということである」。人の道徳律のうちにある本能的な過酷さや部族などの示す過酷さを明らかにしたのは、フロイトであった。フロイトとダーウィン以降、歴史は部族的な良心の限界と危険を十分に実証してきている。ことに、近代的な技術が使用される場合、その危険は著しくなる。

ジュリアン・S・ハクスリーは、ロマネス記念講演の中で、この点について見事に要約している。

「今日、直面している道徳的な適応の難しさは、大部分その原因を人間の進化の歴史に帰することができるだろう。幼児期における無力さと同様に、ヘルニアに罹りやすかったり、蓄膿症に罹りやすかったり、直立歩行を始める困難だったりなど、これらはすべて、私たちが類人猿から進化したことの結果である。原始的な超自我は、単にわれわれの身体枠を永く中心的に支えることを目的とした胎児の運動のものではないので、その種々の指令を深刻に受け取るべきではない。(これを神の真実の声として、私たちは長い間、理解してきたのではなかったか)。そしてすべての個人が出会う中心的な倫理的問題として幾分合理的で、それほど厳しすぎないものとして見なすことができるだろう[14]」

この文章は、精神分析が臨床的技術として、また思想体系としてつくりあげてきたひとつの観点を表明している。というのは、治療の中での一歩一歩とそれぞれの明確化は、「さらに合理的で、より過酷でない機制による出会い」に向けられているからである。この見解はまた、フロイトの別の考えにもぴったりしている。それは自我心理学に関するものであるが、本能理論ほどには他の研究者のイマジネーションを刺激してはこなかった。

フロイトの自我の概念は、精神分析の始まりのときからあって古く、フロイトの生理学者の時代からのつながりをもっている。最初にフロイト[15]、次にアンナ・フロイト[16]、最後にハインツ・ハルトマン[17]によって、この概念のため絶え間なく明確化がなされてきた。しかし、フロイトの「構造論的」な観点からの仕事はあまり受けいれられていないようだ。心理学者は精神分析を、もともと「情動」の関係で問題にしており、生理学者は性的な問題を解決するため、またある程度「情動」の問題がかかわるときにだけ精神分析を考える。それは次のような理由から明らかだ。フロイトの初期の本能と超自我の二項の対概念の体系化によって多くの人がショックを受け、これを受けいれるのに時間がかかった。また、この理論に対して大きな情動的なアンビバレンスを抱いたまま、フロイトの後期の考えには、まだ多くの研究者の関心がおそらく行き着いていないのではないだろうか。精神分析的な自我の概念が行きわたっているようなところでも、すぐに人の「下部の特質」に注意が向き、世間的な意味での、肥大した自己といったかたちで取り入れられてきた。だからアメリカでも有数の学術雑誌の中で、ある教会史家はルターのアイデンティティに関する精神分析的な研究は、ルターが単に、「自分のエゴの満足のために」宗教改革を始めたにすぎないのだ、ということを言いたいのだと理解したにすぎなかった。* このような理解の程度のところでは、近代人がつくった「自我」という空虚な述語が、教養人にとっても用いられる語彙のひとつになっているのである。（つまり、一片の幸運やゴシップによって、突然に自我の肥大が起こってしまうような虚しい自家製の「自己」という、不安定な意味での自我概念として）。しかし、このような理解の仕方は、精神分析とは正反対のものである。このようなことを考え合わせると、精神分析の専門家のグループは別にしても、なお何が自我でないのかということを述べておく必要があるようだ。

精神分析的な意味では、自我とは、経験をまとめ、このまとまりを突然襲う衝動や、良心の必要以上の過酷な圧力の、その両方からくる力に対して守るための内的な心的統制《レギュレイター》である。実際、自我という用語は古く、スコラ哲学者の間では身体と魂の統一体を意味している。また哲学一般の中では、意識的な経験の永続性を意味してい

＊　エリクソン『青年ルター』を参照のこと。自著に対する批判への反応として述べられている。十五頁の注を参照のこと。

る。もちろんのこと、精神分析では魂の問題には関心を示さず、意識には精神生活の中で限られた役割しか与えていない。つまり、人の思考や行動は意識的な動因とともに、無意識的な動因によって決定されることを実証している。そして分析によれば、私たちが自分について意識的に考えている自分は、考えていた以上にすぐれていることもあり、また反対に、考えていた以下のものであったりもする。しかし、このことはまた次のことを意味している。人の動因も、感情、思考や行動と同様に、自分で意識できるより（意識させられるより）、ずっとうまくお互いに「協力しながら」働いていることを意味している。だから、精神分析でいう自我は、哲学で初期に使用されていた概念に似ている。つまり、自我とは人格形成にとって中心的な働きをする主体であり、選択的で、また統合的《インテグレイティング》なものであり、まとまり《コヘレント》をもち、持続的《コンシステント》な働きをするものである。ウィリアム・ジェームスは「自我」をずっとこの意味で使っていた。手紙の中で、ジェームスは「自我の能動的な緊張力」とか、「部分的な自我とは必ずしも一致しない、時間と空間を持続させるための包括的な自我」とも述べている(18)。しかし、また一方、ジェームスは、自分自身の観察を通して、自我の弱さがはじめて示される欠損の諸状態についての研究から、次に見事な耐性と力をもった統制の器官としての自我を認めている。

　精神分析は、はじめに人の本能的なさまざまな力に研究を集中した（これらの研究というのは、臨床症状や普遍的な象徴、夢や神話、個体発生の過程や種族の進化の過程に認められるものである）。一方、また並行して第二の領域の研究、とくに衝動や欲求の渦巻く中での個性、知性、統合性の尺度となる「精神過程のまとまりをもった構造」に関する研究をずっと続けてきた。ここでは測る基準になる尺度が変わったにすぎない。内的な葛藤について、はじめての畏怖《いふ》の経験が自我を形づくらせることになったが、それは一方の極のイドと、他方の極の超自我とのひどい妥協の産物であるかのようになってしまった。「イド」とは人間の「動物的なもの」のすべての本能的なエネルギーを支配するものを意味し、「超自我」は全能の神、強力な両親、そして生活のすべてを覆う制度の必要性が要求するものを意味している。だから当時、フロイトにとって、自我とはあたかも、「（馬の）行きたいところについていく御者」のように見えたとしても不思議ではない。しかし、徐々に自我の研究、つまり個性の守りは、自分の**内的生活**と**社会的生活**の二つの大きな進化論的な発達を、ひとつに結びつける内的「器官」である姿を明らかにしてきている。

自我は外的状況を積極的にのり越えていく器官として見なされるように少しずつなってきた。ただ単に、生活体の内部や環境からの過度の刺激に対する無力さに抵抗するだけでなく、「期待される」環境をつくる機会をおし広げていく適応力を統括する器官としても、見なされるようになった。このようにして、自我は**意味のある経験**を保護するもの、統一体としての人であることを示すことのできる経験を保護するものとなった。そして、この迷走的で、予想のつかない衝動の世界の中にあっても、**前向きの状態**《アクティヴ・ステイト》を保ちながら存在しているのだ、という感覚をもって現実の大部分を克服していくぐらいに適応的なのである。これは次のようなことを意味することになる。つまり、「強い自我」というのは、避けることのできないものをやりすごし、そして必要なものを必要なときに選ぶという、意志をもって実行する自由、そのための心理的な必要条件である。

ついでに言っておかねばならないが、年を経てくるにつれて、私は「自我」という用語の一般的な誤解にだんだん我慢ができるようになってきた。というのは、ちょうど民話がそうであるように、その中に深い真実を含むことがあると思えるようになったからである。ある点まで、自我は人の個性（individuality）、つまり、分割することのできない単位（indivisibility）である自分を守るものと理解してもよい。しかし、たくさんの他の個性の人たちと一緒にいて――これもまた分けることのできない単位であるが――自我は次のようなある種の生まれながらの能力を守らねばならないし、また守っているのである。つまり、人は自分だけの個人的な幻想（夢や白昼夢に現れるようなもの）と、しばしば歴史を変えるような集団的な幻想を、共にもとうとするのである。ここで述べているもって生まれた能力というのは、例えば、自分が**まとまりのある**《ホールネス》人として存在する感覚、時空の中心に自分が存在しているという**中心の感覚**、また**選択の自由の感覚**などである。人はある限度を超えてこれらのものを疑われるということには耐えられない。自分がほかの仲間の中で、個人としている場合でも、またいろいろのグループの中のひとつのグループの一員としている場合でもそうである。だから、自分の過去の記憶においても、人類の歴史においても、世界を認識する中心として、また出来事の発信源としての自分自身を取り戻すために、経験を新しく組み直すのである。そして全能の王たちに冠をかぶせたり、全能の神々を創造したりして、個人では実現できない次に述べるような自我に属するエゴ・イズム（ego-ism）*を王や神々にすべて捧げ与える。つまり、暴力的な出来事の中心にいることとか、運命をきり拓《ひら》くという意志と、きり拓《ひら》いたという感覚であるとか、永遠に存在し、かつ不死であるということの確実性など。また、人生の秘密を知ることができるという確信とか、世の中の出来事をすべて知る能力、そしてまた自分の思うように自在に変化させることのできる能力などである。小さな自分の中に、この「エゴ・イズム」の必要なものを取り戻すため、さらに自分は自分以上であると感じるために、「自分の外へ出る」いろいろの手段（精神的、芸術的、薬物的など）を人は見出してきた。これらの変わらない欲求を、私は後期ダーウィニズムの中に見出すのである。この人たちは次のような主張をする。人間は進化の過程の一部として自分を認識しているのだが、この認識を少しズラして方向を変えることを覚え、創造物の王者であり、進化の最終の目的の頂点となっているのである。しかし、実際は、うまくやったところで、少し知ることのできた小さな薄暗い片隅のところで混乱し、不安定になってしまったりしているのであり、それに少し安定を取り戻して、やり直していかねばならない生き物であるのに。普通には厳格な科学者が、人間を神格化する例に出会ったりすると、私はよく次のような小咄《こばなし》を思い出す。共学の学生が、一緒に歩いている女子学生に不断の優しさを示しながらもはっきりと、われわれの内的な暗黒の世界の深さについて考えを述べる。彼女をエスコートしていたその学生は声を高めて、人生ってまったく不思議なものですね、と言う。しばらく彼女が沈黙している。彼は彼女が感激してくれたのだと思う。ところが彼女は静かに尋ねた。「……一体何と比べてなの？」。

もし、超自我が人の道徳性を守ってはきたが、また同時に、人間をその奴隷にしてしまったとすれば、自我はもっと適応的に、人間的なバランスの手段を与えるのである。しかし、そこにはまた、危険な幻想もある――私は今、危険ということばをつけ加えねばならないと思っている。というのは、現実の適応に失敗したときに見られる破壊的な激しい怒りもあるからだ。このような意味で、ここに述べた基本的な人格的活力《ヴァーチュー》も、空疎な教条主義的な衣をまとった誇大妄想に発展したり、幻滅して激しい怒りをひき起こしたりするような裏の面、つまり病理的な面をもっている。しかし、これらのすべては切り離すことのできないものである。人がもっともよくバランスのとれたまとまりの状態にとって、この病理的な面は欠くことができないものである。しかし一方、ユーモアや知恵がはたらく瞬間に、また祈りの瞬間に、あるいは瞑想の瞬間に、あるいはまた自己分析の瞬間に、これらの病理的な面を寛容な気持ちでのり越えることができるかもしれないのである。

しかし、動物的な特性のどこに、人の自我の先駆けの徴《しるし》があるのだろうか。人は自分自身の「動物的特性」というものを動物に投影するクセがあった――つまり、これはイドと超自我の分裂であるが――例えば、犬の食べ方に似た飢えた状態とか、興奮した虎のような怒りとか。動物の「寓話集」のすべては、人のさまざまな葛藤と同時に、最悪の不徳な事柄を描いている。最近のカレンダーに、この中世の見方を示すものを見たことがある。その中に、ライオンは決して食べすぎないと書いてあって、さらに次の文章があった。「もっと食べたいと感じると、ライオンは自分の前足を口に突っ込んで、食べないようにする」。ここでも同じく、人の内的生活をライオンに喩えていることがわかる。自分がよくない欲求をもっていることに気づくと、良心はこの衝動と闘いながら、何とか「取り込む」ことを抑えようとする。しかし、また一方で、私たちのもつ底知れないアンビバレンスが、動物の中にもっとも崇高な徳性をも見ようとする。つまり、私たちはライオンのように勇気があり、子羊の

＊　自我から発する個人的な欲望、願望など。

ように従順であり、雌の鹿の眼の中に黒い瞳の美しい女性の静かなまなざしを感じる。動物を喩えにするというのではなく、普通の報告書や自然の中で撮影された映画などを見て驚くのは、生態学的に見て生存と活動を守るための本能的に組み込まれたいろいろのバランスや自己規制やしつけなどである。これらを自我と呼ぶものについてのアナロジーとして言えば、「もっとも獰猛な動物」の生活の中でさえ、ある種の自己規制や選択的なしつけがあるのではないかと思われるようなものがある。つまり、生き物を必要以上に倒すことを防止し（または、禁止し）、目的のない生殖行動、役に立たない怒り、自分を傷つけるようなパニック、といったものを防止する生来的な規制《レギュレーター》の力があるように思われる。これらの機制の力によって、空腹のときとか、外からの侵入があった場合に、攻撃をする準備を整える一方、休息をとり、また戯れることができるのである。同様に、違った種の動物たちは、お互いの妨害や破壊を最小にして場所の環境を共有しており、相手を倒さなければならないような決定的なことがない限り、自分のいる区域に気を配っているだけである。だから、順応できている動物の状態は**生態学的な統合性**というもので成り立っていると言えるかもしれない。それは、お互いが調節することと相互の衝突回避の組み合わせが、その特有の環境での適応を守り、他の種との調和を保つのである。人は自分のつくった世界の中での歴史的な変化に対して、常に再適応をおこなっている生き物であるが、明らかに過剰な反応をしている。（コンラート・ローレンツが言ったように、情動の統制の難しさに悩んでいる）。つまり、人を人のレベルに保つには、またせめて動物の順応性のレベルに達するには、自分の内的な動機と技術的・社会的な発明をお互いに統制する必要がある。このような相互の規制は、私たちは自信に満ちて輝かしいけれども、先の見通しのつかない時期にだけやっているように見える。しかし、このような規制が栄光のためであろうと、単に生き残るためであろうと、自分の心理社会的な世界の中にある世代の継承のプロセスの中で、自分が占めている場を、もっと意識して取り上げねばならない。

今日までの歴史で、人はさまざまの潜在能力のごく一部しか実現させてきていないということを忘れてはならない。これにはいろいろの理由がある。歴史の中には、ときどき、それぞれの土地で理想の社会（perfectibility）を実現した喜びを、いろいろな実例を示して記録している。変化しやすいものではあるが、芸術作品にも残されている。この点でリルケの『ドゥイノ悲歌』の中の恋人に捧げる次の言葉は、そのよい例である。「これが人間の為しうる限度である」（So weit sind's wir）*。このような考えの中には、「健全な身体《からだ》と健全な心」というギリシャ的な調和のある人間の成長の完璧さを示している——これは悲劇に裏うちされ、ソクラテスの死に裏うちされた調和であるのだが。また、キリストや聖フランシスの言葉の中に、最後の受難に裏うちされた愛の完璧さを見出すことができる。今日、私たちは技術的な、また体制的な完璧さが出現しているのを見ている。技術は人を星に運ぶことも可能にするが、また同時に人類絶滅の可能性をも準備している。全体として見ると、歴史は大なり小なり、ごく最近まで、これらの達成の喜びと、その裏にある内的な歪みや、受ける社会的な犠牲との間の力動的な関係を、エリートであれ、大衆であれ、明らかにしようとする意図も方法ももっていなかった。デモクラシーが世界中に広がり、一人ひとりの子どもが選ばれ、祝福されて生まれ、機会の均等が世界全体で保障されるという必要性が認められるとき、この歴史の機能と意識とは大きく変化するだろう。

ところで結論的に見ると、子どもと大人の間の発達の段階は、いわば世代の**形成**と**次世代**の再形成のシステムである。この体系の中に入り込み、また体系の中から出現するものがさまざまの社会的な態度である。これによって社会の制度や伝統に統一性や永続性が与えられる。

このように見ると、**基本的な人格的活力《ヴァーチュー》**と**体制化されたコミュニティの基本的なもの**が直接的に結びついているのである。つまり、（いろいろの理由はあるだろうが）、人が体制化されるのは、個々人の運命の展開とは、直

＊　ライナー・マリア・リルケ（一八七五–一九二六）。オーストリアの詩人。『ドゥイノ悲歌』は一九二二年。

接には結びつかない次世代の諸要求に応えることのできる蓄えをもち、さまざまの実際的な方法をつくりあげるためである。だから、信頼のおける母親的なものとなるためには、信頼のおける「世界」が必要である。また、これは女性のもつ宗教が、男性のもつ宗教と違った性質をもっているかもしれないところでもある。女性的な信仰の証《あかし》は、罪の赦《ゆる》しによって行為するという論理にあるというより、とくに、女性が信仰そのものによって、罪の意識なく、幼児に望みを与え、この新しい人間の子たちに、信頼感を根づかせることにある。

したがって、人格的強さというのは、**各世代の持続性と社会の構造**とを、同時に調整する全体的なプロセスに深く関係している。自我とは個体の中で、このようなプロセスを調整するものである。

さて、もう一度、「望み」を例にとってみよう。この不可欠な人格的活力《ヴァーチュー》の出現には、母親自身の幼児期における、母親の母との関係、そして当の母子関係と、子どもの誕生に意味を与える社会的な価値の三つの座標から見ることができる、ということは前に述べた。「望み」を考えるとき、これらはセットになっている。つまり、母親自身の過去、母親の母から、また自分が住んでいる文化全体から受けてきた「望み」は、次に引き継がれる願いや必要性を感じとっているのである。幼児は「望み」を植えつけられ、維持され、そして育てられると、自分のまわりの人たちに伝える力となる。しかし同時に、大人は幼児の望みを維持する一方で、社会によって確認され、守られる必要がある。それが宗教の儀式というかたちで与えられても、また他の人の親切な忠告というかたちで与えられても、またその両方で与えられても、欠くことはできない。「望み」が与えられると、自分の小さな確証だったものが、次第に変化して、大きく宇宙の秩序についての確実な信念となっていく。年を加えていくにつれ、自分の子どもや孫たちに、この信仰を（望みというかたちで）伝えることができるようになり、さらに同時に、信仰の伝統を残すために社会制度を維持したり、変更したりするのに貢献するようになっていく。

幼児の中で「望み」として生まれたものの成熟したかたちは信仰である。それは必ずしも、事実とか、理性とか、技術、科学、アイデンティかによらない高い次元での確信感である。例外として、このような信仰の確かさが技術、科学、アイデンティティの源と結びついた生き方となり、首尾一貫した世界観となっている場合もあるが。歴史を見ると、宗教が信仰の伝統的な形式を定め、儀式によって信仰を回復するということを独占してきたことは明らかである。宗教は実に見事に、人のもっとも子どもらしい要求の中に巧妙に入りこんでいる。そして全知全能の神の慈悲を受ける永遠の保障を与えるのみならず（正しく平安が与えられた場合のことだが）、霊験あらたかな言葉や、いろいろのしぐさ、心安らぐ音や、けだるい雰囲気をかもす香の匂いなどを与える――これらは幼児の世界に属するものである。このようなことから次のことも解釈できるだろう。宗教はその政治的な体制のため、人のもっとも幼児的な欲求を利用している、と。このようなことを宗教がおこなっていることは間違いないだろう。しかし、宗教の歴史的な機能をもっとも発揮しているときには、これと関連してはいるが、違ったもうひとつの役割をも果たしてきた。つまり、若者や、社会的な弱者に「望み」のある世界観を与えたいという大人の要求をすくい取った表現を与えてきた。ここで忘れてはならないが、宗教的な世界観は少なくとも、深刻な疎外――自己疎外と他者からの疎外――それはもっとも人間的なものであるが、それらをかなりの程度認識していたことである（これは精神分析の出現までは、急進的な合理主義が主張する以上にそうだった）。というのは、「望み」の基礎はあっても、避けることのできない疎外が、また、人生のはじめから生命を脅かすのであり、母や家族などから引き離されるという恐怖感、望みを失う可能性、認められて慈愛が与えられるようになるかどうかわからない不確かさに「直面している暗闇」などがあるからである。

「意志」は成熟して後に、衝動の統制をどれだけおこなうことができるかという自我の素質（disposition）となる。意志の力は他人の意志と協調して働き、衝動が力強く、すべての源泉となるようにしなければならない。たとえ、意図的に自制したり、すぐに従順に行動したりするとしてもそうである。このような公正さに「永続的」なかたちを与える制度が法律なのである。幼児期の始まりに、子どもたちの意志の訓練の背後にある公正さは、このようにして社会的な義務として個人によって受け継がれ、伝統的なものとして守り、またリーダーとそれに従う人たちの権利と義務、自発的な行為と強制的な行為などのバランスを支えている。その権威に対して、組織の人間は自分や他人の中に残っているわがままさの素質に従ってしまい、半分は願いながら、半分は怖れながら、自分に対しては、ある程度は無軌道さを許し、他方では、他人に対しては厳正な姿勢で監視しているのである。また法の権威者は解釈に従っていながら、日常の行動の中ではあいまいな決断をしたり、アンビバレントな態度をとったりする。このように制度もまた、過去からの影響を受けるのである。つまり、危機的な時期に、それまでの時代を経てできてきた「永続する」原理に頼ろうとしたり、また原理を将来の緊急事態に対応できるようにして、一連の法律をつくり変えたりするような、いわゆる系統発生的な過去の影響を受ける。そしてまた、すべての市民に共通する個体発生的な過去、ことに子ども時代や一貫性のないところでの「規則の訓練」といったものによって影響を受けるのである。子どもとして、公正さに敬意を払い、また正義を愛することを学び、また他人のわがままさを憎むことを学んだとしても、法というものは自我の強さにとって必要不可欠のものである。情動は、社会的な論理と同様に、権利と義務、禁止のバランスを維持するところに作用する。

ある世代が情熱をもって制度を新しくしようとする場合、常に二つの危険がある。第一に、自分の望みを与えてくれるもっとも根源的な関係を激しく求めているところでは、宗教の場合のように、個人としても妄想や薬物依存になって自分を見失う可能性があること。そのときには、生活上の倫理観を見失い、幻想的で麻薬的な約束事やむなしい空想状態に退行してしまう。第二は、個人としても、家の中での強いしつけの影響で「強迫的」になってしまう。つまり、内的なコントロールの機制にかかわるようなことに対して過度なコントロールをしたり、また関心を過度に示したりすると、成文化された法律は、守られなければならない精神を支配するために法律を用いて機械にしてしまう。これは「病的な」制度と言うこともできるが、それは単なる反復行動というところまで落ち込んでしまった適応の機制を特定する場合や、精神医学的な啓蒙そのものが社会を癒すことができるというような考えにとらわれたときにのみ言えることである。

そうだとすると、お互いの世代の問題をどう扱うのかというところから生まれてきた基本的な人格的活力《ヴァーチュー》と呼んできたものにも、そのような扱いを公式化し、保護する制度の中に、また対立する要素もありそうである。ひとつの人格的活力《ヴァーチュー》やひとつの制度の内部で、単純に対応するものを見つけることでなく、各個人のライフサイクルや制度の強さの中に生まれてくる人格的活力《ヴァーチュー》の間の相互的な活性化と再燃化（replenishment）ということを仮定してみよう。これをどんな方法によって実証するにしても、個人の諸々の活力の中の人格的活力《ヴァーチュー》と制度の精神の中にある活力は、同時に展開していくものであり、これらはひとつのものであり、同じ強さをもっている。

個人の特質としての信仰、公正さ、道徳的な目的性、学問的な効率を上げる力、イデオロギーへのうち込み、倫理的責任やクールな聡明さといった段階や人格的活力《ヴァーチュー》が、諸社会の諸制度の中に生命《いのち》となってとけこむのである。これらがなければ、制度はしぼんで枯渇してしまうだろう。しかしまた、はぐくみや愛情、訓育、しつけの仕方の底にゆきわたっている制度の精神がなければ、どんな人格的活力《ヴァーチュー》も続いていく世代から生まれてはこない。しかし、ここで述べている一つひとつの人格的活力《ヴァーチュー》や一つひとつの制度、たとえば教会、法廷、経済企業体などに一対一の対応があるわけではない。

これまで見てきたことから、いまのところ詳細にわたっての組織的な接近はできないが、大きな領域については一応の結論を下すことができると思う。一般的に言って、ここで述べたような「展望的な見方」からすると、少なくとも私たちはどこを歩いているかを明らかにすることはできるだろう。「精神病理学から集めた資料を、正常心理学へ貢献」しようとする理論というものは、成人の目で見た子どもの観察によって補われ、他のエネルギー概念とリビード論によって補充され、社会制度の本質を十分に見通した自我概念によって強固なものにされねばならないことに疑問の余地はない。

しかしながら、人格的強さに関する基本的な図式をつくるのに、人格的活力《ヴァーチュー》の反対の特性を無視していることには、いろいろの批判を受けるかもしれない。ただいい加減に基準をつくりあげて、英雄なのか、反抗しているだけなのか、禁欲主義の独身か、ただ何となく独身になったのか、などの区別がつかなくなるという批判を受けるかもしれない。しかし、生活のプロセスは常に、自分の洞察や問題を克服した経験、人生に対する期待によって、心地よく処理できるものではなく、常にもっと大きな多様性を生んでいくものである。だから諸条件の多様性に対しても人の反応はなされていくだろう。社会的・発達的な変化の諸々の過程の中で、自分に忠実な個人主義者や社会的規範からの逸脱者や、その反対に、何にでも従う順応者に、長い目で見た意味づけをすることができる。実際に、本物の**適応**とは、「状況」に順応することを拒否し、心理社会的な発達やすべての制度をなくさないで、**まとまり《ホールネス》を回復する力**を生み出そうとするような、誠実な反抗をする者の援助によって維持されているのである。カミュが信仰とは罪であると言うとき、再び生命《いのち》を取り戻したいということと、幼児であれば仕方がないことだとしても、決して妥協をすることなく、信仰に生き、信仰を取り戻すことに関心《ケア》があるのだという信念を、文学のかたちで、また文脈として表明したのである。

ところで私たちは、歴史上のどんな時点にいるのだろうか。

今日、共通の技術によって、人類ははじめてバラバラの部族でなく、単一の種としての人類が、地球や「地球外の宇宙」という基盤をもとに存在しているのだ、ということを心に描くことができるようになった。歴史の本質もいまや変わろうとしている。これまでのように、ただ有力な文明の高度な成就や消失、またひとつの文化が他文化を征服・支配した記録というかたちではなくなるだろう。互いに協力して生き延びるためには、新しく発達し、また過度に発達した社会体制やアイデンティティにふさわしい新しい倫理をうち立てることが求められる。完璧さについても、これまでのように道徳的な完璧主義の支配からの単なる妥協ではなく、より一層普遍的な基準が、人の内的世界と外界とをもっと現実的に調和させることになるだろう。そして世代のすべての潜在能力に対する個人の責任と、おのおのの個人自身の責任と、個人に対する世代の責任が認識されるようになり、今日の倫理的体系より、もっと理解されたかたちで受けいれられるようになるだろう。

これまで見てきたように、自我が生涯にわたってお互いに関係し合いながら、生きているすべての人の人格的な強さが相互に保障されるときにのみ人は強くなることができるだろう。だから、その個人のただ一度の生涯の中で、自我の限界を超える機会に遭遇するということも、世代の連続性に十分に参与してつくりあげてきた能力に深く関係している。これまで私たちは、日常生活の不思議さについての研究を基本的な人格的活力《ヴァーチュー》の出現の過程として記述する努力をしてきた。これらの研究は、自分の将来においてかかわっていく過程を評価する上で欠くことのできないものであり、またこれから働くことになる事柄を評価し、自分が頼りにすることのできる人格的な強さを評価しておかねばならないのである。そのようにしてまた、自分の将来の展望に統一的な方向を得ていこうと努力をするのである。

第5章　心理的現実と歴史的かかわり関与性

洞察についての焦点が変わるときにはいつも、伝統的な概念は、その使用を一時休止して再吟味をする必要がある。次の二つの講演は、古い概念的なディレンマを専門家の集まりに提出して、再吟味したものである。だから、この論文の読者には、幾つかの引用される文献については、フロイトの著書について十分に知っていることを前提としている。本講演は一九六一年ニューヨークでのアメリカ精神分析学会の日曜総会に提出されたものである。*

1　自我とかかわり関与性

私が精神分析の訓練を受けていたころに神秘的な印象を受けた話のひとつに、次のようなものがあった。フロイトが精神分析を創始する前の話に、ある夜のレセプションでシャルコー教授（J. Charcot）が女性のヒステリーについて冗談を言っている中で、次のように言うところがある。「突然、生き生きした顔で言う。『しかし、そのような場合、いつだって性器に関する問題なのだよ……きっと……きっと……きっと』と。これを聞いた瞬間の私は、驚いて身動きできないほどであった。そして思ったものだった。『それをわかっているなら、どうして話さないの

＊　本章は力のこもった論文であると共に、エリクソンはフロイトの原著に戻って論を展開している。英訳されているフロイトの文章の意味を、原著のドイツ語に戻って吟味する。したがって、訳としても、ドイツ語と英語の両方を文中に入れた。やや煩雑になった感じもある。しかし、吟味するには大事と考えて、あえてドイツ語、英語をそのままに入れた。

だろうか』と。しかし、印象はやがて忘れられてしまった。そして私は脳解剖学にのめり込んでいった」[1]。

その後、精神分析の花は開いたが、あの夜のレセプションで語られないままだったのは、性的なものではなかった。大きな革新の後継者は二重の重荷を負わねばならない。第一に、精神分析の創始者が、孤独のうちにおこなったことを共同でしなければならない。第二に、成功からくる慣れに安住せず、前に進み続けなければならない。これまで私たちは何を知りえたか、シャルコー教授のように、ときには「顔を輝かせて」、発見のときの喜びを語ることができるかを自分に問わねばならない。

その中のひとつで私が語ることのできるのは、人格的な強さについての知識である。精神分析家が（ここにいる私たちも含めてだが）、プライベートな会話や臨床的会合の息抜きの合間などで、患者の立ち直りの事実を、ある種の驚きの気持ちをこめて話すのをこれまでよく耳にすることがあった。このような事実は分類するのがなかなか難しい。というのは、こんな話が出てくるのは、「精神分析の世界の外」での、思いがけない出会いの中でのものであり、また構えて理論的な論議をしている場でないようなときに出てくるものだからである。

最近、小さな会合でアンナ・フロイト（Anna Freud）が述べたことがある。自分が愛されていると感じはじめた子どもは、本当にずっと美しくなる、と。*するとと、参加している人が冗談半分に言った。それじゃ、リビードがひとりの人からもうひとりの人へ「乗り移った」のかな、と。ともかく、現在の私たちの内的な心理・経済論的な理論（psychic economy）は、どんなエネルギーが人に流れて表情を変え、またいわば人の生活の緊張状態をどのように高めるかについては何ひとつ教えてはくれない。これと同じディレンマについて、オーデン（W. H. Auden）が書評の中で述べている。[2] 精神分析家にとって行動（behavior）に比べて、行為（deed）を概念化するのは大変難しい、と。これを（拡大解釈して言うと）、臨床的に分離して研究できるような型にはまった私的な行動とは違った、多くの人との交わりの中に見られる、印象的なニュアンスの違いを示す活動を識別することが難しいということである。これは精神分析の本質的な制約だろうか。私たちが人を概念的にとらえることができるのは、急性の内的な混乱のためにバランスを崩したとき、つまり「自分の活力がその人から抜けてしまい」、その結果、一時的に療養したり、もう一度自分を取り戻す準備をしたりしているような状態のときだけなのだろうか。

正直なところ、話を進めていって、この制約を確かに越えられることを示すことができるかどうかわからない。幾つかの角度から見て、私は次のような印象をもっている。つまり、現実（reality）に関する概念化が、しばしば生半可で漠然としているので、適応的な行動や生産的な行動の重要な特徴が、自我の強さの中心的な現象とどのように関係しているかを説明することができなかったのではないだろうか。

現実の認識とか、現実への適応と言う場合、普通には一体何を意味しているのだろうか。ハルトマン（H. Hartmann）は現実原則を次のように定義している。「現実原則とは適応的な仕方で……対象や状態の**現実的な特性**を考慮する傾向のことである」[3]。次に、現実という用語の精神分析的な用法については、ローワルド（H. Loewald）が最近述べている。つまり、「**外界に実際に存在している**物の世界である」と[4]。現実に関するフロイトの基準は、（ハルトマンは批判的でなく指摘しているのだが）次のようなものである。「現実の基準は、科学の基準、もっと正確に言うと、科学の中にもっとも明確に表現されているものである……これは**一定の方法によって証明されるもの**を『客観的な』ものであるとする」。強調点は筆者だが、右の表現の中には、はっきりと次のようなことが述べられている。つまり、精神分析的な基本の構造からして、「あるがまま」、つまり合理的な目に映るままに、諸事実や諸動機を認知するように援助して、その人の適応を促進させる試みである。しかし、ハルトマンはまた、このような合理主義を適用するには制約があることを明らかにして、次のように述べている。「客観的な洞察の程度とそれに対応する行動の順応の程度との間には、単純な相関はない」[5]。実際、極端な合理主

＊　日本でも、女性は恋をすると美しくなる、皮膚に艶が出るなどと言ったりする。

義は極端な考えになって、どの足を前に出すか、慎重に観察するように言われて、全く動きがとれなくなったムカデのディレンマに私たちを追い込む可能性がある。ハルトマンのこれらに関する研究が思考、注意、判断の考察から生まれて、活動（action）の研究に進んだのだとすれば、現実の概念を拡大したことは間違いないとしても、現実についての精神分析的な先入観の伝統を忠実にひき継いでいるのである。このような考えには、「現実と**関係をもって**行動する」[6]、「現実と**対応した**行動」[7]、「**外の世界**で行動する」[8]といった用語が一括されて紛れ込んでいる（強調点は筆者）。私たちは通常、「外界」を人の環境であると慣習的に見なし、日常の覚醒した状態で大部分を占めている直感的・行動的な参加の世界は、まだ理論的な考察の対象になっていない。しかし、この用語は、その他のどの用語よりも、私たちの人間像に対して、これまで押しつけられてきたデカルト流の拘束衣を着せられて全く動きのとれない人間像を示している。私たちの仲間のいろいろの本にもあるが、水平になって考えるときに――仰向けに寝かされた赤ん坊か、寝椅子に横になっている患者のように――あるいはまた、デカルトのように、広大な世界について熟考するのに、自分のベッドを持ち出したりするように水平的に思考する、というのに似ている。

　この動きのとれない拘束衣から解放されるためには、不明瞭な意味内容をもつ英語の**現実**《リアリティ》（reality）の概念から、直接の接触と相互作用の中で確かめることのできる**かかわり関与**《アクチュアリティ》（actuality）の世界とを別々にしなければならないと私は思う。フロイトが使用した用語のドイツ語の**現実**レアリテート（Realität）で、しばしば意味した現実ヴィルクリッヒカイト（Wirklichkeit）という語は、活動と作用ヴィルクング（Wirkung）と**現実**レアリテート（Realität）と結びついた言葉である。メタ心理学に関するフロイトの幾つかの論文の中で、「現実性に関する吟味と**直接性に関する吟味**（強調点は筆者）を区別した論文を後に書く」という脚注が実際にある。[9]英語で「直接性（immediacy）」と訳されているのは、フロイトの用語ではかかわり的な関与アクチュアリテート（Actualität）という言葉である。**英文定訳**の『フロイト全集』の編者は、これについて何も言っていないので、先に引用した脚注は「紛失した論文へのもうひとつの言及」かもしれない。*

私は何十年も昔のフロイトの心の中に、どのような区別がつけられていたかを憶測したいのではない。私がしたいのは、これを今日の時点で考えたものを述べてみたいということにすぎない。「かかわり関与《アクチュアリティ》」という用語は、大きな辞書を使うか、小さな辞書を使うかでその意味が大きく違ってくる。小さな辞書になるほど「関与《アクチュアル》」が「現実《リアル》」と同じ意味になる。「関与《アクチュアル》」はただ、現象的な現実と同じになる。しかし言葉の語源的には、関与《アクチュアル》は実際にかかわっている状態、現在の状態、現在に動いている状態、直接に存在している状態ということから現実という言葉を裏づけている。この意味がもっとも生かされるのは、「精神的に活性化する《アクティヴェイト》」とか、「精神的に関与する《アクチュエイト》」というように、動詞のかたちをとったときである。と言うのは、精神的にかかわるものが「動きを伝え」、「前向きに人間的な価値を生み出す」からである。

私は、ある場合には同義に用いられたり、また対立的に用いられたりしている現実《リアリティ》（reality）とかかわり関与性《アクチュアリティ》（actuality）の言語学的な差異を明らかにして、精神分析的な方法によって正しい位置づけをしたい。精神分析的な意味で用いられる**現象的な現実**（phenomenal reality）は、知覚的な歪みや妄想とは別のものである。またかかわり関与《アクチュアリティ》として使われている現実の意味は、防衛的、または攻撃的「行動化」とは関係がない（関係がないようにしなければならない）。**現実《リアリティ》**とは（繰り返すが）現象的な経験の世界である。それは現在の到達できている技術と文化のレベルにおいて、合意できる限りで最小の歪み、そして最大の妥当性をもって知覚されたものである。これに対して、**かかわり関与《アクチュアリティ》**とは、参加（participation）の世界である。そこは最小の防衛的態度と最大の相互的な活性化を可能にする他者との交わりの世界である。

相互的な活性化（mutual activation）は、この問題の中核である。というのは、自我の強さは相互的な影響の

＊　以下に、この二つの単語、現実（reality）とかかわり関与（actuality）についての重要な考えが展開する。

働き合いによって決まるからである。現実吟味のあらゆる方法を用いながら、おのおの発達段階の中で、他人によって動かされながら、また同時に他人を動かすという相互に影響を受けるネットワークがある。このネットワークの網の目の中で、自分の個性によって他人を活性化しながら、同時に「他人の個性によって自分が鼓舞される」のである。これが**自我のかかわり関与性**《エゴ・アクチュアリティ》である。これらは大部分が前意識的、無意識的なものであり、個人の内部を精神分析的な方法によって研究しなければ明らかにすることができない。また、諸々のかかわり関与《アクチュアリティ》というのは、諸々の現実と同様に、ほかの人と分け持たれている。だから、同年齢のグループの人は、ほぼ似たような能力と機会をもっている。年齢の違うグループはまた、互いの補完的な自我の強さを相互的に活性化しながらつながり合っている。このように「外的」な諸条件と「内的」な状態についての研究が重なり合い、ひとつに交わる。だから、かかわり関与《アクチュアリティ》というのは、個人の**発達の段階**と**個人の境遇**、そして**歴史的・政治的な過程**の三つによって決まる、ということができる。次に私が話したいのも、これら三つの事柄についてである。

活性化《アクティヴェーション》（activation）の概念は、デヴィッド・ラパポート（D. Rappaport）が晩年に抱いていた大きな関心である。彼は論文の中で、自我の能動性と受動性を理論化するため、「能動性《アクティヴィティ》（activity）」と「受動性《パッシヴィティ》（passivity）」の用語法の混乱を整理している。自我の能動的《アクティヴ》な状態は統合的な行動を生み、その一方で自我の受動《パッシヴ》的な状態は「衝動に支配されて無力になっており」「統制が麻痺している状態」である。[10] ここでは受動性という用語は別の現象を説明するのに残しておき、自我を危険にさらす本質的な状態については、自我の**不活性化**（inactivation）と呼ぶ方がよいのではないかと思う。その理由は、受動性は能動的な適応でもありえるが、不活性化は間違いなく麻痺状態をひき起こすからである。それはともかく、単に現実と妥協する道を探すというだけでなく、いろいろの関与的なかかわりの中に選択的に参加することによって、能動的な状態を維持するのは自我の本来的な性質である。

この時点でようやく、子どもの精神分析において問題となった点を組織的に明らかにすることができるだろう。それは子どもの患者の「分析可能性」という観点からだけではなく、かかわり関与《アクチュアリティ》の中で能動的な自我の緊張力をもう一度築く機会という観点から、子どもの適応の可能性、治療技法の可能性を評価するという問題でもある。その理由は、精神発達のそれぞれの段階には、その段階の特有の緊急に解決しなければならない切迫した問題があるからだ。また、その発達の段階というのは、過去と未来との混ざり合った新しいまとまりのかたち《コンフィギュレーション》であり、衝動と防衛との新しい組み合わせであり、また、新しい課題を解決し、機会を利用するために、ふさわしい能力の組み合わせであり、重要な人との新しい、また拡大した出会いの場でもあるからだ。どの年齢層であっても、本当に回復しつつある患者は、仲間を認め、そのお返しとして自分が認められるように力を使わねばならない。そしてまた、自分が働きかけると、お返しに相手から自分が活性化させられるような人に、活性化の要求を向けなければならない。これをシェークスピアは（『トロイラスとクレシダ』の中で）、次のように言っている。人は……

他人をまたないと、自分のもちものを、本当に
己の持ちものとして誇ることも、また、
感じることも不可能である。たとえば、
その人の美徳が他人の上に輝き
他人を温めると、暖められた人々は、その熱を
ふたたび本人のもとに返すように

（シェークスピア、三神勲訳『トロイラスとクレシダ』全集七巻、筑摩書房）

発達的なかかわり関与性《デヴェロープメンタル・アクチュアリティ》を定義する前に、この問題にふさわしい臨床的な事例を示したい。それはドーラの症

例である。ドーラがフロイトから求めていたのは何であったかという、私たちが一度は考えさせられた問題である。(11)

私たちが自分の言いたいことをはっきりさせたいと模索しているときに、フロイトの事例や夢を用いるのには、明らかに実際的な理由がある。それは私たちがその資料を十分に知っているからだ。その上、フロイトが記述している臨床の素材には、幾世代にもわたって検討に値する価値のある資料を発見することがあるからである。もちろん、フロイトは出版するにあたって、資料を取捨選択し、変更している。そのために再解釈を難しくしていることは考えておかねばならない。けれども、フロイトの事例研究は繰り返し調べてみると、彼にとっては些細な事柄であっても、高度な心理学的な適切さと質の高さをもったものだという印象を強く受ける。フロイトは自分がいまどこにいるのか、どれほど進んできたかを、いつも明らかにしていた。だから、ドーラの事例の報告の最後に、「彼女がどんな助けを求めていたのか、よくわからない」と専門的な論文ではあまり見られないようなことまであからさまに書いている。

ご存知のように、ドーラはわずか三カ月しか続かなかった治療面接を中断したが、一年後、再びフロイトを訪ねている。その時、ドーラは二〇歳だった。「自分の話を終わりにして、またもう一度助けを求めたい」とやってきたのだった。しかしそこで彼女の述べたことは、フロイトの気に入らなかった。フロイトのところに来なかった間に、彼女は関係しているすべての人たちが否定する、いかがわしい出来事を家族に突きつけ（これについては後述する）、家族の欺瞞と秘密を認めろと迫っていたのだった。フロイトは、このような強制的な直面化は復讐の行為であり、フロイトが患者に得てもらいたいと努力してきたような洞察とは違うものだと考えた。これらの出来事が彼女の病をひき起こしたことがわかっているのなら、その洞察によって、復讐ではなく、健康を得ていくのが彼女の責任である、と。フロイトは面接が終わって、「彼女の救いを求める気持ちは真正なものではない」と確信する。そしてフロイトはドーラにはっきりと伝えた。「あなたはもっと根本的な治療を受けて、満足を得られるような治療者を求めてはいませんね」。理解の鋭いドーラは、自分が「本気でない」と判断されたのは、自分の不誠実さだと受け取った。後年、実際に――ドーラが中年になって、最初の治療から長い年月を経た時点で――フェリックス・ドイチュ博士が彼女の相談を受ける。そのときのドーラは――一般の臨床の文献に見られるような――かなり重症のパーソナリティ障害であった。[12] 私たちが興味をひかれるのは、若いドーラについてのフロイトの最初の記録には、「まさに若さの花が開き、知性と熱意の眼差しをもった若い女性」とあることである。実際に「性格の変化」が、彼女の病の長く続いている特徴になったのだとすると、このような変化を、ドーラが治療の中断のせいにするということは十分にありうる。

ドーラとの治療の断片的な記録は、ヒステリーの構造と発生に関する古典的な分析となっている。フロイトの研究法と報告のはじめの意図は、当時の生理学的な研究者としての職業的アイデンティティから来ていることは明らかである。つまり、フロイトの臨床的方法は、精緻ですっきりした実験的研究と似たものと考えていた。論文は「神経症的な障害の詳細な構造」に焦点がおかれている――構造というのは、神経症の起源についての再構成であり、エネルギー、つまり「興奮の量」の探索をすることである。フロイトの時代の有力な物理学的な考え方によると、エネルギー、つまり興奮の量が症状へと「変容《トランスミュート》」したものであった。耐えきれない興奮がドーラの症状へと「変容《トランスミュート》」することについては、既婚者であるK氏の二度にわたる誘惑という外傷的な性的体験を述べておかねばならないだろう。ドーラが十四歳のとき、K氏は彼女に一度目のキスをしている。状況から見ると、本格的に誘惑する手筈が整っていたようである。二度目は、彼女の十六歳のとき、アルプス山系のある湖で、彼女に突然言い寄っている。彼女は二度とも、K氏を拒否している。しかし、彼女の興奮と不快感が強すぎて、ヒステリー症状になったのだという。フロイトの分析によって、その出来事の中でドーラが当時体験した、これらの感覚、感情、思考にたどりついたのである。これがフロイトの方法であった。しかし、臨床的にいかに生き生きと具体的に描くかということは、ドーラが何を、どの程度、フロイトから期待していたかということとつながっている。「彼女の一部として動き……彼女に温かい個人的な関心を向けた」ことが、実際にどの程度、ドーラの助けになったかがよくわからなかったと、フロイトは述べている。やがてフロイトは、精神分析の方法の中に、対人関係的な距離があることがわかった。けれども、どんな患者の要求も、フロイトの研究者としての統合性と真理に尽くす心を打ち砕くことはできなかった。これこそ、フロイトが患者に対して示す敬意についての**彼自身の基準**だったのである。

この真実性の基準に、患者が従うことができないのは、抑圧された衝動が作用しているからだとフロイトは言っている。ドーラの場合もある種の真実を彼女が求めていたことを、フロイトも十分に気づいていた。フロイトは次のような事実を記述している。「自分が病気になった状況は、自分がただ単につくりあげた空想にすぎないと思われるかもしれないという考えで、気がおかしくなりそうになっており」、「彼女に対して、私が率直であるかどうかをしつっこく確かめようとしていた」。実際のところ、すべて年上の人は共謀して自分を陥れるかもしれないという疑いを、彼女がもったとしても決しておかしくはない。というのは、彼女の父までが、「分別をもつようにしてほしい」と、彼女をフロイトのところに連れてきているではないか。フロイトは、K氏からの誘惑について、彼女に話をやめさせるようにしてほしいと、父に要求されていたのだった。ドーラの父もまた、これを望んでいた――ここで家族の中で起こっていた性的な物々交換についてのドーラの疑いを問題にしなければならないだろう――というのは、K氏の夫人はドーラの父が関係をもっていた女性であった。だから自分の身辺に波風さえ立たないなら、K氏が娘のドーラに言い寄っても黙っておこうとした様子が見られるからである。

ドーラがK氏を好きだったことには疑問の余地はなかった。フロイトもK氏が魅力的だと認めている。しかし、現在の時点で考えてみると、若い健康な女性なら、このような状況で、K氏の接近は「こだわりのない、優しさ」だと思っただろう、というフロイトの主張には、ついていけない人が多いのではないだろうか。ドーラの病的な反応と重篤さが、その時代で見られるヒステリー反応をひき起こした。しかし、病へ逃げ込みたい意思、健康回復への意志が欠けている、という二つの問題は、今日からすると発達的な考察が必要となるだろう。またフロイトのおこなった分析の中心になった性的な葛藤を超えて（含んでいるが）、もう一歩先へ進んだ考察が求められるだろう。

すでに指摘したように、ドーラは事実を認めさせたいということと共に、過去にあった歴史的な真実を、治療者と共に確認したいと思っていた。一方、フロイトは歴史的な事実の背後にある、心理的な現実を見るように要求していたということを、フロイトの報告書は示している。というのは、フロイトの見解では、愛と憎しみの葛藤こそ、ドーラの症状の特質を説明することができるものだからである。また同時に、彼女は治療関係の中で、フロイトに「誠実」であってほしいと願っていた。つまり、父や誘惑者のK氏の言うことではなく、ドーラ自身の言うことを信じて、自分に対して信頼をもってほしいと願っていた。これに対して医師フロイトが彼自身の研究的な情熱をもって彼女に信頼を示したことは、ある程度は彼女を満足させただろう。だから、もう一度フロイトのところに帰ってきたのである。しかし、それならどうして歴史的な真実にこだわって、彼女が両親と言い争っていることがフロイトを驚かせるのだろうか。

行動にこだわるドーラの主張は、今日から見ても「行動化」として印象的なものだろう。フロイトにとっては、患者が症状から立ち直り、長く続く回復をすることができるのは、自分自身の無意識をこれまでより深く理解ができたときであるということができる。理解というのは、いろいろの出来事の「現実」とそれに対する彼女の反応の「現実」という、二つの「現実」を理解することである。というのは、この二つとも現実には手助けすることはできないのだから。心理的な現実から離れて、自分が犠牲となったことを歴史的に証明する方向へ逃避してしまうのは安易すぎるからである。しかし、厳密に言えば、このような洞察をしっかりと利用することができるのは、「成熟した自我」から得られた洞察の場合に限られる。ドーラの神経症は、まだ青年期の発達的な危機に根差しているものだった。だから今日から見ると、患者が歴史的な真実に強くこだわっているのは、単に内的な真実に直面することへの抵抗なのか、あるいはまた、おかれている特別の状況の中で追いつめられていて治療的な配慮を必要とする、彼女の精神発達的な段階からくる特有な適応的な行動パターンなのか、ということが問題となる。というのは、精神発達のおのおのの段階での「行動化」と思われるものは、未熟なやり方だとしても、自我によって互いに確かめ合う適応的なものでもあるからだ。さらに、青年から成人前期の間の時期に、「真実」の追求がなされるのは、自我の適応力にとって応急の処置として適応的な行動でもあるとも考えられるからである。

もちろん、若者は真実に対して突然、情熱的な没頭をいろいろな仕方で示すことがある。倒錯や強迫、変わりやすさや自己欺瞞など。このいずれもがアンナ・フロイトの言う意味で防衛的なものである。しかし、徐々に適切な課題を取り上げ、これに生産的にコミットしていくようになる。彼らはまた、人や方法に対して述べたアイデアの正確さや、正直さを重視し、また真正さや純粋さ、公正さを重視する。さらに人間的な信頼感を重視し、方法やアイデアの信頼性を重視することもある。私はいろいろのところで、情熱的にコミットをするこれらのこだわりの本質を、忠誠を「尽くす心《フィデリティ》」という用語で述べてきた。青年期において見られるように、これらの新しい激しい衝動は、社会から承認されたかたちで表現されねばならない。でなかったら、あいまいなかたちになってしまう。同じように、悪性の退行は防止しなければならないのと同じく、「尽くす心《フィデリティ》」を生み、そして成熟させるのは、この時期の自我にとってもっとも大事で、なくてはならないものである——社会の若返りのためにも、思想・イデオロギーに賭けるというかたちの若者独自の忠誠を「尽くす心《フィデリティ》」の刺激を、「確かめの行為(confirmation)」というかたちで必要としている。

ピアジェ（J. Piaget）とインヘルダー（H. Inhelder）は、実験的方法で青年期の思考過程を研究してきた。(13) そして青年期において、「仮説的思考」と「演繹的思考」様式の成熟があることを見出している。つまり、青年は手元にある材料を扱う前に、青年期の前期なら少し躊躇しながらおこなうところを、出てくる結果について、待って考え、結果を待ち、さらに実験の後には、出てきた結果の背後にある正しい理由を推し測ろうとする。この能力が青年期の後期に、さらに**歴史的展望**の発達の土台になると思われる。この歴史的展望は、過去に起こる可能性のあった出来事について想像的思考を働かせる。同時に、広い可能性の中から、選択の余地をしぼって関心を深めていく。その結果、あれかこれかの「全体主義的な《トータリスティック》」追求となってしまうこともしばしば起こる。また同時に、若者は希望のない決定論の危険にとらわれることもある。これは取り消しのできない幼児的な同一化からくるものであったり、また根深い隠された罪責感によるものであったり、あるいはまた社会的に「行き詰まった」状況によってかきたてられたものであったりする。さまざまの緊急事態の要求はイデオロギー的になり、ただ単なる知的な接近を拒否するようになる。このようであるから、青年期についてのひとつの考えが、決定的な運命論のようになってしまうことがある。完全な運命論が行きわたっているようなところでは、大義を求める要求は（政治的な）イデオロギーの追求となり、ただ単に知的な接近をしてみるということが許されないようになる。だから、私たちが若者に対して単にひとつの解釈にすぎないと考えているものが、簡単に決定的な運命の宣告となってしまうのである。だから、ドーラのような患者は、歴史的な真実を確かめるというところに病の内的な意味を知ろうとするのである。そしてまだ決まってもいない将来の自由な機会を、変えることのできないものにしてしまうのである。

精神発達のどの時期においても、特有の認知的な発達をしていることは、ただ知的な訓練の問題ではない。というのは、これらの発達は、生涯を通して変化する新しい行動様式の一部分だからである。精神病理の面からすると、精神病質的な回避や精神病的な否認*は、青年期の歴史的な展望がしっかりできあがっていないと見られないことがわかっている。後戻りはできないという歴史的な真実の本質をわかっている者だけが、病理に挑戦する

＊ denial：外傷的な経験の感覚をひき起こし、さらに苦痛な知覚や経験をするようなものを意識から排除する心の働き。

ことができるし、また挑戦をやめてしまうこともできる。

若者の中心的な関心が忠誠を「尽くす心《フィデリティ》」であるとすれば、ドーラの例は運命的に倒錯した「尽くす心《フィデリティ》」の典型的な例であろう。生育史をちょっと見直しただけで、ドーラが複雑な性的な**不倫**（sexual infidelity）と**背信**（perfidy）を目の前で体験していることがわかる。一方、関係者である人々――父、母、K氏、K夫人――は、自分たちの不倫をごまかすために、ドーラを自分たちの**味方**に引き入れ、青年期にあるドーラには、とても支え切れない虚々実々な話を彼女にする（さらに、これは彼女の倒錯した挑発も一因となっていることも明らかである）。フェリックス・ドイチュの報告によると、中年になったドーラが依然として、自分の父や夫、息子が不倫をするのではないかという観念に悩み、周囲を混乱させてしまっているということは興味深いことである。しかし、ドーラの症例はウィーン市民のブルジョワ階級に見られる典型的な不倫にすぎない、というフロイトの社会批評に、私が同意していると思われるといけないので、一言つけ加えておきたい。それは、青年期後期の特徴として、また病的なかたちの「尽くす心《フィデリティ》」の倒錯の症例は、他の多くの社会にも、また別のいろいろの時代にも見られることである。しかし、ドーラがおかれていた場所と時代の社会的・文化的条件が、彼女のとるべき社会的な役割の混乱を招いたことは確かだ、ということもつけ加えておかねばならない。ひとりの**女性**として、ドーラは成長の機会がなかった。少女時代の彼女の中心的なアイデンティティは、**知的な女性**というイメージである。これは彼女の早熟な知性の高さをほめる父によって支えられていた。一方、その時代の男性優位の風潮の中で、彼女の兄が男だからというだけで、彼女より高い位置にあることは、彼女のアイデンティティの感覚を傷つけた。彼フロイトが最後に会ったとき、ドーラは上流階級の若い女性が出席できる夜間学級に熱心に通っていた。社会的に**疎外された**女性という否定的アイデンティティ（その時代に顕著だったもの）を、彼女は病気によって明らかに隠ぺいしようとしている。K氏はドーラを湖で誘惑しようとして、家政婦には以前に言って成功した同じ手口を使う。自分の妻が不満のため離れてしまったのだ、と。（ところが、家政婦はこのことをドーラに以前に告白していたのだった）。ドーラは自分の母親との関係でつくられる「主婦神経症*」といった不利なアイデンティティを克服するために、自分を導いてくれる人のように思ってＫ夫人に積極的に近づいていた。Ｋ夫人と一緒に読書したり、子どもの世話をしたりしている。フロイトは、ドーラのＫ夫人に対する関係を基本的にはアンビバレントな同性愛的なものと見ている。それはともかく、自分の母親の落ち込んでいる「主婦神経症」からの逃げ道は、ドーラにはなかった。実際、ドーラは「患者アイデンティティ」と、自分の母親の「主婦神経症」の断片とを混ぜ合わせていたと私は言いたい。というのは、病をもった患者であることが、若い人にもっとも意味のある状況では、アイデンティティの形成の過程で、これらが中心的で長続きのする主題となり、これを手放さないようになることを、私たちは今日、よく知っているからである。実際、フェリックス・ドイチュの報告にあるように、中年のドーラは「人の気をひくような態度でよく喋り……そんなときには、自分の病気のことを忘れ……自分が有名な症例として記載されていることに大きなプライドを示した……」。病が良くならなくても、有名な患者になったことは、この女性にとって永続性のある肯定的なアイデンティティの要素となっていたのだった。その意味ではフロイトに信頼をもっていたと言えよう。

右の考察は、結局のところ、治療関係そのものの問題とつながってくる。その頃、フロイトは転移の奇妙な力を感じるようになり、これを自分の経験のエビデンスの中で確かめていた。今日、私たちはそれ以上先へ進むことができるだろう。このもっとも基本的な治療関係での結びつきは、患者が分析家を「新しい対象」として関係づけていることと相補の関係にあることがわかっている。ローワルドの論文は、この点についてもっとはっきりと理論化している。この考えは治療的なかかわりの中で現実吟味の役割を論じようとしている私の考えを先取りしている。[14] 特に青年期の患者は、治療者を指導者《メンター》として選び、働きかける。たとえ治療者が臨床的レベルで自分

＊　社交的な行動ができず、家事のみに集中している主婦。中・上流階級にとって、これは精神の病気と見なされていた。

の信念や役割について伝えても、同じことである。もちろん、患者が要求したからといって、その通りに「患者の一部を演じる」必要はない。フロイトがはっきりと拒否したのは、このことだった。本物の指導者《メンター》ということは、感情的な同情を示すといった見せかけの行動とは全く違い、その表現にしても、やり方にしても、常に治療体系の一部なのである。「人間的な」敬意や個人的な友情、親の愛などに反対する治療者はいない。そのような教師もいない。しかし、ここで明らかにしたいことは、青年期のもつかかわり関与《アクチュアリティ》ということを前提にして描いている中で、心理療法家の役割は何かをはっきりと認識しなければならないということである。

ドーラはフロイトから何を求めていたかという問いを手掛かりにして、右に述べた青年期の患者におけるかかわり関与《アクチュアリティ》の本質的な側面に、私たちはかなり近づいてきた。過去の真実を確認し、他の人と共有することは、子どもっぽい復讐を超えた要求であったかもしれない。名指しで年配の世代の人たちの不倫を取り上げることは、自分らしい忠誠を「尽くす心《フィデリティ》」を確立する前に、ドーラがどうしても一度はやっておかねばならなかったことだっただろう。あの時代の、あの社会階層の若い女性として、自分の一連のアイデンティティを確立するには、心理的な現実についての洞察をうまく取り扱えるようになる以前に、やっておかねばならないことだった。しかし一方、たとえドーラが、この一貫して変わらない医師の態度の中に、もうひとりの誘惑者を感じたとしても、あるいは批判的な権威者を感じたとしても、お互いに信じ合える相手であるという確信は、転移に耐えるひとつの条件だったと言えるだろう。

これらの問題以前に、ここでは治療の緊急事態の一般的な問題に直面させられている。ある程度の「**行動化**」と「**年齢特有の行動**」の重なり合った状態は、どんな年齢の患者にも見られることである。また、すべての患者は、とくに回復しつつある自我は、治療のある時期、これまで全く使わないまま長い間抑えられた行動の羽根を伸ばす試みをしなければならない時期に達する。この点は児童の分析では、ある程度認められているが、かなり長期の治療を受けている患者の場合には、年齢を問わず「現実に対する抵抗」をすべて解消するという目標ははっきりもっているものの、その大事な試みの時期をしばしば見失うことがある。しかし、このような普段の繰り返しの主張は、自我のかかわり関与《アクチュアリティ》を曖昧にすることはないのだろうか。また大事な臨床の場において観察をすることができるだろうか。

私は少し前に、忠誠を「尽くす心《フィデリティ》」について述べ、これを青年期の段階で成熟する一般的な特性だと考えていると述べた。別のところでは、この特性を基本的な人格的活力《ヴァーチュー》と名づけた。以下に、ひとりの精神分析家が、このような用語を用いたくなった考えについて少し述べてみたい。

「人格的活力《ヴァーチュー》」という用語は、これまで違った価値体系の中で、目的に応じて使われてきた。ローマ人たちは、人を人らしくするという意味で用いた。キリスト教圏では、男に精神（spirit）を与え、女に魂（soulfulness）を与えているものを意味した。また、これは厳格さや不屈の精神、柔和さ、情熱、自己犠牲といった性質を意味している。さらに、大事なことは、**いろいろの領域にわたる強さと効能の強さ**――つまり、ただ単に陽があたっているという以上に、「熱、それも照り返る熱」を意味してきた。ということで、ここでは心の活力を、人間のもつ基本的な強さのみが、すべての価値を生かす力を与えることができるという事実を強調する用語として私は用いている。つまり、自我の強さは、個人の内的な構造と社会的な構造の相互の働き合いから発達し、また人のすべての能力と同じく、発達的な段階、つまり変化していくかかわり関与性《アクチュアリティ》の段階の中で生まれてくるのである。

右のような理由から、忠誠を「尽くす心《フィデリティ》」は青年期以前には統合できない。ここでは繰り返さないが、これは（生理的・認知的・心理性的・心理社会的な）発達のすべてにかかっている。同様の理由で、ものすごく厳しい危機に遭遇して、生涯に残る損傷を受けないためにも、青年期の中で成熟**しなければならない**。だから、これらの人格的活力《ヴァーチュー》は個人の発達の順序と社会秩序の基本構造の中に組み込まれており、またどのような社会的秩序の構造にも組み込まれているのである。というのは、個人と社会は共に進化してきたのだから。このような用語の使い方は、心の活力は自我の中と社会の中にある**最適の相互的な活性化**に向かう性質があるという意味を帳消しにしてしまうかもしれない。しかし、現実性という概念そのものがすでに、自我と社会の中にある最適の協応であることを意味しているように私には見えるのである。だから、私たちはある患者の現実吟味の能力が障害されていると言うとき、さらに、これに加えて患者はかかわり関与《アクチュアリティ》が活性化していない状態になっているとつけ加えることができるだろう。自分の選んだ治療方法の枠内で、私たちが患者に対してかかわり関与的《アクチュアリティ》となることができる範囲でしか、患者が現実を摑むことを援助することができない。ともかく私は、この点を討論の素材として提出しておきたい。

ライフサイクルの発達のほかの段階に対応する自我の生命力（ego vitality）に対応した拠りどころとして私が名づけたものを、この場で論じる時間の余裕はない。しかし、一応まとめて言うと、用語のそれぞれが心理性的な成分、心理社会的成分、認知的成分に根づいていなければならない。さらに、それぞれの用語が発達全体の階層にそれぞれの場所を占めていなければならないのである。口唇期段階での経験の最初の拠りどころとなる「望み」は、臨床的には明らかであると思う。口唇期に関係したすべての障害の中で、「望み」の欠如、「望み」の喪失の意義については、私たちもよく知っている。ここで疑問を出してみたい。それは発達段階のおのおのに中核的な強さがあるという仮説の根本にかかわっているものである。この世に生まれた新生児は、母親であるひとりの女性、さらに母親一般という伝統、母性という普遍的な制度の中で、子どもを待ち望む（そして子どもを**頼りにする**）何かをひき起こす特性をもっていると見るなら、乳幼児の原始的な自我は「弱い」と言って、孤立した成人の神経症的な依存性のもつ弱さと似ていると考えることは、果たして意味のあることだろうか。私たちはなぜ、幼児には弱い自我の原型を想定して、成人には強い自我の理想型を想定するのだろうか。この点で、伝統的な現実性の概念は次の事実を説明できなかったのである。つまり、幼児は私たちの言う現実をとらえ、吟味することはまだできないとしても、かかわり関与性《アクチュアリティ》においては十分に有能であるという基本的な事実を説明できなかったのである。もちろん、出発点にあるものはすべて脆弱だという特徴をもっている。けれども、この脆弱さが保護的な条件に積極的に適応するものをもっているのなら、それは弱さの状態ではない。すべての精神発達段階でのかかわり関与性《アクチュアリティ》は、内と外の構造のお互いの補完的な関係の上に支えられている。自我の強さは、どの発達のレベルにおいても、幾つかの必要性に対処する力を発揮するかどうかという点から相対的に言えるものである。精神発達の前の段階で麻痺状態になった欠陥を、次の段階に残さないようにしなければならない。精神発達の段階自体が、個人のもつ潜在的な能力にふさわしいところで展開しなければならない。成熟していく諸能力は、お互いの生存に必要な条件によって支えられた**環境**（守られた世界）（Umwelt）の中で、共に働き合う反応を生み出さねばならない。これが**発達的なかかわり関与性**《アクチュアリティ》（developmental actuality）ということである。だから、二つの条件、つまり精神発達の各段階における能動的で選択的な原則があることと、各段階に必要な状況を与える守られた環境の中にいるということによって決まる。

　発達の問題については、次のことを一言述べて終わりたい。つまり、このような角度から問題を考察するということは、臨床的・発達的な観察が将来の倫理学に貢献するだろうということである――ここで言う倫理学とは、理想に近づくために道徳的な強制をすることを基礎にして成り立つのではなく、人との関わりに対処する強さを与える能力を基礎にして成り立つことを意味している。

　ここで古典的研究法である事例研究から、もう一つの方法である夢の研究に話題を進めたい。そして夢の研究が、過去において関わったさまざまなことに、夜ごとたち戻ることによって、私がこれまで述べてきたことをさらにはっきりさせること（はっきりさせられる）ことを示したい。これは人の発達のいろいろの図式についての考えを、伝統的な検討の場、つまり夢の解釈によって吟味する機会となるだろう。まずはじめの資料として、『夢判断』の中に記録され、分析されているフロイト自身の夢を取り上げよう。というのは、患者や私の教える訓練生たちのものよりフロイトの幾つかの夢の方が、私にとって夢の中の精神発達の基準を識別しやすいからである。どうしてだろうか。

訓練を受けたすべての精神分析家は、自分が訓練生の時代にフロイトの夢を研究してきており、自分の先生たちが扱った夢の中味と違ったものを多少意識して感じている。そのような違いということが、ずっと後に自分の理論的な変化となっていることもある。というのは、フロイトが夢を報告したときに述べたことよりも、内容がはるかに示唆的だからだ。同じ理由で、フロイトがはっきりと述べていなかったことからも学んできたということもある。また、フロイトがついでに述べたようなことからも次々と新しい発見がある。これらの理由以外にも、フロイトの夢は公刊するために選ばれたのだから、さらに深い分析を示唆しているのである。フロイトは患者の夢を利用しようとしてはいない。というのは、夢の現象の基本的なものを例証するためには、患者の夢は異常でありすぎると読者が考えることを怖れたこと。また同時に、夢は精神のもっとも自由で正常な産物であることを示したかったからだった。

その上に、フロイトの夢を用いることには、他の夢には見られない幾つかの利点がある。夢は一連のものとして出されているので、普通の伝記などよりずっと細かく知られているフロイトの生涯の特定の時期に位置づけることができる。それはあたかも、後の分析を考えて並べられているかのようにも見えるほどだ。ともかく、私たちは誰も自分の夢を同僚の前に、正常であることの見本として提出しようとは思わないだろう。

フロイトの資料の中にある「潜在的な」傾向は、少しずつその姿を示しはじめたフロイトの全生涯の発達段階に対応した事柄なのだと、私は言いたい。これらの大部分は夢の顕在内容の中に見出すことができるので、言い換えると、はっきりした表層から無意識の内容への連続のつながりの中で見出すことができるので、今さら何がフロイトの無意識的なものだったかを推測して、新しい解釈をするような論争にひたる必要はないと思う。それとは全く反対に、フロイトが、一方では自分の関心について語りながら、他方では一般の人の興味本位のゴシップの種になるものははっきりと取り除き、しかも現在の研究の流れにとって必要な材料の大まかなものを描いている事実、エビデンスを私は手掛かりにしているのである。しかし、ここでの論議のためには、この巧妙な文章をもう一度翻訳し直すことが必要となる。

まず、最初に取り上げたい実例は、フロイトの「三つの運命の女神の夢（Parzentraum）」のはじめの部分である。(15) この夢は、旅行して遅くなり――空腹で疲れていたのに――夕食もとらないで、「寝るために横になる場所を探さねばならなかった（das Bett aufgesucht）」夜に見たものである。まず、夢をひとわたり眺め、それから次の問題を考えてみよう。夢の分析の中で、**口唇期**の問題にまでさかのぼるとすれば、**食べ物**、**口**、**皮膚**、**摂取の仕方**などが関係するのが多いのはもちろんのこと、さらにまた心理社会的な問題として、「**基本的信頼感**」、基本的な人格的活力《ヴァーチュー》の最初の段階の「**望み**」、さらに社会的秩序の最初の段階の「**宇宙的な秩序**」とも関連をもっているという仮説を支持するエビデンスを見出すことができるだろうか。*

そこでまず、フロイトの夢。

「私はプディングを食べようと思って（um mir geben zu lassen）台所に行った。台所には三人の女がいた。そのうちの一人は**主婦**（Wirtin）で、手に何かを持っていた。だんご（Knodel）でも作るように、それをこねている（drehen）。そして『もうすぐ済みますからお待ちください』という。（これははっきりした会話のかたちをとらなかった）。私は待ちきれなくなって、傷ついて（beleidigt）台所を出た」

右の夢が問題にしていこうとするフロイトの夢の前半である。夢の後半は、顕在夢のかたちとしても、フロイ

＊　エリクソン著、仁科弥生訳『幼児期と社会　1・2』一九七七年（1）、一九八〇年（2）の中の「発達図式」を参照のこと。

トの連想もあまり明瞭ではない。連想の範囲も十分でない。空腹で眠っている人が台所の夢を見るというのは、顕在的な「口唇性」を示している。実際に空腹という欲求不満によってひき起こされた口唇性は、その日の欲求不満が口唇期レベルの心的外傷になるような、病的退行を示す人の夢と違っていることに気をつけなければならない。しかし、ここでは普通の人が眠る前に、急に口唇期の問題に遭遇するのと同じ程度の退行が見られるだけである。だから、フロイトの夢におけるこの口唇期の問題は、十分に機能している自我の内容につながっていることを示していると考えられる。そこで次のことを問題にすることができるだろうか。夢全体の文脈の中で——つまり、夢そのものと、醒めてから夢を「連想した」思考——の中で、私の言う精神発達の図式における初期の段階の基準を識別することができるだろうか。夢の顕在内容では、**口唇期の危機**のイメージや特別な緊張感を示している。場所は、家の中で食事が準備されている。接近の仕方は、受けいれるものを要求するというもの——これは英語訳では、夢の主人公が「食物を探して」となっているが、ドイツ語の原文では、その反対に、「誰かから食べ物をもらうために台所へ行く（um mir geben zu lassen）」となっている。さらに、夢の中の人は女性ばかりである。その中のひとりは**主婦**（Wirtin）である——ドイツの歌のわかる人ならすぐに気づくように、このことばには食べ物と飲み物を給仕する全く母親的な、それでいてときにはロマンチックになって、孤独な漂泊者を食卓に招き、もてなす女性の原型的な意味がある。

この主婦はだんごをつくるような格好で、手で何かをこねている。そして夢の主人公に対して、できあがるまで待たねばならないと言う。もちろん、これは口唇期で遭遇するたいへん重要な**延期**の問題である。信頼感を試す場に子どもを立たせる。やがて「この女性」が約束通りに、自分に食べ物をもってくると信じて待つか、あるいは、空腹の自分を見捨てて去ってしまうか、という信頼感の試しである。ここで夢の主人公は、実際、明らかに子どもっぽい仕草でイライラして、傷つけられた気持ちで出ていく。これは広い目で見ると、ある種の口唇期タイプの性格に見られる象徴的で悲観的な**すねた態度**である。

この夢についてのフロイトの連想を見直す前に、もともと口唇期に属するが、直接的に口唇期的ではないイメージや、精神発達段階の心理社会的な特徴について考えられる目録の内容をあげてみたい。母親に対する**二極関係**（bipolar relationship）はすでに見た。つまり、この時期において、母親とは理解することのできるすべてである。そして諸々の源であり、与えることができると同時に、すべてを拒絶する存在でもある。だから、諸々の力の原型としてずっと後まで残る。

幼児の**心理社会的な危機**は、母不信に陥らせてしまう災難や遅延、突然の引き離しなどを体験しても、それらを上まわる信頼感があるかどうかの度合いを決定する。ここで夢の主人公は、信頼感を確かなものにするよりも、自分から求めて**不信感**の方を選んでいる。その場を離れ――違うところに向きを変える。つまり、夢の後半に見られるように、男性の方へ方向転換する。しかし、口唇期段階で発達する**基本的活力**である**望**《ホープ》**み**を、主人公が放棄したとは言えないだろう。というのは、彼ははっきりと自分の望みを違った方向へ向けて、食べ物から遠ざかっているのだから。

口唇期の特徴の目録をつくりあげるためには、その**精神病理学**、つまり、口唇期の段階においての病理的な結果となる神経症や精神病、性格障害の症状をも考えておかねばならない。まず、**妄想**では、本物の現実を空想の現実に変えてしまう。また、**薬物依存**では、毒物の中で強烈だが短い時間しかもたない「望み」を得ようとする。さらに、沼の底にのめり込むような**うつ状態**では、「望み」がすべて放棄されてしまう。フロイトの連想の中に、実際のところ、これらのものをすべて見出すことができる。

フロイトの最初の連想は、十三歳のときに読んだ最初の小説にまでさかのぼる――（ついでだが言っておくと）この年齢で、ユダヤの少年はユダヤ教の堅信礼[*]をして、宗教の世界に男として仲間入りが許される。夢の主

＊　バー・ミツヴァ。ユダヤ教の成人式。

人公の言うところによると、小説の主人公は気が変になって、三人の女性の名前を呼び続ける。この三人は最大の幸福と底なしの深い悲しみ（ドイツ語でウンハイル〈Unheil〉）と妄想型の精神病、つまり失望の病的な表現を彼の生活に与える。小説の中に三人の女がいたという事実が、「男の運命を紡ぐ」三人の運命の女神を思い出させる。この三人の女性のひとり、ことに夢の中の宿の主婦は、彼の母で「あった」ことがはっきりしてきた。愛情と飢えが、ひとりの女性の乳房に出遭う、と彼は考える。（これにつけ加えると）、このようにして基本的な心理社会的な態度の最大の岐路、つまり信頼感か、不信感かの岐路に立たされる。母性的な環境は、幸運な境遇の中で、信頼感を得て生涯続く**望み**を得てバランスを保っていかねばならないのだ。

フロイトの第二の連想もまた、幼児期にさかのぼる。この時期は、自分が知ることのできる以前に運命のままに操られる時期である。これについてフロイトはひとりの男の話を思い出す。ある美しい女性が、以前自分が赤ん坊のときの乳母だったという紹介をしたとき、この男はそのチャンスをうまく利用しなかったことを後悔したのだった。

最後の第三の連想は、フロイトがはっきり思い出す幼児期の記憶だった。六歳のとき（就学の年齢）、彼の母が手を摺り合わせるようにして（ちょうど、夢の中の主婦のように）、私たちはすべて土から造られていて、すべて土に還らねばならない、と聖書の話を彼に教えようとした。土からできた証拠として、「薄黒い表皮の垢の塊」を見せたことがあった。ここで**人間の起源**そのもの、さらに、生き物の起源が問題になっており、生命を与える食物の源、望みを与える愛の源である母、そして自分の身体が無機物から、土から、また垢からできあがっているという事実を、母が示そうとしたことを理解したことは大事なことである。シェークスピアが、「汝は神に死を負っている」と言っているように。* 実際、フロイト本人はおそらく、「汝は**自然**に死という負債がある」ということを信じている。このように夢について連想している本人は、自然、つまり母の姿を神の位置におき、母性的な女性との契約は、死との契約であることを明らかにしている。

この夢の後半には、連れのないひとりの男が現れる。女性はいない。かなりの口論の末、この男と夢の主人公とは、「たいへん仲良くなる」――そこで「夢が終わる」。フロイトが述べているヒントをまとめてみると、この後半の夢には、出立《しゅったつ》（investiture）の主題があるように私には思われる。顕在内容とその連想は、次の意味を示唆している。自分を失望させた女性から、親しくなった男性へ向きを変えている。後で見るように、連想は若い知的な少年を学びの世界に導くことによって、もっと実質的な望みを若いフロイトに与える父親像を描いている。連想の年齢は、すでに述べたように、一方は十三歳、つまり堅信礼の年、そしてもう一方が六歳、つまり就学の年であることを思い浮かべてもらいたい――その時代のヨーロッパの学校の教師は、すべて男性であったことも思い浮かべてもらいたい。空腹によってひき起こされた夢の前半が、最初の発達的な段階のかかわり関与《アクチュアリティ》まで後戻りをしているとすれば、夢の後半は（すべてうまくいっている夢の場合にはそうである、と私は思うが）、再び前向きになる。というのは、すねている夢の主人公に、女たちからの自立と、知的な世界に参加することをはっきりと約束しているからである。しかし、ここではあまり先を急がないで、はじめの口唇期の主題を十分に示しているフロイトの連想の事柄に限定しておくことにする。

フロイトは何人かの男性を思い出す。これらすべての人が食べ物を思い出させる名前である。ひとりの名前はクノーデルであり、その意味は「ゆでただんご」。次の名前はフライシュルで、意味は「肉」。この次に連想は自分の名前になる。世間の人はフロイトの名前をかなりもじってからかったりしており、フロイトははっきり言ってはいないが、不満である。ドイツ人と話をして、落とし話にしてフロイトの名前をもじると、喜びの家（フロイデン・ハウス）か、喜びの娘（フロイデン・メッチェン）、つまり「遊郭」と「娼婦」を意味するものになる。実際、友人のヘルデルがゲーテに詩を贈り、その中でゲーテの名前がゴッツ（神）から出たのか、ゴーテ（ゴー

＊『ヘンリー四世』でハル王子がファルスタッフに言うことば。

ト族）からか、「コーテ」（土、泥、うんこ）の出身か、とからかって尋ねた駄洒落をフロイトは思い出す。これらはすべて明らかに夢のからくりと同じものである。つまり、もし自分の母が土やごみからつくられていて、また自分の名前が呪われたものであれば、母やその起源や運命を信頼することはできない。自分で自分のすべてを、偉大なものを生み出さねばならない。そして実際、フロイトの連想はすべて、あの偉大なウィーン生理学研究所の男性たちと重ね合わさっている。フロイトは学生時代のもっとも幸福な時期を、そこで過ごした――フロイトはこれを連想しながら、この幸福を、次のゲーテの詩の精神のようなものであったという。

かくて汝は日増しに
知恵の乳房が恋しくなってくるだろう。

（『ファウスト』第一部第四場で言うメフィストフェレスの言葉）

この詩は「知恵の乳房」が、日々に新たに永遠の喜びを約束することを謳《うた》っている。というのは、知識を獲得して後にくる飢えは、昇華された欲求であるばかりでなく、また同時に、見通しのきく世界とのかかわりにつながりをもっており、自分の住む世界を変えるのに必要な自律的な力を与えるのである。したがって、ここで私たちは夢の中では直接の要求をもった口唇欲求が昇華されているのを見ることができるのである。それが「アルマ・マータ（Alma Mater）」つまり、「知恵の母」への置き換えと適用である。この知恵の母は消滅することのない贈り物を与え、自分のために何かをする手段を与え、それによって**自分の運命を変えるのである**。

しかし、また一方、フロイトの連想は不注意な取り込み、つまり**中毒**を警戒している。フロイトの夢にしばしば現れるのは、コカインに関するものである。これが習慣性のものだということが知られる以前、フロイトはコカインを使って局部麻酔を試みている。コカインは「**飢え**を取り去ってしまう」ということが知られていた。これはもちろん「基本的不信感」の重要なはたらきである。この口唇性はまた、すべての健康な人が悪性の物質を簡単に信頼して呑み込んでしまうことを阻止するものでもある。けれども、逆に不信感があまりにも強いと、取り入れる願望をすべて抑えてしまう危険もある。このようにして、夢の主人公は、夢が機会をのがすな、少々の小さなミスがあっても、自分でできることがあれば、常にやってみよと警告していると思う。夢の後半は、依存から自立へ、女性から男性へ、消滅するものから不滅のものへの方向替えを強調している。そして最後に短いひげのある男――父性的な教師像と友好なつながりを得て終わっている。

　以上をまとめると、空腹で眠っている人が――特においしい食べ物には目のない人であることはつけ加えておかねばならない――人生ではじめて体験した空腹の欲求不満を諦め、信頼のおけない女たちへの怒りや、信頼するにしてはあまりにも簡単に消滅してしまうもの、死んでしまうもの、危険すぎるものにもっていた怒りを諦めているのである。ここで次のことをもう一度指摘しておきたい。この夢は退行した依存、失望、あるいは意味のない望みを示す「口唇期」の夢ではない。この夢は次に向かうため、口唇にまつわる事柄をのり越えて、母から離れ、信頼するものすべてを、さらに自律的な状況に移している。その結果、夢の主人公の自我は「退行した」ところをどこにも示していない――退行という用語は、夢が幼児期の願望や欲求不満にさかのぼるのを説明するのに、かなり無分別に使われている。むしろ、夢の主人公は人生の重要な主題をもって、自分の発達のもっとも早期のやり方（つまり、中心的で重要な主題とつながった繰り返し）に戻っていった。そして幾つかの発達段階を通りながら、もう一度前向きに考える。深い悲しみを伴った喪失と不安を強く味わいながら、ひとつの段階をのり越えていくことによって、力のついた自律性とその能力が大人のかかわり関与《アクチュアリティ》の中に、有能さの感覚と伝統の源を見出していくものだと確信させている。

　このように「三つの運命の女神の夢」は、夢の主人公の前日にあった人々との出来事のかかわりから、人生の早期の段階にたちかえった。そしてその時期の失望や満たされない約束が、いつでも再現される状態のままにあること、また同時に、夢の主人公のかかわり関与性《アクチュアリティ》を「支える」ために、その発達段階をもう一度歩む道筋をも示しているのである。

2　幼児のかかわり関与性と歴史的なかかわり関与性

次に、「三つの運命の女神の夢」の中で再び現れた幼児的なかかわり関与性《アクチュアリティ》と、「トゥーン伯爵の夢」に見られるかかわり関与性《アクチュアリティ》とを比較し——その次に、夢の主人公の成人としてのかかわり関与性《アクチュアリティ》を展望してみたい。この時点で、「三つの運命の女神の夢」の「口唇期」の夢の中で見出したものと、幼児期の発達の他の段階にさかのぼって見出すことができると思われるものを一覧表にしておきたい（あまり組織的にならないように注意が必要だが）。（表1参照のこと）

オーストリア・ハンガリー帝国の首相トゥーン伯爵(16)との出会いの後で見たフロイトの夢は*、幼児期の再現と同時に、成人の夢の世界において幼児期の発達段階と幼児期の主題、また政治的な主題との相互のかかわりについて、まれにみる見事な実例を提出してくれている。

トゥーン伯爵の夢をひき起こした直接の刺激は、明らかに状況的なものである。はっきりとした肛門–尿道的なディレンマを示している。フロイトが眠った車両にはトイレがついていなかった。夢は尿意を感じて目覚めたときのものだった。しかし、フロイトは「普通、このような身体的な欲求で目が覚めることはない」ことを認めている。夢と同様に彼の身体的な欲求は、彼が長い前置きをつけるような特別な文脈とつながっているものであった。特に、この前置きに示されている状況は、自我の傷つきやすい状態をはっきりと示していた。というの

＊　フロイト著、高橋義孝訳『夢判断』人文書院、一九六八年、一七五–一七六頁を参照のこと。

表１

心理的段階	器官の様態	心理社会的段階	自我の強さの原型	関係のある精神病理的機制	社会秩序に関係ある要素
口唇-感覚的-皮膚的	摂取的	基本的信頼 対 不信	望み	精神病的 薬物依存的	宇宙的秩序
筋肉-肛門-尿道的	保持-排除的	自律性 対 羞恥と疑惑	意志力	強迫的 衝動的	法と秩序
男根-身体移動的	侵入的	自主性 対 罪悪感	目的性	禁止的 ヒステリー的 恐怖症的	理想像の原型

は、その日は幾つかの制約に出会わなければならなかったし、またそれを回復するには体と心に休息の場所が必要だったのである。英語訳によると、フロイトは前日の夕方、ひとつ前の列車がまだ停まっている駅のプラットホームに「到着していた」。ドイツ語の原文では、「早く着きすぎた（gehe aber shon）」となっている。フロイトはおそらく「汽車恐怖症」の影響で――これはフロイトのはっきりした神経症の症状であった――列車に乗り遅れないように、早すぎてまだプラットホームに入れないのに、ホームに実際に到着していたのだった。フロイトは夏の休暇をとるために出かけているので、日常の仕事から解放されるということで、彼の気分はほぐれていたのだった。

自分の列車を待っている間に、トゥーン伯爵が駅に着き、高圧的な態度で駅の改札係に手を振り、「まっすぐに列車の入口のところに歩いていった」のを、フロイトは目撃したのだった。脚注によると、トゥーン伯爵は「ドイツ国民党に反対するボヘミアの自主政府の主張者」であった。今日からみると少しおかしいが、オーストリア・ハンガリー帝国の中では、フロイトは学生時代にややドイツ国民党寄りだったのである。

首相の列車が出発した後、フロイトはプラットホームから、「法の定め」に従い待合室に戻らねばならなかった。しかし、「少し手間がかかったが」、プラットホームに留まる許可の「手配」をした。このように特権を主張したい動機は、フロイトの「汽車恐怖症」のためであっただろう。そしてそれはおそらく、そのとき述べているような強い頑固な気分によって代償されていたのだろうと思う。

自分が不公平に扱われたことを抗議したくて、そのとき、フロイトは「やり返す」ために誰かを探していた。口には「フィガロの結婚」の歌詞を口ずさんで。この歌詞は伯爵に対する反抗を示したものであった（「伯爵様が……*」）。フロイトは駅に着いたときから、すでに喧嘩腰の気分であった。そしていろいろの反抗的な空想に耽る。その中には、トゥーン伯爵についている無能伯爵（ニヒツトン）というニックネームを思い出したり、また、勝手な振舞いをする伯爵は、休暇に出かけるのではなく、休暇に出かける皇帝から呼び出されて、付き人として出かけるのにすぎないのだ、といった空想だった。

フロイトはどうにか一等の個室を確保するのだが、それなのに、その車両にはトイレがついていない。文句を言っても聞き入れてもらえない。そこでフロイトがやり返したのは、駅員に対する次のような皮肉だけだった。帝国鉄道会社はトイレのないこんな個室には、少なくとも床に穴をあけておくべきだ、と。

トイレが使用できるかどうかということで、自由意志を制約する状況が、どれほど強く旅行者フロイトをいらだたせたかは、次の事実から知ることができる。フロイトは普通深く眠っていて、睡眠の途中、便意などで覚めたりすることはめったにないという。けれども、その早朝の二時四五分に強い便意を催して目が覚める（記録するために夢から目が覚める）。言い換えると、旅行の出発点での、やや気負った気分の中で、生理的欲求を満たす機会を不公平にした車掌の態度が、フロイトの自尊心を傷つけ、この傷つきが幼児期の諸記憶を想起させたのだった。

トゥーン伯爵への前おきは、夢の主人公のおかれている全体の状況を描いた見事な例である。夢に示されているイギリスのビクトリア朝の要素やオーストリア帝国の要素についてこれ以上深入りするのはやめて、この前おき文が歴史的状況や社会的地位、職業的境遇、気分の色合い、生理的な欲求など、多くのものが混じり合って夢となり、分析されるために、いかに見事に記録されたものであるかを知ることができる。それと同時に、これらの人生のいろいろの側面が、すでに二番目の心理性的な発達段階の肛門-尿道期のかかわり関与性《アクチュアリティ》の中に、共通の基盤をもっていることに気がつくのである。夢の主人公のはじめの気分と状況は、拘束のない男性の自律性と自発性の様子を示している。この気分は、トゥーン伯爵があたかも帝国鉄道は自分のものであるかのように、強引に駅の入口を突き進んだ特権意識と衝突して、かなり制約された気分にさせられてしまっている。自分のもつ

＊　使用人フィガロが結婚する娘を手籠めにしようとする領主に抗議をするのがテーマ。モーツァルト作曲のオペラ。

自由と、この首相のもつ自由と比較して、一連の苦痛な思考へとつながっていき、（その日の朝、フロイトがどんな考えでいたかを知っているわけではないが）男性の自尊心を傷つけ、過保護の結果の自我のもろさを浮き彫りにしたのであった。

夢そのものはたいへん長い、複雑なものである。夢の前半の部分は、夕方の憤慨した気分を残している。夢の主人公は、ドイツ国民党に熱烈な思想的関心をもっていた時代に出席したような学生の集会の中にいる。ヨーロッパではどこでも、学生の集会は潜在的には反政府の運動のものか、民衆の扇動家のものであって、幾つかの国を併合しているオーストリア・ハンガリー帝国では、**分離主義者**の運動であるか、**独立主義者**の運動であった。実際、夢の中にもうひとりの伯爵が現れる。この人は、ある程度帝国の一部の独立を認めようとする人であった。ドイツ人について何か言うようにと促されて、この伯爵は見下すような態度でドイツ人の好きな花のことを述べる（これをフランス語で**タンポポ**と言うのだと夢の主人公は思う）。そこから夢の主人公は「火がついたようになり」、その怒りに自分でも驚いてしまう。ドイツ語の原文では、「私は火がついたようになる」は "ich fahre auf" となっていて、もうひとつの意味では、眠っている人を叩き起こすときのような激しい驚きをも意味する。しかし、夢はここではただ、場面を変化させるだけである。こんな変化は、その後も何度も繰り返される。

夢には幾つかのはっきりした部分がある。これらの部分はお互いに明瞭に分けることができる。この機会を利用して、様態分析法（mode-analysis）*が、**排除的な様態**が夢のバラバラの要素につながりを与えることができることを示したい。また一方、この夢のもつ優勢な男根的・侵入的な要素もあることを見失わないようにしたい。というのは、夢は全く徐々に緩やかに、男根的・露出症的な怒りの気分や動きをやめ、制限のない自発性の気分から、言い換えると、統制されていることを感じて、恥や怒りに陥ってしまう状態の「誇大妄想的」な自由な感覚から、徐々に弱くなっている。夢の主人公の自我は、やがて再び活発な状態を回復していく。とは言え、夢のそれぞれの部分の中で、排除的な衝動をもつ人か、拘束する人になるコントロールする力を統制するというほどのものではない。夢の各部分は、情感の高まり、あるいは自意識の増大するところで終わっている。これは恐らく夢を見ている人が覚醒に近い状態にあったことを示すのだろう。このような情感の高まりの最初が、「タンポポ（pissenlit）」の示唆の後で見られたのは、夢を見ている人の高まってくる生理的欲求からみて納得がいくことである。事実、小便をしたいという欲求自体は、逆に状況によってひき起こされたのかもしれない。しかし、この部分には、次の部分と同様に、場面を変えることによって睡眠を守る、という夢の機能を果たしており、まるで新しい努力をしているかのように思われる。しかし、この「切迫した生理的欲求」が、再び本人に感じとられ、空間的イメージと社会的な状況の中に翻訳されている。それによって夢を見ている人は、膀胱を支配するのは自分となり、権威者の支配から逃れている。しかし、これらを理解するためには、夢そのものが空間的な形態をとりやすいことや、内的・身体的な欲求を視覚化された外界の事象に投影される傾向がある、ということを認めねばならない。このことを私たちは子どもの遊びから学んできた。だから、フロイトの夢が巧妙なやり方で、この方法をとっていることを指摘しておきたい。とはいえ、このような技術的な詮索の遊びのようなことは、子どもの遊びや夢の解釈にうち込んでいる人をのぞいては、少し退屈かもしれない。要約すると、尿道領域においての排除的な様態と、緊張を解除する場所（「局所」）を見つける必要性は、この夢の中で、**ある出口を通り抜ける欲求と、ある終着駅に到達したい欲求**に表現されている。遅れてくる権力者とか、抑圧的な権力は――ヨーロッパの中流階級の子どもの社会的な経験では――外から入り込んだ人たちによって示されている。

＊　エリクソン「夢の見本」の論文を参照のこと。The dream specimen of psychoanalysis. *Journal of the American Psychoanalytic Association*, 2, 5-56, 1954. また、フロイト著、高橋義孝訳「夢の材料と夢の源泉」『夢判断』人文書院、一三九頁以下を参照のこと。

それから夢の第二の部分で、夢の主人公はたくさんのつながっている部屋の間を「通過する要求」にとらわれ、建物の出口から「逃げ出す」。しかし、英語訳では、この排除的様態の心のあり様の理解を進めるようになっていないことを指摘しておかねばならない。夢の記録（歴史的記録として）は、違った理論的方向づけからなされた翻訳の中で失われた意味を、常に再吟味しなければならない。この夢の第二の部分では、場所がアウラ、つまり大学の講堂である。そのドアはすべて「遮断」されて立ち入り禁止ということである。ドイツ語の原文は「ベゼッツ（besetzt）」（文字通りには「……の上に座る」）である——この単語はドイツ語を話す子どもたちには馴染み深いもので、公衆便所の「**使用中**」のとき、そのドアに出るマークである。だから、多くの子どもには、強い尿意にかられながら、自分の順番を待たねばならないことを意味している。このほのめかしの隠喩は、排除の欲求とのつながりで、「通過の要求」と同時に、「逃げ出す」ことの必要性をうまく表現している。これに加えて「通過の欲求」は、ランプをさげて案内してくれるという家政婦に反論される。家政婦というドイツ語の**キンダーフラウ**（Kinderfrau）（**乳母**）、またヨーロッパの**アボルトフラウ**（Abortfrau）、つまり公衆便所の入り口で鍵守をしている女性を示唆することばが出てくる。夢の主人公は、自分の道を塞いだ人をやり過ごした、自分のずる賢いやり方に自慢そうである。そして自分の「出口」をコントロールしている厳しい状況を、**逆に支配し返すのである**。これによって動きの自律性と自由さを得ている。この種のずる賢い巧みさ（すでに指摘したように、夢の第一の部分での驚きと、同じ重要さをもつ自意識の増大）は、生理的な「通過の要求」のもつ特性に重なって出ているものであろう。ここで夢の場面がまた変わる。

今度は「通過の欲求」は、別の構造の場面に移されるが、似た様態である。夢の主人公は、「町から逃げ出す」欲求は、以前の「家から逃げ出す」要求にそっくり置き換えられていると感じる。廊下が線路になり、遅れてくる人が馭者になる（ウィーンの人にとっては「四輪乗り合い馬車」である）。夢の主人公は馭者に、ある「終着駅（Endstation）」に行くように、やや横柄に、また一方では懇願するように頼む。しかし残念なことに、すべての駅は「遮断されていた」。つまり、「満員」であった。そこで主人公はまた考える。そして、どこか別のところに行くことを「決める」。

第四の部分では、夢の主人公は、実際に郊外電車の客室のようなところに腰をおろしている。今度は、主人公に実際の状態に即した困惑感が起こってくる。服のボタンの穴に何かがひっかかっていて恥ずかしい思いをする。ともかく人の注意をひく。夢には明らかに軽率さ、活動的なこと、巧妙さといった雰囲気があるが、夢そのものが問題にぶつかっているようである。主人公は自分の考えについて十分に意識しているが、また同時に見られていることを意識している。ここで夢はもう一度場面を変える。

これまで私は、夢の四つの部分を、読者には少し退屈であったかもしれないが、次の準備のために簡単に述べた。ここで夢の最後の部分を述べたい。これは夢の終幕を飾るにふさわしく切迫したものである。夢の主人公は、尿道帯と高まってきた生理的な排除の欲求と、自分がおかしな位置をとっていることに感じる羞恥心とを、自分の生活空間の偉大な人物像、つまり父親――連想では、皇帝、神――に投影する。

「また、停車場の前にいるが、今度は、年のいった紳士と二人づれで、他人に見知られないような計画(erfinde）を考え出すが、この計画が、すでに実行されていることがわかる。思考と体験とは、いわばひとつである。連れの紳士は、目が不自由な風を装う（stellte sich)。少なくとも、一方の目は見えない。私は、彼に男子用の溲瓶《しびん》を手渡した（halte ihn vor)。（この溲瓶《しびん》は町で買わねばならなくなったものか、あるいは、買ったもの)。つまり、私は看護者で、彼は目が不自由だから、彼に溲瓶《しびん》を差し出さなければならない。車掌が、こんな格好の二人を見たら、見て見ぬふりをしてしまうに違いない（als unauffällig)。そのとき、目の不自由な紳士の姿勢（Stellung）と、その小便をしているペニスとは、ふわふわとした形に見えた。（そこで尿意のために目が醒めた)」

夢の主人公は、元に戻って駅の前にいる。しかし、ここでは年のいった紳士と一緒である。そしてまた、他人にはわからないような計画を編み出す(ドイツ語原文はエアフィンデット〈erfindet〉——工夫して考案する——と書かれている)。そして実際に目立たなくなる(ドイツ語原文でウンアウフフェーリッヒ〈unauffällig〉——人の注意をひかない——と書いてある)。この時点で、「あたかも経験と思考とがひとつになり、同一のものに思われる」、つまり、主人公の巧妙さが頂点に達して、願望とかかわり関与《アクチュアリティ》が完全に一致する。英語で言う「私は彼に男子用の溲瓶《しびん》を手渡した」は、ドイツ語原文では重要なものが隠されているもうひとつの意味を表現していない。ドイツ語原文のイッヒ・ハルテ・イーム・フォル(Ich halte ihm vor)というのは、「私は何かを彼の前におく」とか、「彼を何かのためにとがめる」の意味がある。これに近い英語は、「私は彼に何かを差し向ける」(I hold something against him)となるだろう。これは見落とすことのできない意味の二重構造である。というのは、フロイトはおしっこのしくじりについて、父に叱られた幼児童期の重要性を示そうとしてこの夢を語っているからである。この点については後にまた述べる。ともかく、夢の主人公の恥ずべき位置は、ここでは他の人に、つまり年のいった弱々しい、手助けのいる人にすべて投影されている。

排泄器官の様態が、いわば、廊下、道路、線路から、その解剖学的な図式に戻ってきて、保存と遅延を克服する。視野の中心でペニスが溲瓶《しびん》の中に放尿している。はじめに問題にした身体部分、つまり尿道器官がはっきりと見られた。とはいえ、それは「老人のもの」であった(「ふわふわした形をしていた」)。これに対して、夢の主人公は親切な援助者であり、鋭い観察者であり、新生面のすぐれた開拓者である。この時点で、夢では、主人公は実に巧妙である。というのは、(フロイトの報告している夢の中には、ときどき見られることであるが)夢を見て夢のプロセスを見出したとフロイトは感じているからである。ここがちょうど夢から覚める時点であり、高まった身体的欲求を意識し、この欲求を否定するのに、見事な夢をつくり出して、新しい夢の見本を自分で確保した。

トゥーン伯爵の夢を見直して、形態分析（configurational analysis）が夢の底に流れている主題を確認し、それに加えて夢の報告者の連想が（ここでは省略されたが）、豊かなことばによる近づきを与えていることを実証することに私はつとめた。

次に、この夢を討議するにあたって、（この夢を見た人の場合の）フロイトが述べている幼児期の光景を述べたい。この夢が、夢の形成過程の幼児童期での経験の重要さの一部として述べられていることからも、それは当然であろう。フロイトは書いている。

> 私が二歳のときには、まだ、私はときおり、おねしょをすることもあったそうで、**父親に叱られる**（reproached）（Vorwürfe, vorhalten）と、私は父親に向かって、一番近い大きな町のNで、お父さんに新しい赤いベッドを買ってあげると言って、父親を慰めたそうである。これが夢の中で、溲瓶《しびん》をすでに買ってい た、ないしは買わねばならなかった、という括弧づきの文が見られる理由である。つまり、**自分の約束したことは守らねばならない**。

小用をしている老人に対する、夢の主人公の案じながらの支援を述べるのに使った、「差し向ける」（vorhalten）ということばが、非常に重要であることがわかる。しかし、場面はまた、夢の主人公が、上から一方的に叱る父親から強制される羞恥心を払いのけようとして、父親に逆に、ごまかし半分に約束する事実を示している。七歳か八歳のときの似たような光景は、もっと深刻である。（『夢判断』が示すように）、自分の幼児期のもっとも忘れることのできない光景として、その記憶がフロイトの中に残っている。

私が七歳か八歳のころに、家庭内で起こった別の出来事があった。私はこれをはっきり覚えている。私は両親の寝室内で、両親が寝室にいるときは、大小便をしてはいけないと言われているのに、ある晩、寝る前に、このルールを破った。父は、「この子はろくな人間になれんぞ」と言って私を叱った。この言葉は私の功名心をひどく傷つけた（insult, Kränkung）。なぜなら、この場面へのこだわりが繰り返し、私の夢の中に現れて、その場合、必ず、私は『どうです、私だってちゃんとした人間になったじゃありませんか』と言わんばかりに、自分の業績と成功の数々をあげて示しているからである。

少年のいたずらは——現在は変わってしまったので、はっきりさせておかねばならないが——おそらく両親の寝室の室内便器を使用したことなのだろう。このいたずらは激しい羞恥の罰と共に、少年にとってぬぐい去ることのできない出来事となっている。このような場所で、時をわきまえず放尿するような「性格的」な弱さが、少年にとっては、成人になることができるのかという疑問、のみならず「ひとかどの人間」になることができるかどうかの疑問と強く結びついている。彼は約束していたのだろうか。あるいは約束しすぎたのだろうか。フロイトの弱点である反抗的で、少々露出的なところを父親は厳しく戒めた。父親は子どもの個人的な気まぐれを追求するのみでなく、父親自身は自分の役割として、若者を反抗的なかたちで野心的にさせていく文化的な風土に生きているのである。（逆な場合、若者は言うなりの服従型になってしまうだろう）。これを父親たちは重要な時ごとに、お前たちは役立たずで、これからも役に立たないだろうといった言葉で若者に働きかける。

このように見ると、二つの記憶は野心（ambition）の主題に結びついている。これは夢の主題とぴったり当てはまる。また、フロイトが記憶している他の夢にも当てはまる。それらは、何かを約束すること、約束できるような人間になること、たくさんのことを約束すること、約束を守ること、約束しすぎることなど——そして結果として、何も達成できない、ということなど。

ここではフロイトが実証しようとした方法論のことは一応了解したことにしておいて、フロイトの連想の中を見てみると、成人のディレンマが幼児期のディレンマと結びつき、夢全体を刺激してつくりあげた、幼児期の重要な記憶とつながる潜在的な要点を再構成することができる。また、夢の中で主な願望充足も理解することができる。それらは、恥をかいた少年の立ち直り、つまり皇帝の権威に対する一般人の不満を魔術的に回復させている。

さて、生活史の研究の範囲内で、夢をどの位置におくかを明確にするため、これまで夢全体の内容を見直してきた。そして、夢見の過程に影響を与えた過去の発達段階が、過去と現在を結ぶかかわり関与《アクチュアリティ》性の中に再現することができる組織的な方法を見てきた。つまり、ここで言っている過去というのは、依然として解決とそのための行為を求めて（つまり約束したことを守るということ）、まだ心の底では息づいている経験をさしている。また、現在というのは、過去の弱さと悲惨の苦しみの経験に対して、高い緊張力をともなって敏感に反応している。

フロイトがはじめ、この夢を記述して示したのは、成人の内的世界にのしかかる幼児期的な願望の力であった。彼は夢を見た人の全生活空間のかかわり関与《アクチュアリティ》に関係した願望充足の歪みについては問題にしなかった。しかし、ここでわかるように、後の研究者が言うよりはるかに多くのことを彼はおこなっている。つまり、彼はさらに分析を深めることのできる資料を提供しているのである。

これまで私が述べてきたことをまとめてみたい。覚醒後のフロイトの連想の資料と結びつけて推し拡げてきた。問題になった**心理性的な段階**は、十分に明らかである。尿道帯とその機能の他に、夢とその連想は、何度も「硬い、液状の、ガス状の」排泄物に言及している。この夢を興味深くしているのは、身体的な緊張感や回復力のある「退行」や、諸々の能力に対する連想の深さと幅の広さである。その中で、尿意で目を覚ます前に、夢の光景と内容が三度も変化している。つまり、排泄的な様態は、通路、線路、出口などに置き換えられ——これらすべては先に「**使用中**」だった。主人公はこれらを切符の改札員、検査員、強く関心を示す女性の登場者などの目を盗んで緊急に通過しなければならず、尿を「排泄する欲求」は、身体の排泄空間から、拡大空間の様態へ翻訳されている。つまり、自己領域（autosphere）から、夢の主人公が異議のある通路から「通り抜けたい気持ち」になっている。つまり、夢や子どもの遊びに典型的に用いられるような拡大領域（macrosphere）へ移動する人になっている。[*]

発達の**心理社会的図式**では、**自律性**（autonomy）とその対をなす**羞恥心**（shame）が肛門-尿道期と結びついて、ひとつの発達的な傾向性を示している。私もまたこの尿道-肛門期における自我の強さの本質的な基準として、**意志力**の原型を考えてきた。これらのすべてがフロイトの尿道についての夢を支配しているように思われる。政治的な運動と結びつく自律性の主題は、若者の反抗や民族的な差別への反乱や、地方自治の自立運動や、また独立戦争になる。ここで言っている**自律性**（Autonomie）は、子ども時代に場所をわきまえず排尿欲求を満たすことや、学校時代の横着な反抗など、さらにまた大学生の「粗野な」行動から、休暇前で遊びのことばかり誇大に考えている医者までを含んだ、無遠慮な個人的欲求の情動をともなっているものである。

右に述べた「無遠慮な」というのは、ドイツ語ではウンフェアシェムト（unverschämt）である。つまり、恥という語に本来含まれている制約という要素がはっきりと欠けている。この夢の中で、夢の主人公が戸惑いについて、「過度に代償的」に否認しているところから、どのように恥の感情に戻っていくのかを知ることができる。これに関連して、**意志力**の問題がさまざまなかたちをとって表れている。つまり、幼児的なしくじり行為を強引にしてしまう意地っ張りや、子どもや成人の旅行者に要求される意志力、両親や権力者のもっている優越した意志、老境の中に見られるだらしない自制心の欠如、権力者の意志や若者の不屈の意志、衰退していく専制的な支配者の弱々しい神経質な意志と民衆のもつ生成発展する意志など。ここで印象的なのは、その夜に眠っていた人のかかわり関与《アクチュアリティ》を支配していた発達的な段階に見られるイメージや態度が、すべて示されていることである（尿道帯、排泄的・保持的な状態、心理社会的な自律、社会的な羞恥心、意志の問題など)。同時に、それ以上に、この発達段階の主題が、成人の関与性の種々の側面の中に入りこんでいる自由の問題が見られることである。というのは、トゥーン伯爵の夢は、政治的な傾向をはっきりと示していて、夢の主人公は自分の不屈の哲学にもっとも近い親近性を見出しているからである。そして夢は、主人公の男根的な接近や知的な自発性、職業的アイデンティティをすべて再認識して終わっている。これらのことを私は最後に強調しておきたい。

主人公の差し出した容器に、老人が小用をしているとき、この夢の主人公は弱々しい少年ではなく、下層階級の人間でもなく、(主人公が強く感じていたように)ひとりの優しい治療者であり、鋭い観察者であり、新しい領域のすぐれた開拓者である。ここで夢の主人公が、自分の生涯の中で、創造性の能力を発揮する正確な働きを再び獲得していることは見過ごすことができない。というのは、フロイトは新しい諸々の方法を発見した医者であり、解放者であり、(職業的な文脈で言う)第一級の政治家なのだから。言い換えると、実生活の中で、自分のアイデンティティや有能さや、力を与えることのできる統制を夢から引き出しているからである。一方、彼を疑う人々は、排泄に対しても、真実に対しても、自己自身に対しても、自制の力を失っている老人として描かれている。この時点になると、主人公は自立し、解放される。つまり、「私は計画を考え……そして、この考えはすでに実行に移されていたのがわかる。あたかも思考と経験がひとつであり、同じものに思われた」というのだ。

これはフロイトが、夢の中に見られる誇大妄想と呼んでいる傾向のクライマックスである。この誇大感は夢の主人公自身に実行力の感覚と、「出口の関門」を逃げ出すことができるという実感がある。しかし、夢の気分は強い軽快な要素が漂っているが、このような自己拡大感を与えるのは、夢の中の自我の役割であると私は思って

＊　エリクソン著、近藤邦夫訳『玩具と理性〔新装版〕』みすず書房、二〇〇〇年を参照のこと。

いる。というのは、日ごと感じている日常の満たされない願望、また満たしようもない願望、脆さや制約されているという日頃ついてまわる実感の中で、逆に夢は私たちに完結性と中心性と有能さの感覚――言い換えると、活動的な自我状態で目を覚まさせる。イルマの夢の分析で述べた*ことであるが、夢は「葛藤からの解放（conflict-free）」された状態のために、本質的な機能をもう一度とり戻さねばならないことである。しかし、「葛藤の欠如」や「中性的なエネルギー」は関わりや行為の世界に結びついていく方法としては、やや不十分であるのだが。フロイトは夢を見ていたとき、夢が**わかった**と述べている。実際、はっきりと目覚めたとき、フロイトが誰よりも先に夢をわかったということであり、見事なやり方で何をわかっていたかを彼は示すことができた。夢の終わりで、彼はみじめな老人の世話をするが、日常の生活でもフロイトは死の床にあった自分の父の面倒をみていた。その上に、それまで不治の病**として誤解されていた生成変化していく人々の面倒をみていた。

夢は夜中に跳梁《ちょうりょう》する願望たちを検査する**検閲官**の要求に従って形成されると同時に、これからの日常生活の期待に承認を与える**保護者**（sponsor）(原注)に訴える機能がある。この考えはロイ・シェイファーの言う「優しい超自我（loving super-ego）」という概念と密接な関係をもっている。[17] 私はベルトラム・ルインの論文「デカルトの有名な三つの夢」を思い出す。[18] この論文でルインは発現力（force of a revelation）を問題にして、この力を睡眠中のてんかん経験や「デカルトの思想」の「起源の出所」として解釈している。夢を日常の行為と関係づける彼のやり方は、私の方法とは違っている。これは次に述べる歴史的かかわり関与性《ヒストリカル・アクチュアリティ》で明らかにしたい。ここでは次の点を指摘するだけにしておきたい。つまり、デカルトもまた、「科学の基礎を発見したという思いに満たされ……これは何と素晴らしいことだ」という興奮状態でベッドについた。その結果生まれた、デカルトの三つの夢***は、激しい危機を示しているように思われる。つまり、心身症的（というのは、デカルトは幼児期に病弱だった）、性的（漠然とした暗黙の話として）、道徳的（というのは、神や悪魔が彼の知識を増大したのかどうか、という疑問があった）、知的な危機である（この点で正しかった。しかし、彼が正しいとする資格を有していたのだろうか）。彼が夢を見たのは二三歳の時である。三つの夢は若い思想家が思想史に位置を得ることを許される、私的なイニシエーションであるように思われる。最後の夢の中で、突然ひとりの男が、彼の後ろに現れ、デカルトの前に数冊の本と数枚の絵をおく見えない力があり、そしてその男は見えなくなっていく――これは明らかに「与え、かつ取り去る」力を示している。このようにしてデカルトも夢に「保護されて」、夢を見ていることを知り、その夢の意味を知った。

フロイトのトゥーン伯爵の夢の終わりのところには、幼児期の羞恥心を逃れ、自分は「ひとかどの人間」であると証明したい願望の野心的な結果の、犠牲者を思わせる見知らぬ男が出てくる。英語訳によると、この男は目が不自由である。賢明な夢の主人公さえも、自分の身を隠そうとしている。しかし、ドイツ語原文では、男はただ「目が不自由なように見せかけていた」、となっている。しかも、それは片目だけ。この目の表情は、ドイツ語の「彼は片目をつぶる」という句を思い出させる。これは何が起こっているかわかっているが、黙認しているという意味である。また一方、このしぐさはウィンクにも近い。つまり、その態度は創造的な主人公の「うきう

（原注）この用語はK・スチュワー博士の示唆による。

＊　E. H. Erikson: The dream specimen of psychoanalysis. *Journal of the American Psychoanalytic Association* 2, 5–56. 1954.

＊＊　精神病のこと。

＊＊＊　「デカルトのロレッタ詣りの夢」として知られている三つの夢。第一の夢――何か悪い霊によって、自分の意志が縛られている。第二の夢――電光と雷鳴を伴って、よい霊が臨む。第三の夢――ローマの詩人アントニウスの「わが生の道は、いずれに従うべきか」という詩句を探し出した。デカルトはこれらの夢で、真理の霊が神によって与えられたと感じ、哲学全体を独力で新しくする仕事を天職として与えられたと考えた。そして、このことを聖母に感謝し、聖母マリアにゆかりの北イタリアの聖地ロレッタへの巡礼を誓ったといわれている。この夢の時期は、彼の主著『方法序説』の第二部を執筆している時期にあたっていた。

き」とした自信をもって、父性的な陰謀を暴いているのではないだろうか。

これまでのところをまとめてみたい。よい睡眠は、眠りから覚めるという安全操作をゆるめ、過去の幾つかの出来事を取り戻す。夢の世界は、もっとも最近の自我のもつ克服感に対する危険を、以前のもっと遠い問題につくり直す。そのために個人的な幻想と自分らしい巧妙さで、パターン化された意味のある過去のものにして、この過去を、これから起こるかもしれないかかわりの話の筋にしてしまう。眠りをとっている人が、緊張がなくなり、楽しい夢を見て、すぐ行動に移れる状態で目覚める場合、眠りの中の自我は本当に「弱い」と言えるだろうか。退行していない自我のみがおこなうことができるような仕方で、かかわり関与性《アクチュアリティ》を働かせてはいないだろうか。全く停滞している自我は、夢見ることができない。その上、なかなかすっきりとは目覚めないし、また目覚めているときにも、失敗が多い。夢が形を変えた幼児期の願望を含んでおり、またこのような願望が眠りを妨害から守るとすれば、次のように考えてもよいだろう。つまり、よい眠りと有効な夢見は、自我の活動的な緊張力を夜ごとに取り戻すための必要条件である。実際、夢はもっとも個人的な心の現実を見つめ直すのに、もっともその人らしい独自の方法を使う。また同時に、これから目覚めようとする人に、他人と共有の世界である自我のかかわり関与《アクチュアリティ》に参加していくために、もっとも効果のある手段を復元させる。

ここでトゥーン伯爵の夢を見直す目的は、第一に、夢見によって自我が活動的な緊張状態を回復していくことを実証すること。そして第二に、夢の刺激によって再現された幼児期の発達段階をもっと組織的に跡づけてみることであった。トゥーン伯爵の夢は、主に排除的な様態だとしても、尿道的な資料は、また必然的に男根-尿道的な問題を示す事実があることを見逃すことはできない。この点はさらに、他の一連の発達的な資料、つまり侵入的様態、自発性、罪悪感（あるいは罪悪感の否定）、目的性——そして幾つかのヒステリー機制と結びついていることを実証することもできる。けれども、この夢の見本の全体を心理性的な発達の**第三段階、つまり幼児性器的段階**のかかわり関与《アクチュアリティ》を例証するために見直すのなら、むしろ患者イルマ[19]についてのフロイトの夢がそれにふさわしいと思う。しかし、イルマの夢を以前に問題にしたことから言えることは、[20]右の点はトゥーン伯爵の夢では背景になっていて、歴史的かかわり関与性《ヒストリカル・アクチュアリティ》の中に見られるということだけである。

　よい夢を見る人が自分に対してすることを、精神分析は患者に対してしなければならない。つまり、心理的現実と歴史的かかわり関与性《ヒストリカル・アクチュアリティ》との間を生産的に関係づけるのである。フロイトは精神分析という方法で、活動的な自我の緊張力を回復させる試みの共同作業をする人として、患者を参加させた。フロイトは夢見と思考との間の瞑想状態を研究の道具に変えた。同時に、計画された身体的拘束と最小限の日常的なやりとりのかかわり関与《アクチュアリティ》、つまり「精神分析的状況」を生み出すことを忘れなかった。しかし、二人で無意識過程および内的な力動的な変化を研究するのに、時間と共に運動を拘束するというかかわり関与《アクチュアリティ》の仕方は、日常に起こっている出来事のテンポと際立った違いを示す歴史的な過程の感覚を与える。だから、ここで精神分析と歴史的かかわり関与性《ヒストリカル・アクチュアリティ》の関係についてひとこと述べておきたい。トゥーン伯爵の夢を用いて、夢の中で観察することのできる適応過程に、これまで全生涯の中に流れている歴史的な諸傾向が見られることを示してきた。長期のもくろみとしては、共に歴史を形成している内的生活と人々（指導者や従属者）のかかわり関与《アクチュアリティ》との相互作用のよりよい理解を進めるということである。実際、フロイト自身の生活（および夢の世界）と思想史において、彼が期待した役割を、もっと組織的に結びつけることができるだろう。しかし、私はここでは、方法論の問題と、私たちにとって必然的に将来の関心となる歴史的な諸過程の問題の方に話を進めたい。

　歴史は、精神分析においてはこれまであまり問題にされてこなかった領域である。もちろん、精神分析家は再構成という道具をテストするために、**過去の歴史**に目を向けてはきた。しかし、過去において経験してきた幼児期を基礎にして、指導者や大衆の行動を説明するような一方向的な立場に、私たちはもはやとどまることはできない。『青年ルター』[21]の著書の中で、ルターの幼児期と青年期を通して、改革者とその人の幼児期、および改革を受けいれる人々とその幼児期が、政治的なかかわり関与性《アクチュアリティ》と共に、ある決定的な歴史的行為*として結晶するのは、適応と再適応過程の時代的なスタイルのすべての側面であることを、私は示したかった。

臨床の場面から歴史の領域へ入るには大きな段差がある。歴史を大きくて複雑な精神科病院と見なすだけではその段差は埋まらない。このように言うのは、ロンドンの演劇評論家が最近の舞台を見て、歴史は劇作家の精神科病棟になり下がってしまっていると述べているのを、私の言葉で言い直したのである。T・E・ローレンスやマルティン・ルターなど、歴史的人物を舞台に上げた場合、あまりにも患者そっくりで、実際には歴史的事実として民衆を鼓舞し、立派な指導力を発揮した行動の人が、ただある時期、神経症に罹り、歴史的悲劇に縛られていたにすぎないのだと言っているのだ。

なによりまず、偉大と言われる人物の研究には、同じ範疇に入る他の人物に光をあてるものでもある。マサチューセッツ工科大学とハーバード大学で、偉大な改革者や思想家の研究を私たちはおこなってきた。（私たちが見出したものは）、これらの人々の情熱は、幼児的な「落ち着きたい努力」とか、彼らが抱えて生きていかねばならなかった「禍い《わざわ》」というようなものである。ルター、ガンジー、キェルケゴールといった人たちは、自分の日記や公刊した書き物の中に、何が自分たちの「禍い《わざわ》」であるかをはっきり述べている。たとえば、ルターの場合、禍い《わざわ》は父性的な残虐性であり、自分の父からのものであり、教師たちからのものであり、ローマ法王からのものであり、子ども時代に受けた信仰の教義《ドグマ》からのものであった。ガンジーの場合、父の死であった。あるいは、いろいろの機会でも同じであったが、最後には父を死に追い込んでしまったという確信であった。キェルケゴールの場合は、自分の父の秘密の堕落（depravity）が自分の運命と結びついているという奇妙な禍い《わざわ》であった。しかし、いずれの場合にも、父親たちは息子たちに対して、過度な反抗や憎悪が表現できないような関係で縛っている。また同時に、同じ仕方で、父親たちは息子たちに、世の中で自分が必要とされていて、そのために選ばれた人間だという意識を与えている。このようにして当の息子たちは、子ども時代や青年時代に、孤立していたり、身体的に虚弱だったり、劣等感をもったり、恥ずかしがり家で臆病であった。しかし、内的に崇高な使命感と義務感をもち続けることができた。慎重に考えて言えることだが、これらの諸例にもまさり、しかも同様の主題を示す人たちがいる。ウィルソン**はこの中に入るし、女性の世界では社会問題の偉大な指導者であったエレノア・ルーズベルト***がいる。これらの人々には共通したところがある。子ども時代に非常に強く、しかも早熟な良心を示し、若い時代にも一般に老けて見えた。彼らは、自分たちが価値のない者だという強い意識をもち、同時に「究極的なものへの関心」をもっている。青年時代には、このような意識や関心を誰でもするような方法で忘れようとする。短いが暗澹とした時期に、ルターは歌を歌い、ガンジーはワルツを踊り、キェルケゴールは酒を飲んでいる。しかしやがて、幼年期に培われた、自分は選ばれた者であるという意識が、次のような自分の確信のうちに根づきはじめる。その確信とは、すべての生き物までとは広がらないとしても、人類に対する重い責任を負っているという信念で生活をし、そのため「偉大なる自己放棄」をおこない、逆に（ウィルソンが言うように）「さらに大きなスケールで活動することに身を捧げる」かたちで、責任の重荷から解放されるようになる。

しかし、これまで私が述べてきたことの多くは、逆に犯罪者や落伍者にも当てはまるだろう。だから、もうひとつのことをつけ加える必要がある。歴史上の偉大なこれらの男女は、身体的にまれなエネルギーをもち、驚くべき精神集中の力がある。また、全霊をあげて行動し、試行錯誤し、ほとんど精神的破綻をするぎりぎりの中で民衆をとらえると同時に、民衆がこの人たちを見出し、取り入れるときのくるまで続いたのである。

＊　この場合、宗教改革の発端になったルターの九五か条の提題。
＊＊　アメリカの第二八代大統領（在職一九一三－一九二一）。明敏な大統領として知られる。国際連盟創設に貢献、ノーベル平和賞受賞者。
＊＊＊　アメリカの第三二代大統領夫人（一八八四－一九六二）。明敏なリベラル派の女性運動家として知られる。

この関連でアイデンティティの心理社会的理論が歴史的な道具となる。ひとの意識的な「感覚」と同時に、無意識的な側面とつながっている力学的な性質については、ここでは繰り返さないでおきたい。歴史的かかわり関与性《ヒストリカル・アクチュアリティ》の中で、種々のイメージ、アイデア、力などのまとまりが、大まかに言って「自分らしい」と感じ、「自分らしく」行動する。歴史的な用語で言うと、自分の歴史的な諸々の自己を考慮するようになるようなものである。同じように、アイデンティティの混乱というのは、自分たちの人格の中核を偽り、「自分たち」の時間を自分たちで摑めないと感じている状態と言ってよい。

歴史をみると、突然の疎外感が広がって、アイデンティティの空白状態となる時期がある。現在はルターの時代と呼応した疎外感が充満している時代である。このような時代には、次のようなことが起こりやすい。つまり、私たちの世界像の時空間の概念を、（武器を含めて）本質的に、しかも急激に拡大させる発明や発見によってひき起こされる**恐怖**、また、指導者のアイデンティティの土台となっていた諸々の制度などが衰退することから誘発される**不安**、そして実存的な**おびえ**である。このような時代には指導者の深い葛藤と特別な才能が「大規模に」活動する場を見出し、同様の葛藤と呼応する諸欲求をもつ同時代の人々によって見出され、選ばれる。ルターを研究する中で、以下のようなことを私は詳細に論じた。やや遅れたアイデンティティの形成となったが、彼の詩編講義は自己治癒と、同時に誇り高いアイデンティティを与えた。また、生まれ変わったキリスト教信仰者のアイデンティティを地域の人々に与える約束をした。これはパウロの神学に根差していたが*、ルター時代の政治的・技術的・経済的発達と「結びついた」ものだった。

アイデンティティの重篤な危機の特徴は、自分のものでないものを明らかにしたい欲求と、自分のアイデンティティにとって、外からの危険なものだと思われるものを排除する要求が非常に高まることである。部族的境界や思想的境界を克服することのできない人間の無能力さは、刻々と変化している出来事に適応する障碍となるのみならず、集団的な大恐慌や大虐殺の原因ともなる。

ここで明らかなことは、精神分析はオープンな熱い戦争は冷戦よりもよいと考えているということである。また、歴史に関する精神分析の方法の模索のために、日記や手記の中に豊富な情熱的な内省の記述の資料を示しており、また、歴史的かかわり関与性《ヒストリカル・アクチュアリティ》が、「ホット」に精神的・思想的な葛藤をはっきり示している人を、私は選んできた。歴史的な決断をしていく人の分析として、自己高揚感によって強く動機づけられているような人（例えば、ウィルソンなど）に焦点を合わせたり、歴史的な出来事の決断に個人的な顕示性は最小にして、冷徹に客観的な判断力と、また訓練されたチームワークが十分にでき、最先端の技術から得られる指標や安全操作を駆使したりする人を選ぶのは不十分であるという人がいるかもしれない。けれども、詳細に研究してみると、自己高揚感と歴史的な決断とは（それが個人的な決断である限り）、同じ次元の上にあることを証明することができると思う。ことに、個人の高揚感が、指導者と率いる民衆の運命を突然に変え、逆戻りすることができなくなるような解決方法の決断をする場合はそう言えると思う。というのは、歴史的かかわり関与性《ヒストリカル・アクチュアリティ》は過去の無秩序から、将来にひとつの秩序を生み出そうとする試みであるからだ。これまでの多くの偉大な歴史的決断は、情熱をもち、民衆に選ばれ、しかも特別な指導力をもつ人が、自分自身の背負っている過去と民衆の過去を結びつけて、共有できる未来像を創り出し、そのようにして実現すべき真実の思いを得て、準備をするのである。

実現すべき真実というのは、直接、かかわり関与性《アクチュアリティ》に新しい見方を与える。その結果、数多くの機会を与えることになる。ガンジーはかつて、次のように述べたことがある（メモからの引用）。「政治と宗教は全く違った別の世界に属していると聞かされてきた。しかし、私は躊躇なく、すべての思いをこめて、こんなことを言う者は宗教の何たるかを知らない連中であると言いたい」。しかし、その後に大規模でサディスティックな群衆の支配

＊　キリストの復活によって、人々の罪が購われるという信仰に対して、パウロはキリストの十字架の死によって、人々の罪が購われると言う。

で、非暴力の原理を踏みにじる、激しい宗教暴動が起こった。ガンジーの影響は、あのまれにみるカリスマ的な高揚に内在するものに見合う力にすぎないものだったのだろうか。また、彼に従った者は人間性の弱さに帰せられてしまうような、大きな偶発的な出来事だったのだろうか。ガンジー自身はそのような見方を決して受けいれないだろう。宗教と政治への彼の深い献身は、そのような評価を許さない。だから、彼に従った者たちが彼の言葉を守れなかったとき、ガンジーは断食をした。このように見ると、政治的な流れは偶発的な運命の積み重ねだというより、心理学的な諸々のつながりをもつものとして研究すべきではないだろうか。そうすることによって、歴史にまで拡大してみることができるのである——これが人生におけるさまざまの神経症的な出来事に、はじめて歴史を適用したフロイトの心理学的な接近法なのである。フロイト以前までは、人生の諸々の出来事も、まとまった意味をもたない、単なる断片の寄せ集めだと考えられていた。

精神分析家の仕事は、人とのかかわり関与《アクチュアリティ》を妨害し、将来へ開かれていくことを拒む過去の諸々の経験によって、統合の過程が停滞している道筋を、事例ごとに研究することである——ここで過去の断片というのは、例えば、納得できていない記憶、満たされなかった衝動、軽減できていない恐怖、ぎくしゃくした人間関係、良心の過酷な要求、利用できていない能力、アイデンティティの不十分な形成、抑制されている精神的な要求などである。強く抑圧して沈殿した過去になっている精神発達の段階と危機と（事例史、生活史、自伝など）を研究することによって、また、近年においては、個人や社会の中にある内的な秩序が再び活性化して新しくなっていくさまざまの機制を見つけることを学んできた。

歴史的な諸過程についての研究の、精神分析へのもっとも大きい貢献は、（とくに強く望まれているにもかかわらず）現在の歴史の中でさまざまの決断を阻んでしまう、過去の歴史から生まれた無意識的で内的な障害となるものを明確化できることであろう。精神分析は**心理-歴史的なかかわり関与性**《アクチュアリティ》（psycho-historical actuality）と呼んでもよいかもしれないが、これは個人の内部での適応的な期待および、逆に不適応的な不安に直接に関係した歴史的事象や力の総体を明らかにすることに役立つ。この歴史的事実や力の総体は、かかわっている個人の適応的な期待や不適応的な了解を、個人の内的-制止的な問題や、特定の民族の歴史的な感覚を高めるのにも役に立つだろう。自分が生きていく上で、もっとも適切なものが民族の将来の歴史をつくりあげていく。というのは、歴史的かかわり関与性《ヒストリカル・アクチュアリティ》は過去を変容させて、将来のより一層の包括的なアイデンティティを生む源泉を指し示すからである。

歴史的な決断というのは、実際のところ歴史的かかわり関与性《ヒストリカル・アクチュアリティ》での非常に濃縮した瞬間である。というのは、ここで決断する者とこれを受けいれ、維持する者との力がひとつに溶け合うからである。このことを理解するためには、歴史家**ならびに**精神分析家は次のことを学ばねばならない。つまり、各個人の生活はその人のそれまでの人生から得た論理をもっているが、同時にすべての生活者は特定の歴史の一コマの中で、互いに深い関係をもちながら、ある種の歴史的な論理、つまり、生活者の所属している集団の論理を共有しているという事実を十分にとらえることを学ばねばならない。これらのことは、人がお互いに同一化し、また生徒と同一化し、制度が人と同一化し、民衆が指導者と同一化し、指導者が民衆と同一化していく仕方の中に含まれている。このように同一化しながら、一方では反対者や敵を拒絶するのである。(反対者や敵を非同一化するということができるかもしれない)。

これらの起源はすべて、幼児期および生まれてはじめて自分の相手となった人との同一化の中にある。後の生活の中での新しい出発、また私たちのイメージや情動の中で、幼児期の経験の層と呼応するところでは、王様や指導者は父となり、兄となり、国家やアイデアは母となる。このことを私たちは当たり前と見なしているが、同時に、再検討して研究していかねばならない。というのは、各年齢はその年齢にふさわしい独自の相互交渉の過程をつくりあげるからである。しかし、また多くの人の中に同時に生み出されるものは、ひとりの個人に見られる反応とはまた違った性質をもっている。とくに、政治的な重要性を決める集団のまとまった行動では違ってくる。

国家と個人とは、全く違った組織体であるので、これまで認められ、名づけられてきた幼児的・前合理的なものは、第一に各個人の生涯の問題として、そして、第二に地域社会の問題、つまり社会制度の持続性に関する問題として研究されなければならない。とすれば、心理‐歴史的なかかわり関与性《アクチュアリティ》は二つの構成要素をもつことになる。まず、個人のアイデンティティ形成を可能にする歴史的な変化の適切性。次に、歴史の特定の時点で、特定の社会に支配的となってきたアイデンティティを形成する歴史的な変化の適切性である。

これに対して本物の指導者が、民衆のさまざまなかかわり関与《アクチュアリティ》を直感的にとらえているかどうかにかかっていることは明らかである。つまり一定の方向へ力強く行動しようとする気持ちの高まりがあるかどうか、そしてこのような民衆の動きのかかわり関与《アクチュアリティ》の中に、（パーソナリティとして、イメージとして、またスタイルとして）新しい生き生きとした要因として、自分を投入することができているかどうかにかかっている。どのような大きな決断が成功するかは、指導者のもつこれらの二つの能力にかかっている。だから、指導者の歴史的な位置づけをするには、指導者が出会っているかかわり関与《アクチュアリティ》を知らねばならない。それと同時に、そのときに民衆が、その決断を受けいれる力を素早くもつようになる諸影響を知らねばならない。というのは、指導者の決断は、そこにある内的な諸々の可能性を解放しなければならないからである。この内的な可能性の解放が弱いと、大規模のアイデンティティの喪失状態や適応の働きに衰退が起こり（個人的にも、集団的にも）、「一発勝負」で事を片づけるような非合理な憎悪感を生み出してしまうのである。

このような心理‐歴史的かかわり関与性《アクチュアリティ》における問題の中にある力を知るということは、特定の時期において、人はどの点で現実を歪め、憎しみを抱いて退行するようになるかを理解しようとすることである。さらに、自分のかかわり関与《アクチュアリティ》の中で引きずっている、過去の記憶をのり越える準備がどの程度できているかを理解するということである。そしてもっと大きな包括的な同一化――このような同一化が決定的な行為のテコになるのだが――

を得るために、もっと合理的な展望を解放し、つくり出していくのである。

ハインツ・ハルトマンは最近、私たちの内部に隠された説教者について論じている。(22) しかし、私は日曜日には表だって説教する国の伝統をすでに、このように利用はしているが、* 世の終末と結びつけて自分の教条を宣伝する説教者の特権まで利用することは慎みたい。理論というものは緊急の事態に合うようにつくられたからといって、一層真実に近づくわけではない。また、白熱した論議に打ち込むことを阻むような大きな危険もある。しかし、どのように言葉に表してよいかわからないような、背筋が冷たくなるような歴史的状況の変化の可能性を無視してはならない。フロイトは、第一次大戦の終わりにあたって、殺戮の後には、エロスが治癒力と回復力とを再び発揮するだろうという希望を表明できた。しかし今日では、エロスすら致命的に痛めつけられ破滅への道を歩んでいるのではないだろうか。

右のことがわかると、次のことも理解できるだろう。一致した行動への参加のときがきたと感じると、私たちは生まれながらの人間としての権利と義務感を自覚して、強い抵抗を示すパルチザン集団のメンバーにもなる。ここでは政治的なかかわり関与性《アクチュアリティ》を扱うための精神分析的概念の利用に限定して問題にしている。しかし、私たちは自分の専門領域に関連しているかもしれない他の専門領域に無関心である。またさらに、人間性に関して特別な洞察をもっているために、これらの問題に接近する内的な制約を感じている。というのは、内的な心理の力動性を分析することができる状況は、政治的な決定がなされたり、影響を受けたりする事柄とほとんど正反対の位置にあり――つまり、観察と実行、省察と解決とがほぼ逆になっているからである。この点を認識することは、現在**進行しつつある歴史**へ接近する道を見出す第一歩であると思う。

＊　この論文の元原稿は、学会での日曜日の総会講演であった。

数えきれないぐらいの時間、生活史に耳を傾けている心理療法の実践家は、個人に対する歴史的変化の影響についても意見をもっているべきであるといつも教えられた。世界の不穏な出来事に関心をもち、それに心を動かされながら、一方では横になっている患者が「自由に」連想をおこない、世の中のことを語りながら、心理的現実に直面しているのに聞き入りつつ、ときどきこのことを思いめぐらすことがある。また、精神分析状況に長年なじんだ後に、一層強い親しみの気持ちをもちつつ、自分のかかわり《アクチュアリティ》関与的な世界に帰っていくのは、わずかに限られた人数の患者と精神分析の訓練生のみであるということにも、目をつぶることはできない。さらに、社会的に共同に分け持っている事実性と自分独自の心理的現実を強迫的に同化させてしまって、家庭、仕事、研究、市民であることなど、鋳型にはめこんでいるように行動している人も少なくない。このような人たちは政治的な変化を生むには、欺瞞を剝《は》ぎ取り、防衛を明らかにし、心理的否認に挑戦して、現実性の感覚を社会的な出来事の上に拡大しなければならないと主張する。しかし、その社会的な出来事の構造については無関心である。もちろん、この傾向は知的な啓蒙主義の精神の中から生まれたのであり、その同じ根から精神分析も新しい道具——新しい武器を見出してきた。精神分析の職業的アイデンティティは、その伝統と特性から、合理的な啓蒙主義や個人の自由を尊重する教養と考えが同じである。だから、精神分析家は単に「現実」を意識しているというだけの価値を、比較的オーバーに評価し、政治力の本質を無視するリベラリズムのもつ方法と武器を支持し、それをさらに強化しやすい（そして、リベラリズムによって自分も強化される）。

そこで現在進行中の歴史に関連して、精神分析の方法について、二、三の問題を述べて話の結びとしたい。すでに指摘したように、人を変化させるという範囲での精神分析的な方法の中でのかかわり《アクチュアリティ》関与は、二人がかかわる人間状況の中で、政治的な決定をおこない、それを維持していくものとは大きく違っていることをわかっていなければならない。精神分析は臨床的な方法として、はじめから組み込まれている統御《ガバナー》力をもっている。つまり、臨床的な方法としての精神分析は、患者と治療者が共に十分な過去の経験の吟味と内省的な顧慮もなく、起こった大きな変化を黙って見過ごしてしまうことはない。だから、解釈、期待、予測は、すべてよく調べられた証明済みの過去の予測に基づいている。このように精神分析は制御された場面においてのみ、「有効に働く」のである。その場では、神経症的なものの除去、本来の治癒力の回復、あるいは、おそらくどのように決めていくかがわかっている天賦の才能をのばすことが目指されている。また、大きな集団の中で、その成員が求めて、その方向にまさに動こうとしているにもかかわらず、これに大きな抵抗が起こる理由を理解するのに、精神分析的な方法を利用する可能性についても、すでに述べた。けれども、そのような歴史的な変化を実現する決断そのものは、特殊なかかわりの中で、意識的・無意識的な諸要素、また個人的・集団的な諸々の反応を包み込んだ「持続した瞬間《とき》（the hour）」がもつ超越的な要求への全体的な反応にちがいない。心理的な先入観そのものは、政治的また体制的な判断には役に立たない。ときには、私たちもよくわかっているように有害ですらある。例えば、はじめのころ、誇りをもってやっていた、文字通りの地下活動とは大きく異なった状況で、精神分析の訓練体制をつくりあげようとするときに出会う困難などである。私たち自身もまた、現在の西洋文化の体制として、またそのひとつの要因として歴史をもっている。歴史過程を研究しはじめてから、他の人文科学者と同じく——私たち自身の歴史の問題に直面して驚かないようにしなければならない。新しいアイデアや新しい運動、新しい国家はすべて、はじめはあたかも歴史がないように思われる。歴史があるということは、過去の失策のみならず、悲劇的な罪をも受け継ぐということを意味している。例えば、精神分析の幼児性欲に関するもっとも初期の理論化は、自意識をはっきりもった言葉によって記述したということはおいて措《お》くとしても、時代の性的な社会規範や芸術的なイメージの領域を侵害するところがあった。これに対する抵抗は、その理論化そのものを強く拒絶するものであった。現在も、今度は逆に、幼児性欲の力によって、歴史は書きかえることができるであろうといった、イドのユートピアを描いてきた人がいたし、また描いている人もいる。

　だから、私たちは現代の主要な課題を回避することはできない。その課題というのは、私たちの前の世代よりも、もっと意識的に、そして敏感に、歴史的かかわり関与《ヒストリカル・アクチュアリティ》に責任をもって参加するということである。しかし、このように述べる瞬間から、その本質からくる方法論的なものが問題となり、その意義の面からすると、倫理的なものが問題になる――これらの問題のすべては、精神分析がこれまで重点をおいて研究を進めてきた事柄なのである。だから、いつもの通りに観察者であり、かつ参加者であるという私たち自身の位置を明確にするということだけが、精神分析の方法を持続して純粋に保っていける方法である。(もし保つことができればということではあるが)。このように見てくると、さらに二、三の注意すべきことがすぐに思い出されてくる。

精神分析家の職分がどこで、またとくにいつ発揮されるかが明確であれば、精神分析家は恣意的にその方法を用いて、自分の嫌いな人の秘密を暴露したり、攻撃したりすることはできない。それより、むしろ不合理な没入とか、病的没頭とかいう考えや尺度を観察する対象に当てはめるのみでなく、観察する自分にも当てはめねばならない。病人と同時に治療者にも、扇動者と同時に平安を求める人にも、行動型の人と同時に、座して考える人にも、当てはめることが求められる。このように啓発された職分と対になった普遍的な客観性というものは、医学におけるヒポクラテスの誓いと、まさに対をなすものだと私は思う。この意味から、精神分析の方法は本質的にヒューマニスティックなものである。だから、普遍的レベルにおいて、一貫して持続する啓蒙性に対してのみ、効果的に用いられるものであり、他人をかき乱すための技術となることはできない。

しかし、自己分析が、精神分析的な方法に本来的に常に内在しているとしても、歴史の理解に本質的な作業、つまり攻撃的・破壊的な行為と精神分析の研究の関係を、これまでのところまだ明確化できていないと私は思う。例えば、関連のある研究者たちとの討論会で、戦争賛成派とコチコチの平和愛好者との主な説明として述べられる「死の本能(death-instinct)」を耳にすることは、それほどまれなことではない。

死を概念化する試みの中で、フロイトが本能の「神話学」の範囲にとどまり、「死の本能」を言い出したという事実は、概念の形成の歴史の問題である。しかし、死の本能概念そのものは、また潜在的な破壊性に関する精神分析的な論議の多くを、抜け出せない空想的な袋小路に追いこんできてしまった。しかし、フロイトのアイデアから離れる前に、これらの壮大なアイデアは、少なくとも理解されなければならないのだということを示唆していたのだということを分かっていなければならない。しかし、臨床的観察は「攻撃性《アグレッション》」という用語を用いて、さらにわかりにくくしてしまった。つまり、対象に対して、きっぱりした態度をとるという意味から、ものを無に帰してしまうという意図をもった攻撃まで、何でも意味するものになった。しかし、私はもっと「実際的な」理由があると思う。つまり、有能さの追求、征服欲、力への激しい衝動などは、徐々にしか精神分析的な吟味の対象になってこなかったからである。と言うのは、個人の専門的なかかわりの中で、これらを認めることに躊躇があるからだ。治療と理解、そして理論化する活動というものが、隠されたサディズムだという疑いの目で見られていたからである。あたかもナイフが用いられ、生身の人が切り裂かれ、あるいは武器が改良されていくようなものとして。他のどのような研究方法でも同じように、もし外見的には血を見ない武器のように見えても、力への衝動、論理的に鋭く正確なものへの欲求を満たすのだという意味については、精神分析研究の歴史がはっきり示している。しかし、大量の殺戮を生む「人間的曖昧要素を排除して」「客観性の科学」が悲劇をひき起こす時代の中で、科学的な精神について自己吟味をするのは、精神分析の責務ではないだろうか。

　科学が戦争を拡大するために、計画的に利用されることは明らかであり、近代の科学的な軍事力は非常に恐怖の目で見られている。しかし、戦争と平和の問題は、もはや、一方は戦争好きの好戦的態度の問題であり、他方は科学と学問の平和的追究の問題であると、割り切って考えることはできないことを、現代の歴史は明らかにすべきだろう。核兵器を生み出していく際の科学の役割は、大きな声で叫ばれている国家への献身やデモクラシーの感情と一体となった技術的な革新の必然的な結果だったのだろうか。そして、その後に続く軍事拡張のエスカレーションは、やや「正気」を失った人間の向こう見ずの野心と不安の結果起こったものなのだろうか。知性のある観察者や熱心な支持者は、技術的な発明や大量破壊の繰り返しや、精神的な革新と道徳的な熱狂性の繰り返し、相互理解と正義のための絶滅の繰り返しの中において、精神的な問題から人々の歴史的な役割に直面することを、しばしば拒絶しているように思われる。

ロバート・オッペンハイマー*は、全人類を絶滅させてしまう危険に目覚めている科学者の感覚を、「罪」ということばで表現している。しかし、このような科学に結びついた悲劇的な罪とは、科学者が自分の考えていた以上にひどい武器を造ってしまい、前もって予想もしなかった目標にこれを向けてしまったときにのみ当てはめられるべきなのだろうか。ともかく、罪ということばは適切ではないと私は思う。科学や技術の発展の図式の中には、何か目標のない、そして境界のないようなところがある。これは征服や支配という別の様態と関係づけて、歴史的・心理的な問題の中で理解されなければならないし、またその個人の心の動因と企業の成長の中で理解されなければならない。

このことは、私たちの私的な会話や公的な論議に別の制約を前提とすることになる。治療の場の現実に特別関心をもちながら、私たちは、一方で非合理であると診断し、したがって病的であり、もっとひどく言うと「狂気」、前合理的、不合理的な思考様式である、などと診断している。しかし、個人の狂気と集団の非合理性とを類似したところがあるという言い方は、全く間違ったものになるかもしれない。その理由は、個人の狂気の内的状態と、集団の非合理性を生み出している社会状況との間の、組織的な違いを不明確にしてしまうような間違いを生むからである。問題は、非合理性は前合理的な思考過程や合理的な思考過程とともに、どのぐらい続くかということである。そしてもっとも正気の人間の場合では正確にはどうか、「正しい」制度の中では正確にはどうか、ということである。というのは、この結合《つながり》の関係こそが、適応を衰退させ、高度に計算していく理性をくもらせてしまうからである。前合理的機制（例えば、投影や取り入れ）は、発達的には早期の、構造的には原始的なものが、思考にとって基本的に必要な機制である。しかも人（正気の人）も非合理の状態になると、この思考過程にまで退行し、その上、合理的思考のための情報や動因が欠けている場合、ことに、**適応不能**の状況に結びついている。漠然とした憎悪感がある場合には、これらの思考の逆行が起こる。このような憎悪感が指導者によって悪用されると、これを餌にして強い義務感を課したり、業績をあげる土台としたりして、私たちを縛る。このような事実の中に見られる理性の欠如は、狂気の本質ではない。これを改善するには、政治的なコミュニケーションを有効に利用しながら、同時に不合理的な思考を利用しないでいられるぐらいの十分に目覚めている指導性が求められるのである。

要約すると、精神分析家のものの見方は、生き生きとした未来のものとなることのできる可能性のあるものに、過去の病理的な影響を示す症状を、個人の歴史の中で明らかにして、敵意のある緊張感の中心で、もっと包括的なアイデンティティの指標を識別することである。しかし、このような歴史的な資料の対処の仕方が現代の歴史に適用されるとすれば、もう一方で、政治的な歴史家や歴史的な目をもつ政治家の側で、彼らにとってもっとも馴染みのある政治という過程の中で、現在進行している歴史を早計に判断してしまう伝統的な「コンプレックス」とは一体何であるかを、はっきりと認識するものを生み出す努力が必要とされる。部分的で地味ではあるが、幾つかの試みが今日までなされている。よい例としては、ジョージ・ケナンの『レーニン、スターリンと西方世界――現代国際政治の史的分析』である。この著書でケナン自身が述べているように、心理学と政治との境界の問題、つまり敗北した敵国が無条件に降伏するのを見たいという、戦勝国民のもつ危険な要求――この要求が、今日の世界の国際間の緊張を生む重要な契機となったもの――に関する明晰な考察を加えている。問題は、歴史家と精神分析家は、心理的現実と歴史的かかわり関与《ヒストリカル・アクチュアリティ》の溝を埋めることができるかどうかである。それは両者によって、指導者や民衆の意見や行動が国家主義的観点から見て、非合理なものに見えるかどうかだけでなく、見えるとすれば、歴史的事実性の中で、どんな第三の道が早急に実現されねばならないかということである。またさらに、どんな期待不安が危険なものかを明らかにするだけでなく、また同時に、もっと包括的なアイデンティティの感覚や安心感を得るには、どんな機会が用意されねばならないかが問題となる。というのは、個

＊　第二次大戦のとき、アメリカの原爆の開発を指揮した中心の人物（一九〇四－一九六七）。

人の適応と同時に、集団的な適応は、得られる洞察と、その洞察に「支えられた行動」とが適切な割合であるときに生まれるからである。

これまで（私にわかる限りで）個人の生活史および歴史におけるかかわり関与性《アクチュアリティ》と名づけてきたものの位置づけをおこなってきた。読者の中にいらっしゃる認識論者はおそらく、「現実」には、私の言うかかわり関与性《アクチュアリティ》を常に含んでいると考えられるにちがいない。しかし、幼児的人間と同じく、歴史的人物を理解する際の溝を埋めるために、かかわり関与性《アクチュアリティ》ということを、もっと意図的に、またもっと組織的に取り上げるべきだと、言わずもがなのことを主張するために、皆さんの貴重な時間を無駄に過ごさせたのではないことを願っている。

第6章　黄金律の問題再考

新しい洞察に基づいて、責任の問題を考えると、どうしても倫理学の領域に足を踏みいれざるをえない。このような試みを私がはじめておこなったのは、ハーバード大学医学部での医学の倫理に関するジョージ・W・ゲイ記念講演会であった。この講演はインドのデリー大学およびニュー・デリーのインド国際センターで、一九六三年一月にもう一度おこなった。その後修正・加筆したものである。

普通、講演の演題が発表されても、それがどんな講演内容なのか、あまりはっきりしないものである。しかし、招待されてこの講演に来てみても、タイトルの意味が何かよくわからないかもしれない。というのは、新しい洞察とはいうものの、どこから来た洞察なのか、古い道徳律である「黄金律《ゴールデンルール》」*に、どのような光をあてようとするのか、何も述べていないのだから。そこでこのような講演会に出かけてくることがひとつの賭けのようなもので、その上、紹介があったように、私が精神分析家であるということがわかると、一体どんなことになるのかと、皆さんの賭けの上に、もうひとつの賭けをしているように感じていらっしゃるかもしれない。

そういうわけで、まず、この主題がどんな道筋で、私の問題になってきたかを話したいと思う。私はハーバード大学で、「人のライフサイクル」というコースを教えている。（私は本来、臨床家として経験を積んできているので）手始めに、人生の各段階に認められて、精神医学的には病理的になる可能性のある悪性の危機（crises）を取り上げた。それだけにとどまらず、これをさらに進めて、精神発達のおのおのの段階が人間の成熟に働く潜

＊　キリストの山上の垂訓中のことば「他人にしてもらいたいことを、あなたも他人にせよ」（新約聖書マタイ伝七章十二節）から来ている。

在的な**強さ**（strengths）を問題にしてきた。精神医学的な経験や健康な子どもの観察が示しているように、これらのいずれの場合も、人格的強さは「次の世代やその次の世代にも」たびたびよみがえり、また、人格的弱さも「幾世代にもわたって」引き継がれていく世代と世代との相互の影響過程によって多くのものは決まっている。このような見方からすると、世代のつながりの中に個人の役割があることがわかり、「世界の維持」――インド経典の中にあるロカサングラー（ラダクリシュナン教授の訳）――のために展開する秩序につながっていることがわかる。事例史や生活史によって、私たち精神分析家は、（親子、男女、教師・生徒といった）もっとも具体的なカテゴリーの中での、ある種の運命的な、しかも有効な相互の影響過程のパターンを識別しはじめている。倫理学に対する右のような洞察の意義については、私がインドに来る以前から考えていたことであり、ご存知のように、数カ月のインド滞在での生き生きとした話し合いの中でも、この関心を忘れることはなかった。ということで、皆さんからさらに多く学ぶことができるようにという心づもりで、私自身の立場を明確にしようと考えたのである。

ここで主題にしたいのは、「黄金律《ゴールデンルール》」である。「黄金律《ゴールデンルール》」というのは、すべての人にしてほしいと思うことを、他の人にもおこない、してほしくないことを、他の人にしてはならないという主張のことである。倫理学の体系的な研究者は、もっと論理的に展開されなければならない原理を、このようにあまりにも単純化して示すことに不満をもっている。バーナード・ショーも、この「黄金律《ゴールデンルール》」を、次のように皮肉っている。つまり、人からしてほしいと思うことを人にはするな、人の感じ方は、あなたのものと違うかもしれないから、と。とはいえ、この黄金律は場所を超え、時代を超えて、古代の人々に不思議な共通の基盤のあることを示しており、また、多くの思想家の印象的な格言の中で、表面には出てはいないが、根っこの主題となっている。

「黄金律《ゴールデンルール》」は明らかに、人間存在のもっとも根本的な逆説と関連している。各個人は自己の身体をもち、自覚した個性、自己の世界観と死生観をもっている。しかも同時に、人は他人と同じに知覚し、判断している**現実**

（reality）を共有し、他人との間で相互の交渉を普段におこなわねばならないかかわり関与《アクチュアリティ》の現実をもっている。これはインドの経典にあるカルマ（Karma）の原理として皆さんがよくご存知のものである。

自分への関心と他の人への関心をはっきりするために、「黄金律」はお互いに、次のように警告の方法を用いている。「自分が他の人にしてほしいと思うことを、他の人にもまたそのようにせよ」。また、勧告の方法として、「自分が他の人にしてほしくないことは、他人にもするな」。心理的に訴えるために、別のやり方は、自己中心的な打算（egotistic prudence）を最小に抑えるというのもあり、また別のかたちとしては、博愛的な同情心（altruistic sympathy）を最大限に主張するというのもある。しかし、「自分が痛いと感じることを、他人にするな」という信条は、ちょうど小さな子どもが人をつねって、そのお返しに、つねり返されてやめるという精神的な水準と、あまり変わりがないことを認めざるをえない。もう少し成熟した言い方としては、次のようになるだろう。「自分を愛するように、自分の兄弟を愛することができないなら、人はあなたの言うことを信じないだろう」。しかし、どのような言い方をとってみても、次のようなウパニシャッド*やキリスト教の表現ほど、無条件に私たちをひきつけはしない。ウパニシャッドでは、「自分の中にすべての他人を認め、すべての人の中に自分を見出す人となれ」と言い、これをキリスト教では、「自分を愛するように、人を愛しなさい」と言っている。このような表現は、私たちの真実の愛や知識が何であるかということをも示している。もちろん、フロイトは、このキリスト教の格言をすべて幻想であると考え、格言の言わんとすることは何なのかを明らかにして、これらの格言をすべて拒否した――そして自分の方法が、実際どういうものであるかを明らかにしたのだった。（このことを以下に示すことができればと思っている）。

ここで、世界の諸宗教のもつ「黄金律《ゴールデンルール》」のさまざまなかたちについて調べてみようと思ってはいない（そんな

＊　インド古代の哲学書。

ことはできもしないが)。英訳されたさまざまの格言は、聖書的なかたちに幾分似てきていることは間違いないだろう。しかし、その根本的な考えは普遍的なものに思われる。それらは繰り返し、反復されて、驚くべき数になって示されている。聖フランシスの祈りからカントの道徳律に至り、リンカーンの簡潔な政治的信条「私自身、奴隷になりたくない。奴隷を支配する人にもなりたくない」など。

もちろん、「黄金律《ゴールデンルール》」のニュアンスの違いは、倫理を論じる際に、おのおの格言の中に示されている論理の正しさや倫理性の到達している高さの程度を測る上で、多くの材料を用意してきた。私の専門領域、つまり人間生涯の臨床的研究からすると、この点は次のことを示唆している。論理性の優劣とか、精神的な価値を問題にするのでなく、人間の良心の発達の諸段階と並んで現れる**道徳的、倫理的な感受性の中の違い**を明らかにすることである。

あいまいな点を避けて、はっきりさせるために辞書をひいても、この場合には一層混乱させられてしまう。辞書には、道徳と倫理とは同義語であり、**また同時に**、反対語であると定義されている。一言でいうと、二つは同じであり、そして違うのである――この違う面を私は強調しようと思っている。というのは、何が法にかない、何が違法であり、何が道徳的であり、何が非道徳的であるかをわかっている人が、必ずしも何が倫理的であるかを学んでいるとは限らないからである。たいへん道徳的な人が倫理的でないことをするし、一方、倫理的な人が非道徳的なことをすると、その内的な必然性によって、しばしば悲劇的な結果となるからだ。

私は以下のような提案をしたい。行為についての**道徳律**は、前もって仕込まれている**脅し**の恐怖を土台にしているのである。これら脅しの恐怖には、外的な追放、処罰、公衆の面前での辱《はずかし》めといった場合もあり、恐ろしい精神的な罪悪感、羞恥心、孤立感といったものもある。いずれの場合にも、ルールに従うということは、それほどはっきりしていないことが多い。これと対照的に、**理想的なもの**を土台にした**倫理律**は、高い理性的な合意性をもっている。またよく考えられた善とか、完全とは何かとか、自己実現の可能性といったことについて合意できている。このような区分は、これまでになされているいろいろな定義と必ずしもすべて一致しないかもしれない。しかし、私の定義は人の発達の観察を素材にして導き出されたものである。そこで私の第一の命題は次のようになる。すなわち、道徳的感覚と倫理的感覚は、その心理的な力動が違っている。その理由は、道徳感はもっと早期の、精神的にもっと未熟な水準において育つものだからだ。このことは、道徳感はいわば飛び越えてもよいということではない。むしろ反対に、成人の内的世界の中で何層にもなっているものは、幼児期からの一つひとつの積み重ねによってできあがってきたものであるということを意味している。ひとつの文化の世界で善であると考えられるものが――善きにつけ、悪しきにつけ――個人の成熟のそれぞれの段階とかかわりをもっている。だから、すべてがお互いに関係し合って、必要とされている。

道徳的な声の調子に対する反応は、早くから発達する。気づかずに子どもを泣かせてしまって、大人の方が驚くことがよくある。というのは、声の響きの方が自分で思っていたより、ずっと強い非難を伝えてしまったからである。幼児は、そのときどきに受ける強さに耐えるには限度があるが、ともかく「やってはいけない」と言って示されている行為の境界線を学ばなければならないのである。この点で、それぞれの文化には軌道から外れない人の善行を認めたり、軌道から外れた人の悪い行動を否定したりするのに、ある程度の幅がある。けれども、子どもが、自分は悪い人間だと感じさせられる経験に出会うことは避けられない。また、大人がお互いに、自分の悪の部分を他の人や子どもに非合理に投影し続けることを避けることはできない。この点をさして、マーク・トゥエインは、「人は赤面する動物である」と評している。

精神分析的な観察が、はじめて明らかにした事実の心理学的な基礎は、東洋の思想家はとうの昔から知っているものであった。つまり、善悪をはっきりと区別することは、現実には不可能であり、それをおこなおうとするのは、明らかに心の病のせいだと考えている。精神分析は、成人の示す道徳的なためらいや道徳的な過酷さを幼児期にさかのぼって跡づけてきた。幼児期では、罪悪感や羞恥心がひき起こされやすく、また悪用されやすい。

また、自我の上にのしかかっている力を「超自我」と名づけ、これを大人が示す制約的な意志に子どもを従わせる、内的に持続する力と見なした。超自我の声は常に過酷で私たちを侮蔑するようなものではない。しかし、良心というものは不安定な均衡が起きると、内的なバランスを保つ力を発揮して秘密兵器を繰り出す。それが羞恥心と良心の痛みである。個々人の神経症や集団的な非合理性を扱うことを仕事にしている私たちは、次のようなことを自問しなければならないと思う。つまり、これらの過酷な罪悪感や羞恥心は、外の力によって「ひき起こされたもの」であるのか、または親や地域社会の圧力によってかき立てられたものであるのか、愛情を失う恐怖、体罰、多くの人の面前で辱《はずかし》めを受けるといったことであるのか。さらに、それらは自己疎外感にかかりやすい病的素質――それはある程度必要な、人の進化の遺産であるが――なのかを自問しなければならないのである。

私たちは次のことはよくわかっている。つまり、人の中にある道徳的な特性は、慢性の自己疑惑や他人に対して本当にひどい怒りや――たとえ表面に現れなくとも――またそのような怒りを増大するような何かがないと大きくなってこない。人の中にある「最低なもの」は、このようにして「最高なもの」の仮面をかぶって再現されやすい。善や疑惑、憤りなどの非合理的で、前合理的なものが、**徳目主義**（moralism）とでも言ってよいような、公正さや偏見という病的なかたちで、大人の中に再び出現する可能性がある。そして立派な道徳原理という名の下で、嘲笑による復讐や拷問、集団殺戮による復讐が実行されかねない。これらのことから、「黄金律」とは、外敵のはっきりした攻撃から身を守るだけではなく、友人の正義感からも身を守るものだという結論にならざるをえない。

右のような観点は、たとえ歴史的な証明があったとしても、あまりに「臨床的」すぎるという批判があるかもしれない。そこで次に、進化論の研究者たちの研究を見てみたい。この数十年の間に、進化論的な事実として

——つまり、危険なものとして——超自我の精神分析的な研究に幾人かの人がうち込んでいるのである。このようにして、人の**発達**の原理が、**進化**の原理と結びついているのである。ウォディントン[1]は次のように言っている。「超自我の硬さは、人という種族の中で過剰な分化をしてしまったのではないだろうか。まるで、消滅前の恐竜の身体の防衛が過度になってしまったのに似ている」。また別の極端でない比較の例として、超自我というのはあたかも、「ある特定の動物に寄生してしか生きられない、低い可能性のデリケートな順応」のようだと、喩えている。ウォディントンが著書『エチカル・アニマル——危機を超える生命の倫理』を推奨しながら使っている用語は、私の用語の使い方と違っていることを認めざるをえない。子どもの道徳性の目覚めは、「倫理化」されていく素質であるとウォディントンは言うが、私はこれを「道徳化」されていく素質と呼びたい。多くの動物学者と同じく、ウォディントンは人の幼児と動物の仔とを比較して、その類似性に注目している。しかし、私としては、むしろ動物の仔と青年期も含めた、成人前期にある人との比較研究をしなければならないと思っているのである。

ここで私は、はじめに述べた「発達的」な命題の修正を提出しなければならないと思っている。というのは、子ども期での**道徳的な**（moral）素質の発達と成人期での**倫理的な**（ethical）力の発達との間に、青年期が入るからである。また青年は**思想的な**（ideological）言葉によって、普遍的な善を認識するからである。もちろん、発達において諸段階のイメージを想定することは有効であるとはいうものの、次のような条件の場合に言えるだろう。つまり、先のものは後からくるものの基盤となり、後のものは前のものより高度なまとまりをもっていくようなかたちで、ひとつのものが他に先行するような状況において役に立つものである。

次々と段階を経て基本的なものが発達していくという、私の「発達分化の」原理（epigenetic principle）を読者もすぐに思いつかれるだろう。というのは、人間の生涯についての伝統的なヒンドゥ教のライフサイクル的な概念には、四つの生来的な人生の目標（人格的活力《ヴァーチュー》の秩序づけとしてのダルマ〈Dharma〉、事実のもつ力としてのアルタ〈Artha〉、リビードを放棄していく喜びとしてのカーマ〈Kama〉、思索から得られる平安としてのモクシャ〈Moksha〉が、「見習い」「一家を構え」「隠者となり」「行者となる」という宗教的な段階の中で、次々と展開し、相互に働き合って完成に近づくとされている。各段階には、それぞれはっきりした曲がり角がある。それと同時に、それぞれが前の段階を土台としており、完成が見られるのは、すべての段階がお互いに十分にかかわり合ったときである。

私には、これら二組の四つの概念をそれぞれ比較したり、私の発達分化の概念と比較したりすることはできないし、準備もできていない。しかし、ヒンドゥ教と私の個体発達分化の考えとの間に親近性のあることは明らかだ。少なくとも、「見習い」期間での思想的な教化、つまりブラマチャリャ（Brahmacharya）と倫理的な強化、つまりグリアスタ（Grihasta）、および家庭の主人の時期は、ここで述べている私の発達な概念と対応している。

右に述べてきたことはなんら不思議なことではない。なぜかというと、認知的な発達と情緒的な発達は適当な社会的な学習と一緒になってはじめて、その発達段階がもっている可能性を実現できるからである。このようにして、青年は――道徳的な退行との激しい葛藤の後に起こることが多いのだが――人間的な最高の善についてとらえ、また首尾一貫したかたちで将来を予測し、アイデアを思い浮かべ、理想を吟味し――まとめて言うと、普遍的な原理について心に描くことができるようになる。青年は時の流れを摑むことを学び、まとまりのある仕方で未来を見つめ、アイデアを摑み、理想を描き――大まかに言うと――子どもとしては認知的に準備ができていない思想的なポジションを摑むことを学んでいくのである。青年期において倫理的な見方はほぼ達成されるが、まだ、衝動的な判断や特異な合理化に流れてしまいやすい。だから、子ども期と同じように、青年期においても、成熟までの中間地点で固着してしまったり、未熟なまま終着の地点となってしまったり、退行する地点となってしまったりする。

道徳的感覚は、完全なかたちであっても、また歪んだかたちであっても、これまで人の進化発達の本質的な部分であった。一方、思想的な活性化の感覚は、予言的な理想主義と破壊的な熱狂主義の両方によって進化発達を拡大してきた。理想に敏感な青年は、偽りの理想世界が約束されたりして簡単に利用され、また尊大で排他的な新しいアイデンティティを約束されると、簡単に取り込まれてしまう。

成人前期（ヤング・アダルト）の**本物の**倫理観というのは、最終的には理想の中に道徳的な規制を包みこみ、さらにそれを乗り越えるものである。また一方、親密な関係や共に働くつながりを具体的に求める。これらに具体的にかかわることによって、自分の生涯にわたって生産性と有能感を周囲の人たちと共有したいと望む。しかし、成人前期は発達の危機にもう一度直面させられる。道徳家のもつ正義感と単一の価値観を強く主張するイデオローグの熱狂性の二つの特徴に加えて、さらに**領域的な防衛**（territorial defensiveness）の危機が加わる。これは財産を蓄えた人や自分のものに対する権利を主張する人の防衛であり、自分を超える組織のアイデンティティの中に永く続く安定感を求めている人に見られる。だから「黄金律《ゴールデンルール》」は、その最高の姿としては、それらのすべてを包括しようとしてきた。しかし、逆に部族、国家、特権階級と一般階級、道徳観とイデオロギーなどがお互いに排他的になってしまった――しかも、「自分に属している境界の外」とのお互いの倫理的な関係を拒否してきた。その拒否は誇りに満ち、また誤解に満ち、しかも実にきっぱりとした態度で拒否を示してきたのである。

これまで私は、人のゆるやかな成長発達に見られる病理的な潜在性について強調してきた。それは独断的なペシミズムに浸りたいためではない。このペシミズムは、臨床的なとらわれから簡単に起こる問題である。その結果、この問題を早く回避しようとしやすくなる。道徳的、思想的、倫理的な傾向が見事なまとまりとなっている人や集団もある。このような人や集団は、同時に二つの側面をもっている。第一は、ものに耐える力と断固としてはね返す力、柔軟性と堅固さである。第二は、リーダーシップと従順さである。さらに、人はどこかで漠然と自分の可能性についてわかっているので、人類のために簡潔で包括的な規律を教える、もっとも純粋な指導者に従おうとしてきた。インドにおいて、ガンジーが今日も「生き続けている」ことについては後にひとこと述べたい。しかし、人はこれまで道徳やイデオロギーの名のもとに、多くの人々を裏切ってきた。今日でも、それがただ役に立つという理由で——たとえそれがどんなところに導いたとしても——科学上、技術上の遺産を破壊する準備をしている。人の「積極的なもの」や「消極的なもの」の、いずれか一方を強調するという特権を、もはや私たちはもってはいない。この二つは表裏一体のものである。この道徳的な従属の裏には道徳的な教条主義があり、思想的な没入の裏には熱狂主義があり、成熟した倫理観の裏には頑迷な保守主義がある。

人の社会-進化発達は文字通りの危機に突入しようとしており、救いようのない絶滅の泥沼への道を進むか、回復と進歩の道を歩むかの岐路に立っている。喜びを巧妙に変質させ、強さをうまく転用するところのある人間は、「時代の流れの中」で生きる方法《すべ》を身につけ、食べるものもないのに子どもを産んで人口を増やし続け、個人的な成熟に達しないままに生き、目的もなしに生活し、目的もなしに物をつくり続け、不必要な大量の殺戮をおこなっている動物でもある。しかし他方で、同時に社会-進化発達のプロセスは、新しいヒューマニズムが約束されているようにも思われる。それは進化してきたものであると同時に、自分が進化させてきたものであり、さらなる進化の中核を推進させていく自己意識的な存在である人間が、自己の知識と洞察によって計画した行動をおこない、自己統制をするというイメージである。この努力の中で、幼児の道徳観と青年の思想と大人の倫理観との違いを理解し、自分のものとしていくことが大事であろう。おのおのは次の段階にとって重要であるが、これらが効果的に作用するのは、ウォディントンが言うように、「進化発達に役に立つような働きを十分に果たす」知恵と結びついているときなのである。

私たちは何をなすべきかという大きな話題を一応終わりにする前に、次のブレイクの忠告のことばを思い起こしたい。ブレイクは言う。「普通の善良な市民はいつでも悪党となりうる。偽善者となりうる。おべっか使いにもなりうる」。また、「社会的に役に立つことをしようとする者は、『些細なこと』にも心をこめてしなければならない」。私はこれまで進化発達の原理について述べてきた。この原理からすると、倫理観を生む素質は、進化発達の結果できあがった順応の一部として個人の中に萌生《めば》えるものである。しかし、個人の中に倫理観が萌生《めば》えるためには、世代と世代との連続性の中で、おのおのの世代によって幾度も生み出されなければならない――繰り返しになるが、このことがヒンドゥ教の伝統の中に正確にとらえられ、組織化されているのである――あるいは、ステレオタイプになってしまっているという人がいるかもしれないが。次に、私たちの洞察がこのプロセスについて、どんなことを問題にすることができるかを、さらに明らかにしてみたい。

全く新しい、これまでと違った問題を考えてみたい。まず、動物を扱っている学者を取り上げることにする。次のような仮説を立てたい（これはインドにおいてもおかしな仮説ではないと思う）。「動物も『黄金律《ゴールデンルール》』での『他人』に近い位置をとることができるかもしれない」。ご存知のように、ハリー・ハーロウ教授は、猿で愛情発達の研究をしている。(2) ハーロウ教授は実験室で猿を使って、「母親要因を統制するために」幾つかの実に巧みな実験とその撮影をおこなっている。仔猿を生後数時間して、母猿から引き離し、別の母親のところに移した。そこには針金でできた「母親」、鉄製の「母親」、木製の「母親」、タオル布地の「母親」がいる。「母親」にはゴム製の乳首が身体の中ほどに付けられ、パイプにつながってミルクが出るようになっている。「母親」の体温は電線をはって温められるように工夫されている。このようにして「母親変数」はすべて統制されている。身体の揺れの回数、「皮膚」の温度、仔猿が安心して楽に感じるために必要な角度など。数年前に猿における愛情発達の研究として発表されたとき、臨床家からすると、仔猿がこの装置に飛びつくのは本当に猿の愛情なのか、それとも無生物に対するフェチシズム的な結びつきではないかと問題にしていた。実際、これらの実験室育ちの猿の方が、単に成績の悪い普通の母猿によって育てられた猿より、ずっと健康になり、ものを教えても憶えるのが早かったのである。成績の悪い母猿に育てられた猿は、ハーロウ教授がいう「精神病」になってしまった。これらの猿は受身的な姿勢で座り、空虚な眼で見つめ、何匹かはもっとひどい行動をした。外からつついたりすると自分の身体を噛み、血が出るまで引っかいた。これらの猿は、母でも、仲間でも、子どもでも――あるいは敵でも――「他者」を経験していないのである。その中のメスの数匹が子どもを産み、子どもを産んだ中のただ一匹が、産んだ子を育てた。科学とは何とすばらしいことだろう。実験的に「精神病」の猿をつくり出すことができたのだ。また逆に、母子関係の重い障害が人間の精神病の「原因になる」という理論を、科学的に支持することができたという確信が得られたのだ。

これらのことは、長い時間の経過はあるが、実証したものが忘れがたいものであるということは、ハーロウ教授の研究法がすぐれたものであることを証明している。それと同時に、次のような問題にも出会うことになる。生物体に対する科学的研究は自然淘汰されるものに対するものだけでなく、現在生きて生活しているものについての研究にも、ふさわしい概念と方法でなければならない。私はこのことについて、次のように言ったことがある。もののもつ特性を、そのものに**対して**（to）、何か操作を加えて研究することができる。しかし、生命体の本質について学ぶには、何かをすることによって生命体に**参加する**（with）か、それらに**役立つために**（for）、何をするかによってしか研究をすることができない、と。これは臨床科学の原則である。これらは死体解剖から学ぶことがあること、また実験的な操作によって人や動物は実験的状況に還元されていくとしても、そこから学ぶことがあることを否定するものではない。しかし、社会-進化発達の担い手であり、将来その結果について責任をとらねばならない人の中核的な交流過程についての研究の場合、選ばれる観察の単位は世代であり、個人ではない。個々の動物や人が生活を維持しているかどうかは――本質的なかたちでは――自己の生命を次の世代に移し替える能力があるかどうかを見ることができるような観察によってしか検証されない。

このような考えの流れの中で、コンラート・ローレンツの研究が思い出される。* ローレンツの言う「共同生活」的な研究では――原理的に――研究しようという動物と同じ環境に住み、動物は動物の生涯にわたる生活を分け持ち、研究者は自分の生涯と生活を分け持ちながら、お互いの役割の問題に研究の眼を注ぎ、自然科学者の凝った実験室的な研究から得られるものとの違いが何であるかを明らかにしようとしている。また、ケニヤのアダムソン家で育てられた雌ライオンのエルザを思い浮かべる人もいらっしゃるだろう。[**] ここでは母親変数が統制されていたのではなく、母親そのものが統制されていた。アダムソン夫妻は、成長したエルザを野生ライオンの仲間に帰さなければならないと思った。そしてエルザを野生ライオンの棲み家に帰すことに成功する。エルザはそこで雄に出会い、子どもを生む。そしてときどき、自分の育ての人間の親のところに（子どもをつれて）帰ってくる。たとえ信頼している人間の育ての親が、エルザに向かって、「だめ、エルザ、来てはいけません」ということばに対してであっても――エルザにとっては、全くの危機的状況での反応なのだが――エルザの反応をひき起こす植え込まれた「道徳感」とは一体何なのか考えさせられる。この植え込まれた「道徳的」反応を示し、自分の育ての親に対して変わらない信頼をもちながら（これはエルザの子にも受け継がれている）、なお野生のライオンとして生きることができたのだった。しかし、エルザの夫である雄ライオンは決して姿を見せなかった。彼の方はエルザの親戚にあまり関心がなかったのである。

右のような問題や同様の物語の示すことは、次のような点である。自然の中の動物たちや私たち自身の「本能的」な動物性は、数千年にわたる迷信によってひどく歪められてきているかもしれない。自然を治める一方、自然を培い、はぐくむことを学ぶと、内なる「動物性」の中にも、平和の泉を見つけることができるかもしれない。私たちは猿に、聖書のことば通り、「自らの腕の肉を食う」ということを教えることができる。さらに、人類のすべてを「火に油を注ぐ」状態にするような「罪深い指導者」をも容認している。それと全く同様に、子ど

＊　K・ローレンツ著、日高敏隆ほか訳『攻撃――悪の自然誌』みすず書房、一九七〇年を参照のこと。
＊＊　J・アダムソン著、藤原英司訳『野生のエルザ』文藝春秋、一九六二年を参照のこと。

もたちを「仔牛と仔ライオンを同じところで育てる」ように――自然の中で、彼らの本性のままに――教育していくこともできるだろう*。

しかし、人の本来の能力を知るためには、人の**道徳前期**とでも言うべき幼児期まで発達をさかのぼる必要がある。幼児期のもっとも初期の社会的経験は、基本的信頼感と基本的不信感との一定の割合を幼児に体験させることである――この割合が好ましいなら、基本的な人格的強さ、つまり、「望み」を確立することができる。新生児の示すこの信頼の全体的態度が保護者に向けられ、保護者がこれに応えるというかかわりが、以下にここで考えたい**相互性**《ミューチュアリティ》（mutuality）の問題である。この基本的信頼と相互性《ミューチュアリティ》の獲得の失敗は、精神医学でもっとも困難な問題とされており、また精神発達のすべてに障害をひき起こすものである。この特性の欠如状態を示す幼児や、この特性を幼児の中にひき起こすことのできない親、あるいは与えることのできない親にとって、この状態がいかに悲惨で病的なものであるかはよく知られている。すべての道徳的・思想的・倫理的な素質は、この発達早期の幼児のときの経験によって決まるというのが、次に提出したい私の考えである。

ここで述べている相互性《ミューチュアリティ》とは、今後の発達に必要な自分の内的な強さを培っていくために、お互いにかかわり合っている関係のことである。乳児のはじめての種々な反応は、親との間の細かい組み合わせでできていると見ることができる。最初、乳児は単に顔に表れた笑いのかたちをしたものにすぎないが、この笑顔を見ると大人は微笑みを返したくなる気持ちをかきたてられる。子どもには「認知された」という期待が満たされる。大人が赤ん坊を必要としているのと同じく、赤ん坊も大人からの認知を確かなものにすることを求めているのである。大人と赤ん坊とのお互いのかかわりの相互性《ミューチュアリティ》が、「望み」の根源であり、倫理的な行為を含めて、すべての効果的な行動の基本的な要因となる。一八九五年に、フロイトは「神経学者のための心理学」という論文の初稿の中で、「無力な」新生児と「十分に手助けできる」大人との関係の問題に直面して、「両者の相互理解こそ、すべての道徳的な動因の根源である」と仮定した。[3] それでは、これまで言われてきた自己中心的な思いを低くして、他人への同情心を高くするという両者の相互作用に代わって、相互性《ミューチュアリティ》の原理を「黄金律《ゴールデンルール》」の基盤だとして考えていく必要があるだろうか。

ここで次のような観察をつけ加えたい。子どもを世話している親は、子どもの活動性、将来のアイデンティティの感覚、そしてまた倫理的な行為への準備を確保するためにさまざまのことをすることによって、他方で、**親自身の**活動性、**親自身の**アイデンティティ感覚、**親自身の**倫理的な行為への準備といったものを確かなものにしていっているのである。

しかし、「母子関係」から、新しいユートピアをつくりあげることのないようにしなければならない。幼児期のパラダイスは放棄されるべきものである——しかし、この事実を私たちはまだ受けいれようとはしていない。もっとも早期の発達のかかわりの相互性《ミューチュアリティ》はほんの出発点にすぎず、その後、徐々に複雑なものに遭遇してゆく。とくに、子どもを取りかこむ人々の範囲が大きくなるにつれ関係はもっと複雑になる。ここで幼児期の次の基本的な強さの主題（「信頼感」と「望み」の次のもの）は、自律性《オートノミー》（autonomy）と意志（will）であることを指摘しておきたい。子どものわがままな意地っ張りが、大人の意志に出会う状況は、第一の人格的活力《ヴァーチュー》である「望み」を、内的に徐々に取り入れていく相互性《ミューチュアリティ》の状況とは違うことを明らかにしておかねばならない。子どもの意志を鍛えてきた大人は誰も——善かれ、悪しかれ——これまで気づいていなかった自分自身や意志ということについて多くのことを学ばされたということを認めるだろう。しかし、これは他の方法では学ぶことのできないものでもある。このようにして、成長過程の中で発達していく強さは、家族、学校、地域、社会など、取り巻く数多くの人の強さと相互的に「しっかりと組み合わされている」。けれども、諸々の秩序や規律はシェークスピア

＊　日本で言うと、仔猫と仔ネズミを一緒に育てる、というイメージに近い。

の言う意味での「活力《ヴァーチュー》」によってのみ、生命《いのち》を保つことができる。シェークスピアは、一方は「他方を照らし、温め、その結果として他方も、はじめに与えた人に熱を返す」と言っている。（これは彼が自分の解釈で精一杯に「黄金律《ゴールデンルール》」のことを述べているのだと私は思う）。

これまで述べてきた発達的・世代的な相互性《ミューチュアリティ》に加えて、さらにもうひとつの仮説をつけ加えたい。これは「精神的に活性化する（activate）」ということばで表現されるものである。私はこれを積極的な選択の原則（principle of active choice）と名づけている。聖フランシスの祈りの中に、もっとも崇高なかたちでこれは示されている。彼の祈り。「神よ、願わくば、他人《ひと》を慰めると同じように、他人《ひと》からは慰めを求めず、他人《ひと》を理解するのと同じように、他人《ひと》からは理解されることを求めず、愛するのと同じだけ、愛されることを求めることがありませんように。与えることの中に、受け取るものがあるのですから」。自分からまず愛を与えるという積極的な態度は、もちろん「あなたの隣人を愛せよ」という戒めの中にも含まれている。これらの言葉の中に、心理学的な意味を見つけることができる。特に、他人《ひと》との出会いを、依存的・要求的なものではなく、（意識的にも、無意識的にも）積極的で、与える態度をもつ人のみが、その出会いを生産的なものにすることができる。

右のような考察をもとにして、次に「黄金律《ゴールデンルール》」について私の考えを明らかにしてみたい。これまで私の考えを述べるのにやや尻込みするところがあった。というのは、この「黄金律《ゴールデンルール》」をひとつの時代から、もうひとつの時代へ移しかえ、他のことばへと翻訳するのに数千年もかかっているからである。また用語上の苦心も並大抵ではなかった。その上、うまくできたと思っていたことは、違ったかたちでただ混乱させただけだったということが多かったからだ。

私の主張は全体的な方向性といったものがあるということである。全体的な方向性というのは、中心があって、私たちが何をしようと、ウィリアム・ジェームスが言うように、「もっとも深く、活動的であり、はつらつとしている」という実感を与えるもののことである。このような中で、私たちは「本物の自分」を発見するとジェームスは言っている。これに加えて私は、次のように言いたい。人はまた同時に、**本当に価値のあるものは、行為する当事者と他者との間の相互性《ミューチュアリティ》――つまり、他人を強くしているにもかかわらず、自分をも強くする相互性《ミューチュアリティ》――を一層拡大していく経験を得るだろう**。このように行為の「当事者」と、受ける「他者」はひとつの活動でのパートナーなのである。発達の光に照らしてみると、行為をする当事者は自分の年齢、発達段階、条件に見合う強さを、他人の中に生み出そうとしているときであっても、**自分の年齢、発達段階、条件に見合った強さを、自分の中にも生み出すということになる**。このように考えると、「黄金律《ゴールデンルール》」は次のようになる。つまり、他人を強くするときであっても、自分を強くするものを他人に働きかけることがベストな方法である――つまり、自分自身をのばすものであれば、他人の最良の可能性をのばすだろう。

「黄金律《ゴールデンルール》」から出てくるこのかたちの違う規律は、これを親子関係に当てはめてみるとはっきりする。これまで考えてきた土台である親子関係のように、おのおのの役割の分化した関係のユニークさが、他の重要な状況でも見られるだろうか。

この関係の具体的な実例として、男女の性の機能の違いについて、私の考えを当てはめてみたい。私はこれまでのところ、精神分析のもっとも一般的な話題、つまり、性の問題には触れてこなかった。人の関心を呼ぶ人生のこの一側面について、最近の論議はやや慢性的になってしまっている。このように悲しい結果になった理由のひとつには用語的な問題がある。とくに、精神分析の用語「愛の対象《ラヴ・オブジェクト》（love object）」である。フロイト理論での、この「対象《オブジェクト》」は多くの人に文字通りに受け取られ、ことにフロイト理論に反対する者にとっては例外なくそうだった――また、道徳的な批評家は、フロイトが発達の移行的・時期的なものと考えたものを、究極的な「価値」として論じていると誤解したまま批判した。しかし、発端を探ると、フロイトは純粋に概念的な水準において、自分の若い時代の実験的研究で用いていた科学的用語をもとに、衝動のエネルギーには、向ける「対象《オブジェクト》」があると述べたにすぎない。男性と女性は自分の性的な機構の特性を生かすために相手を対象として扱うべきである、などとは一度も述べたことはない。

性の衝動と愛を結びつける性器についてのフロイトの理論の中核は、**相手の力や可能性を引き出していながら、同時に自分自身の力や可能性が引き出される**、という基本的な相互性《ミューチュアリティ》の一面を指摘していることである。だから、フロイト理論の意味するところは、男性は女性をさらに一層女性らしくするときに、より男性らしくなる――そして、その逆もまた真、ということである。というのは、お互いに異なったユニークな存在だけが、お互いに自分のもつ独自性を深め、高めるからだ。フロイトの言う意味での「性器的《ジェニタール》」人間とは、カント流の「黄金律《ゴールデンルール》」にもっとも近いかたちで行動できる人のことを指している。つまり、カント流に言うと、「人間性を手段としてではなく、常に目的として扱う」ように行動できる人が、「黄金律《ゴールデンルール》」にふさわしい人ということである。フロイトが倫理的な原理につけ加えたものは、内的な力の原動力を問題にして影響を与える方法論を切り拓《ひら》いたことである。というのは、この内的な力の原動力こそ、私たちの人格的な強さに燃える熱を与え――また同時に、人格的な弱さにくすぶり続ける煙を与えるものだから。

次に女性の独自性について述べて、性の話題を終わりたいと思う。もっとも古いかたちの「黄金律《ゴールデンルール》」の中に、女性も相手として含まれているという当然の了解があるかどうかには疑問がある。今日においても、男性イメージが最高のものだとする中にあって、女性の位置は漠然とぼかされたままだ。女性が**同等の参政権**を与えられ、精神的・道徳的な能力において**同じ面**があることはすべての人が認めている。しかし、まだ残されているのは――部分的には、女性すらその必要性を認めていないことによるのだが――**世の中に貢献できる独自性を同等にもち**、人類の進化にユニークに参加するために、戦い抜いて勝ちとるべき権利を実行するということである。西洋人は、例えば、インドの現代女性の損なわれていない女性らしさから、多くのものを学ばねばならない。今日、普遍的な意味でのニュー・フェミニズムが、統合的なヒューマニズムとして現れ出ようとしている。この運動は、次第に大きくなりつつある人類の未来は、男性によってのみ支えられるのではなく、同時に技術的人間などによって統制されない「母親変数」によって深く支えられるという確信と表裏の関係にある——もちろん、かなりアンビバレントなものであることは間違いないが。このような考えに抵抗を示す強い動きもある。それは、お互いの独自性を強調すれば、反対に不平等性を強調することになることを強く恐れている男性や女性から起こってくる。実際、いろいろの生活史を研究してみると、宇宙に関する数学モデルや論理的な思考体系、言語構造の研究などに関する限り、男女間には差異がなく、大きな類似性があることは否定できない。しかし、別の研究では、違った結果もある。例えば、少年少女も同じように考え、行動し、話すことができるが、ごく自然に身体感覚的に（世界を）同じようには経験していない。この点に関して、以前私は幼児の遊びの中で、空間の構造化に性差のあることを実証したことがある。(4) しかし、それぞれの性の独自性は確実な証明なしに語られていると私は思う。また、よく引用されるフランスでの「男女の差異」とは、ただお互いの性的満足のためだけに解剖学的な差異を述べているのではなく、人生における大きな二つの生き方の様態、**父親的な**様態と**母親的な**様態の中核には、心理生理的な差異があることを考えているのだと私は思う。少し「黄金律《ゴールデンルール》」を修正して言えば、ひとつの性は、もうひとつの性の独自性を拡大するものだ、ということになるだろう。また、お互いに真にユニークであるためには、同じようにユニークな相手との相互性《ミューチュアリティ》を土台としなければならないということになる。

　もっとも密接な人の出会いの問題から、次にこれも私たちにとって比較的なじみの深い専門的な関係、つまり治療者と患者との関係の方に話を向けたい。治療者と患者との関係の中には、はっきりした現実的な不平等がある。知る者に対して知られる者、援助するものに対して苦しむ者、癒すものに対して病と死に侵《おか》された犠牲者という役割の違いである。この理由から、医学に携わる人は、自分自身に対する倫理的な誓いと同時に、独自の専門家の誓い*を立てて、「ドクター」としての普遍的な理想に生きようとする。しかし、治療の実際となると、家でも診療所でも、絶対的な権力を振り回す権威的な人から、患者のさまざまの要求を聞き入れ、言うなりに従属してしまう人まで、いろいろのタイプがある。また、単に利益追求のサディストから、反対にすべての患者（いや、ほとんどの患者）に限りない愛を捧げている医師まで、極端から極端まで、さまざまなタイプがある。この点についてもフロイトは、ユニークな関係の作用について、わかりやすく独創的な光をあてている。フロイトは友人であり、指導者でもあったフリースに宛てた手紙の中で、「転移」と呼んだ特別な経験について具体的に述べている――「転移」というのは、幼児的で退行的な目的を果たすため、自分の病や治療を利用しようとする患者の願望である。これに加えて、フロイトは治療者の動機の中に、「逆転移」があることを認めた。「逆転移」というのは、患者の転移を利用し、患者を支配したり、また患者の言う通りに従ったり、自分の所有物のようにしたり、愛情を向けたりして、患者が本当に自分が動けるように力を発揮することができなくなるようにする治療者の動きである。フロイトは精神分析家の訓練の一部として、転移**ならびに**逆転移に（「個人分析**」を受けさせることによって）組織的に洞察を得られるようにしたのである。

　きわめて広大、また複雑で微妙な領域の中に入り込んでいるすべての動機は、違った個々の機能の相互性《ミューチュアリティ》を包みこむように手直しをした「黄金律《ゴールデンルール》」の中に調和させることができると私は思っている。さまざまな専門とその技術は、それぞれの仕方で、医師を、**実践家として成長させ、また人間として成長させ、患者は患者として癒され、人として成長していくのである**。というのは、本物の治癒というのは、一時的に患者であったという状態を超えるものだからだ。治癒した患者は、自分の家族や近隣に健康に向かう態度を示すことができるような経験を得ているのである。この健康な態度は倫理的な行為のもっとも本質的な構成要素のひとつなのである。

　治療法や治療の科学は、これ以上の新しい倫理的見解に貢献することができるだろうか。この問題は精神分析の中で繰り返し問われている。これに対するフロイトの最初の答えがいつも引き合いに出される。フロイトによると、精神分析家は科学的な真理に関して倫理性を示すものであり、倫理学（あるいは道徳も）科学的に研究する立場にあると言っている。これを超えた**倫理的世界観**については、フロイトは他の人にゆだねている。

しかし、臨床的技術や臨床科学は、科学的な方法をとってはいるが、その方法によって規定されたり、制約されたりするものではないと私は思う。治療者は至上の善ということに自分を賭け、生命《いのち》の保持と健康の増進――つまり、「生命《いのち》の維持」に自分を賭けている。この願いが至上の善であることを、治療者は科学的に証明する必要はない。むしろ、科学的な方法によって何が明らかにされるかという研究をやっているが、その前に治療者は、この至上の善という根本命題に自分を託しているのである。これこそがヒポクラテスの誓いの意味であると私は思う。人間的な倫理は医学的な方法のすべてに優先する。実際、私生活の中では自分の諸要求を満たし、職業としては他人の福祉を願い、自分の研究では、個人的好みや奉仕とは関係のない真実を求める。他方、自分の個人的・職業的・科学的な倫理をそれぞれ維持することができる。しかし、実際の治療者としてだけでなく、患者や自分の研究に対しても――人が生きるのに必要な価値の多様性には心理的な限界がある。その個人の性格的な素質と知力、倫理感との統合の度合いによって価値の多様性は決まる。この統合性こそ、偉大なドクターたちがもっている特徴なのである。

私たちが科学者として、倫理の問題を客観的に研究しなければならないことは確かである。一方、職業人としては、日常の仕事を十分に遂行するため、自分自身のパーソナリティと訓練と確信とを統合していこうとしている。それと同時に、生まれ変わっていく人類という種の一員として、気づくことのできた私たちの時代の誤った方法を記録し、私たちの存在について、たまたまの機会に得られた真実の意味を記録する義務がある。この意味

＊　ヒポクラテスの誓い。
＊＊　精神分析の専門家になるために、教育として自分に課せられる精神分析のことを言う。日本では「教育分析」と言うこともある。

で、臨床的な仕事の中にある倫理性だけでなく、臨床的に倫理について研究することに対して、また心理療法的な接近法の倫理性について貢献するという諸活動がある（これまでもずっとあった）。さらに、治療者はもっと大きな規模で病の予防の問題にも深いかかわりをもっている。栄養失調や疾病、幼児の死亡などから命を守るという決定的な倫理的問題をも避けることはできない。偶然の受胎を避けることができる技術的・社会的な解決法の進歩によって、一人ひとりの子どもが、普遍的な責任をもつ個体として生まれることを期待することができるようになった。

話の終わりに近づいてきたので、倫理的な問題と共に、次に政治的・経済的問題について少し述べてみたいと思う。これはガンジーの「黄金律《ゴールデンルール》」の問題である。

アーメダバードのサバルマチ川の向こう岸にあるガンジーのアシュラム（道場）を訪れる機会があった。神聖化されてはいるが、具体的な出来事がはっきりと起こったところである。この出来事こそ、私が言いたいことのすべてを完全に例証してくれるものだと気がついてほどなくしてのことだった。私の言いたいことというのは、もちろん、一九一八年に起こった紡績労働者のロックアウトとストライキで、ガンジーがとったリーダーシップと公共的なことに対してとった最初の断食のことである。この出来事は、世界の産業関係の歴史ではよく知られており、教養のあるインドの人なら漠然とは知っている出来事である。その上、地方の産業関係の中で成功した「実験」として、インドの政治に強い影響を与え、違った個人おのおのが人間的な働きをしている中での新しい出会いだった。それを現在も生きて証言し、生きた制度として存在している中で、「生き生きした状況」を示すことのできるのは、この稀有な場所であるアーメダバードだと思う。ストライキやその妥結についての詳細な情報はここでは必要ないだろう。このストライキの発端は、ごく普通の賃金値上げの問題であった。アーメダバードの実験がインド内外の他の産業にも政治的・経済的に利用できるかどうかを示す時間的な余裕もいまはない。私の興味をひくのは、ガンジーがこの闘争に参加するはじめから、普通の交渉の中で、雇用者、動労者のどちらにも最大限の妥協を強制する機会として見ていなかったことだ。そうではなく、ガンジーはすべての人々――労働者、雇用者、彼自身が――「現在の状態よりもよくなる」機会としていたことである。(5)

ガンジーがとろうとしていたのは理想的な色合いのある原則であった。彼は労働者の生活条件の悲惨さを見極め、また（イギリスが競争を仕掛けてくる不安によって駆り立てられた）紡績工場の経営者の心の激しい動揺をもはっきりと思い描くことのできる人であった。しかし、ガンジーはまだ、インドの集団を指導する十分な経験をもっていなかった。引用しようと思っているガンジーの「高邁な」ことばの間には、敗北と暴力と挫折の影がつきまとっている。ガンジーにとって闘う価値のあるものはすべて、「人々の内的生命に変化していくもの」でなければならなかった。中世風のシャープル門外にある有名なバビュル樹の下で、ガンジーは毎日労働者に語りかけた。労働者のひどい悲惨な生活の状況を調べると共に、「持っていない」無産階級のアナーキーな態度や暴力を怖れて頑固な態度をとっている、「持っている」有産階級の脅しや約束を無視するように説得したのである。ガンジーは労働者が自分を怖れていることも知っていた。というのは、ガンジーがその場を離れて二度と帰ってこないなら、彼の言うことを聞いてもよいと労働者たちが言っているからだ。しかし、ガンジーは「労働者側の利点を確保しながら、雇用者側の利点をも擁護する」ことができることを実証したのである――つまり、二つの反対の性質のものを、姉と弟、アナスヤベーンとアンバラル・サラバイになぞらえて説明した。バビュル樹の下で、ガンジーは前に述べた修正した「黄金律《ゴールデンルール》」に対応するような原則を発表する。その原理とは次のようなものだった。「**正義のみがとるべき行動の基準である。交渉の場のどちら側も傷ついてはならない**」。傷つくということばでガンジーの言いたかったことは、経済的な不運、社会的な優劣に差がつくこと、自尊心を失うこと、心の中で燃える復讐心が残ることは、分けることのできないほどひとつに結びついたものであるということだ――これらはガンジーの日々の説教から推して疑いない。

この原理を理解するのは、どちらの側もそれほど簡単ではなかった。労働者が弱体になってくると、ガンジーは突然、断食を宣言した。この行為に対して、彼が信頼していた友人たちの中でも、「馬鹿らしく、男らしさに欠け、事態をいっそう悪くする」と考えた人もいた。何人かは深く憂慮した。しかし、ガンジーは「私はあなたたちと、ただお遊びをしているのではないことを示したい」と労働者たちに向かって言った。実際、ガンジーは本当に死を賭していたほど真っ正直だったのである。そしてやがて、この出来事は、地方の良心的な行動が、直接に国家的な重要性をもってくるという問題になったのである。毎日の演説のなかで、ガンジーは基本的ないろいろの内的な強さ――それなくしてはいかなる問題も解決されないと語った。つまり、「人格的活力《ヴァーチュー》」、中でも、正義の意志、訓練された目的、すべての労働への敬意、真実さなどがいるのだと語った。一方、新しく農村から出てきて、どん底の生活をしている無学の人々は、強力なリーダーがいないと、右の原理に近づくための道徳的な強さや社会的な独自性を得ていくことはできない、ということをガンジーは知っていたし、語ってもいた。彼は皆に語っている。「どのように、いつ誠実への誓いを立てるかを、皆はまだ学んでいない」。純粋な誠実さという誓いは、リーダーの特権であり、まだ責務とはなっていなかった。争議はやがて収まった。ガンジーの側から、周囲の人びとの面子を保つための妥協は一切なかった。はじめに示したガンジーの側からの要求項目が、すべて受け入れられた。

私はここで、ガンジーの複雑な動機や奇妙な態度の変化について、すべて理解しているとは思っていない――その幾つかは原理的に強固な西洋的な発想からすると矛盾しており、インドの人にとってもやや奇異な感じがあるのではないかと思う。また、ガンジーの行動の中には、現在はやや「古くなった」父性的態度が認められるようにも思われる。しかし、驚くべき簡潔さと「実験」への丸ごとのうち込み方は、労働者側にも、雇用者側にも、彼に対する尊敬の念をひき起こさせたのだった。ガンジーはびっくりするようなユーモラスな態度で、「こんな争議をこれまで思い描いたこともなかった」と言っている。実際に、労働者側、雇用者側が共に、すぐれた解決方法をとり、アーメダバードでの労使関係は新しい水準に引き上げられ、永続性のあるものになった。この点で次のことを指摘しておきたいと思う。一九五〇年にアーメダバードの繊維労働組合は、インドの労働組合の中の二〇番目に位置していたが、組合の支出の八〇パーセントが福祉関係費であったということである。

このような驚くべき歴史的な出来事は本質的な何かを示している。それは人格的強さの中にある本質的なもの、インドの伝統的な強さ、さらに当時のガンジー自身の個人的な力、また内的な変化をしていく力の中にある本質的な何かである。アーメダバードの実験の成功の奇跡は、その当時、共有地の分割がお互いの連携を寸断し、ほとんどアナーキーな暴力が渦巻いていた中で長続きのする成功をおさめたということだけでなく、何よりもあの出来事を超えた精神を獲得したことにあると、私は思う。

最後にひとこと。私たちが研究し働いている世界の不安な地平、つまり国際情勢の現在と将来について述べてみたいと思う。私たちが個人的、職業的、政治的な倫理の、お互いの境界をしっかり守っていくことは難しい――この境界は、個人の生活のもつれをほぐし、つくりあげられたものを美しく保つようにしている個人の生活を危険にさらしてしまう。これまでの時代では、どんなかたちであろうと、たとえ戦時中であっても、「黄金律《ゴールデンルール》」が共存することは自明の理であった。この事実は悲しみをもちながらではあるが、ありありと感じられた。甲冑に身を固め、手には槍を持って闘う人にとって、倫理的な矛盾はなかった。人は自分が他人にしてほしいことをするように期待して戦うのであり、自分の「黄金律《ゴールデンルール》」と戦争をするという考えの間には、なんら倫理的な矛盾はなかった。実際、敵に敬意すら抱き、敵からも敬意を与えられることを期待したのである。しかし、現代ではこのような倫理と戦争との共存は表面的にも見られない。限りない殺戮が戦争の戦略を変え、軍人であっても自分の職業の歴史的なアイデンティティを喪失する不安にさらされている。核戦争時代の「黄金律《ゴールデンルール》」の中で、「戦う人間」には何があるのだろうか。ここも「黄金律《ゴールデンルール》」は同じように「他人を傷つけてはならない。他人が間違いなく自分に何かをするという確信をもつことができるまでは」と言うだろうか。

しかし、力強い勇気のある抗議行動や、もっとはっきりした考えや予言的な警告でもって、このような国際間の道義が乗り上げている暗礁を、打ち砕くことができるだろうか――世の終末がすべてを破壊し尽くすのだから、自分の死や地獄の到来をも無視しておこなうべきだと言えるだろうか。むしろ反対に、倫理的な方向づけ、つまり力強い協力関係の方向づけが、軍備拡張の金縛りから、今日のエネルギーを解き放つことができると私は思う。人類絶滅の危機の時代に生きてはじめて、人類全体のアイデンティティを考えることができるようになった。世界宗教やヒューマニズム、偉大な思想家が培ってきた普遍的な本物の倫理を考えることができるようになった。とは言っても、倫理そのものはつくり出すことはできない。それはもっと包括的なアイデンティティについて深く思索し、生き生きとして求めることの中からしか現れないものだからである。この思索と経験に根差したアイデンティティによって、新しい技術、新しい世界観はつくりあげられていく。しかし、私がここで提案するのは、またこれらと違った別のかたちの主題である。親子関係や男女関係、医師・患者関係について述べてきた事柄が、国と国との関係についても適用できるかもしれない。今日、国家というのは、言うまでもなく、政治的、技術的、経済的な成長過程の異なった段階にある統一体である。このような状態にあっては、先進国が他の国に、高等教育を受けた人のように、また臨床家の態度をもって接するようにすべしと言っても、言うは易く、行うことの難しい空論にすぎない。しかし、私が言わんとしたことは、国家間の不平等を軽視するのではない。むしろ、歴史的な違いの中での違いを尊重するということである。国家は個人の集合であると考えると、国際間で相互性《ミューチュアリティ》を維持するという課題を頭に描きやすくなるだろう。というのは、武力競争にとって代わるものは、次のようなことしかないからである。つまり、**未来の共同のアイデンティティの達成に向かって努力する中で、自分自身の個人的な発達の中で当事者に力をかしたように、国の歴史的な発達の中で当事者となる人に力をかすという相互的な歴史的パートナー関係を活性化させていく**、ということであると思われる。

このような方法によってはじめて、激しく変化する技術的世界と歴史の中に、お互いに共通な目標を見出すことができる。また、バラバラな過去の遺産である勝利と敗北、征服と搾取という危険なイメージをのり越えることができるのである。

右のような主張は、ユートピア主義に聞こえるだろうか。むしろその反対に、私が述べてきたことは、これまでさまざまな方法によってすでによく知られたことであり、多くの国で語られ、さまざまのレベルで実行されている事柄であると思っている。この歴史的な瞬間に、もっとも実際的な仕方で「黄金律《ゴールデンルール》」を実行する人と受ける人は、同じ人間であり、その両者こそ他ならない**人間だ**ということである。

しかし、臨床的な背景をもつ人たちは、私が自明の理として問題にしなかった次元を見失ってはならない。「黄金律《ゴールデンルール》」は古典的なかたちとしては、**意識的に**至高の善をおこない、お互いに傷つけ合うことを避けるように意識的に努力するように促すのだが、臨床的な人は、倫理的な強さそのものが**無意識的な**構造をもっていると考えており、同時にまた、破壊的な怒りの無意識的な貯蔵庫があることを考えている。十九世紀は、人間の動物的な系譜をもつ無意識的動機や過去の経済的な歴史、内的な疎外の体験などからくる無意識的な動機について、傷つきをもって人の意識を広げてきた。さらに、（これらすべてとの関係の中で）生産的な自己分析の方法をも生み出してきた。これらの自己探索への普遍的な流れの実利的な西洋版であったと私は思う。これらは、アジアの伝統の中では、すでに最高のレベルに達していたものであった。次の世代の人たちの課題は、古い方法と新しい方法の統合を自覚し、普遍的な技術の利益とは何かを検討しはじめることであろう。

教条主義にならないで倫理的な問題について語ることはなかなか難しいことである。ひとつのエピソードをお話しすることで、私の話の結びとしたい。このエピソードは「黄金律《ゴールデンルール》」の「タルムード」版である。ユダヤ教指導者のヒレル師が信者でない人から、片方の足で立っている間に「トーラ経典」*を全部語れるかと、侮辱するように訊かれたことがある。ヒレル師は次のように答えた。「自分が憎んでいるようなことを、自分の仲間にしてはいけない、というのが『トーラ経典』のすべてです。他はただの解説です」。これは訊ねた人への答えだったか、その場の状況について述べたのだったか、私にはよくわからないが。それはともかく、ヒレル師は、それに加えて、「だから、あなたもそうしなさい」とはつけ加えなかった。言ったことは、次の言葉であった。「出かけていって、それを学んでみませんか」。

＊ ユダヤ教の経典。モーゼ五書、法律の経典、創世記・出エジプト記・レビ記・民数記・申命記を指す。膨大な量がある。

訳者あとがき

本書は Erik H. Erikson の著書 *“Insight and Responsibility”* W. W. Norton, N.Y., 1964 の改訳である。最初の翻訳は一九七一年に同じ訳者によってなされた。四十五年目にしてようやく改訳にこぎつけた。これまでの経過について、少し説明し、また改訳について、訳者としての感想を述べたい。

1

はじめての翻訳が出たころ、世界、ことにアメリカは青年の「異議異申し立ての運動」が盛んであった。ヴェトナム戦争やアメリカ内部の人種差別や社会的なさまざまの差別について、異議を唱えて是正しようとする青年の運動が盛り上がった時期であった。日本でも学生紛争と呼ばれ、大学生を中心にした青年たちの異議申し立てが盛んにおこなわれた。学生による東大の安田講堂の占拠などが象徴的であった。多くの人の印象に残っているのではないだろうか。

しかし、アメリカと日本の青年期の人々の社会運動にはかなりの違いがあったと思う。アメリカの場合、公民権運動を中心とした人種差別、貧困の解消、ヴェトナム戦争への反対など、学生たちは真剣であり、また深刻であった。社会全体が大きな関心をもち、多くの人が、この運動にコミットしていた。しかし、日本の大学での学生たちの運動には、社会的な大義というものはなく、マルキシズムをめぐってのイデオロギーの闘争という印象が強かった。日本では、社会の人たちはやや距離をもって見ていたのではないだろうか。

私にとっては、米国で精神分析の訓練を受けて帰国し、大学に勤務し始めたところだった。授業が中断されたり、また大学がロックアウトされたりした。これは辛かった。私は大学の教師として、その運動の渦中に入らざるをえなかった。アメリカで、この運動の思想的な支えとなって読まれた著書のひとつにエリクソンの著書があった。エリクソンの名前はこれらの運動によって知られるところがあった。特に、エリクソンの「アイデンティティ」に関する著書がそうであった。『幼児期と社会』（一九五〇）、『青年ルター』（一九五八）、『アイデンティティとライフサイクル』（一九五九）、『アイデンティティ――青年期と危機』（一九六八）だった。また、*"In Search of Common Ground"*（W. W. Norton, 1973）は、暴力も肯定する黒人への人種差別反対を訴える、社会運動家のリーダーであるヒューイ・ニュートン（Huey P. Newton）とエリクソンとの対談をおこなって話題になった。その仲介の役がエリクソンの長男で社会学者カイ・エリクソン（Kai Erikson）であった。

本書『洞察と責任』も、このような中の一冊としてよく読まれた。日本では、臨床心理学の一冊として読まれ、社会学の関係者や学生に読まれた。また精神分析の臨床的な著書として注目された。日本の場合、異議申し立ての運動の中心にいた若者たちにエリクソンがどの程度読まれていたかよくわからない。あまり読まれてはいなかったのではないだろうか。

2

本書を読むとよく理解できるように、エリクソンは精神分析の臨床家であり、本書はエリクソンが米国のマサチューセッツ州ストックブリッジのオースティン・リッグス・センター（精神科病院であり、精神医学の研究・訓練の施設である）に長年勤務して臨床と研究にあたっていたときに仕上げられた。本書の中にも、リッグス・センターの描写が幾つかの章の中に点描風に示されている。一九七〇年から一九八〇年のころには、日本の精神分析学会などで、エリクソンも盛んに取り上げられた。

3

当時の精神分析学会は米国においても、日本においてもいわゆる自我心理学を中心としたものであったし、エリクソンもその中のひとりとして扱われていた。もちろん、エリクソンがフロイトの最後の弟子として、自我心理学を中心に臨床をおこなっていたことは間違いない。しかし、一九三三年にアメリカのボストンに移住し、アメリカの臨床心理学者のＧ・オルポートや社会学のＤ・リースマン、文化人類学のＭ・ミード、Ｒ・ベネディクトなどの研究者との交流が多くなって、エリクソンの研究は次第に独特のエリクソン流のものとなっていった。この独特さについては、本書にもはっきりとその特徴を見ることができる。

その幾つかを述べてみると、（1）自我の発達論はフロイトのリビード発達論に加えて、それを包含しながら、ライフサイクル論に発展させたこと。（2）発達論の中に力動的な葛藤を「危機」として理論化したこと。（3）一者関係として、患者と精神分析家という治療関係の中に、二者関係としての患者と精神分析家との関係が相互的に働き、影響し合うことを認め、技法を展開したこと。（4）患者の背後の家族、家族を支える地域の文化・社会の力動や影響の姿をはっきりと描いたこと。（5）社会と文化を歴史の中でとらえ、討論を展開したことなど。このような点からすると、今日の対人関係論や関係論、また間主観性の主題にかかわる大きな展開であったことがわかる。しかし、自我心理学的精神分析の流れの中ではあまり注目されなかった。エリクソンもその違いを強調しなかった。それが今日においてもエリクソンについての学会としての扱いであると言うことができるのではないだろうか。世の中には、違いを強調して自己主張や新しさを主張する人と、個性的で創造的であるが、目立つのを避けるタイプがあるように思う。エリクソンは後者の方のタイプであった。

4

本書の副題は *Lectures on the Ethical Implications of Psychoanalytic Insight* となっている。精神分析からの洞察を

倫理的な問題に適用してみたいという趣旨でまとめられた論文集である。精神分析家、臨床家の臨床経験が私たちの倫理的な側面と深く関係していることに触れ、自分の考えの基本的な姿勢を述べようとしているのである。これも精神分析家の中では、特異な位置を占めているということができる。精神分析をただ医療や心理療法の技法論として見るのでなく、もっと広く歴史・社会・文化を基盤とした、人間論・人間関係論として、とらえようとするのがエリクソンの立場であった。

5

ここで本書の内容の要点に簡単に触れたい。そして同時に、なぜ独特の用語が選ばれたか、また本書の翻訳として、これまでのエリクソンの翻訳本の訳語との違いについて説明しておきたい。

第1章は精神分析の創始者としてのフロイトの苦悩と創造性について語っている。これはフロイトの生誕百年の記念に招かれておこなった講演である。その場所が、エリクソンの生まれた土地であり、さらにフロイトが、ゲーテ賞を得た場所でもあった。深く思うところがあったのではないだろうか。ここでは「友情」や「人間関係の相互性」の意義について深い思いをもって語られている。エリクソンのことばとして重要であるが、あまり注目を得ていないものに「思考のまとまり《コンフィギュレーション》」（configuration）という用語がある。これも訳語として、困ったひとつであった。ここでは文脈に応じていろいろに訳した。エリクソンはドイツ語を青年期まで使った人であったので、恐らくゲシュタルトというドイツ語が浮かんでいたのであろうと思われる。ゲシュタルトというのは、意味のあるひとつのまとまりということを指すことばであり、日本語としては「ひとつの有意味なまとまり」となるだろう。日本語にしにくいので、心理学では「ゲシュタルト心理学」として、そのままドイツ語の原語を使っている。「全体的」というとまた、別の意味が出てきてしまうので、厄介である。この周辺の事柄はまことに慎重なことば遣いを求められるのである。エリクソンのことば遣いの慎重さを分かってもらいたいと思う。

第2章は臨床的エビデンスについての考察である。前の翻訳では「臨床的事実」と訳した。まだ、日本ではエビデンスの意義について全く問題とされていない時期の講演である。私もよく分かっていなかった時期のことであったと今は恥ずかしく思う。現在、ようやくエビデンスに関するさまざまな論議がなされ始めた。このような本質的な問題への自覚や論議が、日本との間に四〇年から五〇年の差があるというのも、私にとっては印象的である。実験心理学や実験科学者たちは、科学的方法論にのっとり、エビデンスに立脚して論を展開し、研究を進めている。これに対して、精神分析の臨床家であるエリクソンが、エビデンスとしてはもっとも曖昧に見える可能性のある「夢の分析」を討論の資料として使い、正面から論じている。臨床的なエビデンスの問題は、特に臨床系の研究の領域では、まだ語り継いでいかねばならないものであると思う。この点で今後も不可欠の論文となるのではないだろうか。

第3章はアイデンティティと根こぎ感が現代社会との関係で語られる。これはウィーン大学の講演である。ウィーンの町はエリクソンが青年期をようやく卒業し、フロイトから精神分析の手ほどきを受け、精神分析家としてのアイデンティティを得ていった場所である。また、結婚し、成人の仲間入りとして、社会人として生活を始めた町である。これからというとき、ヒトラーの民族政策によって、ウィーンを離れてアメリカに移住しなければならない町でもあった。ドイツ人としてかつて住んだ町で、今やアメリカ人となっているエリクソンが、ドイツやウィーンの若者たちの前で、自分のアイデンティティについて語ることは、複雑な思いが込められ、内的な緊張を強いられることだっただろう。

第4章の人格的強さと世代のサイクルでは、エリクソンの倫理的なものへの関心が正面から語られる。これが人格的な強さと人格的活力である。ここでは訳語の点について簡単に述べておきたい。人格的活力は human virtue である。「人間らしさ」というのはどのように形成されるのか、もっとも人間的であるというのは、人間的な強さであり、倫理性に深くつながっているものである。人間らしさの内的な強さということになると、「人格的な強さ」ないし「人間的な強さ」になるのではないかと理解した。しかも、それが生き生きとして存在しているものとして、「活力」ということばが近いと考えた。virtue は virtue and vice（徳と不道徳）とセットになって表現されることの多い、道徳的な行為や心情を表現することばである。したがって、訳としても「徳」という言葉が当てられることが多い。しかし、「徳」を採用すると、日本語としては道徳的なものを描くことになりそうである。ここでは人の心の強さ、人間的な強さという点が重要な関心であるので、心の強さ、生き生きとした姿を表すことばとして「活力」を選んだ。反対の言葉は「衰弱」「衰退」ということになるのではないだろうか。

また、人格的活力もライフサイクルの中で、発達的に展開していると考える。つまり、人間関係、親子関係の中で形成される発達的性質をもっているとエリクソンは考えた。これを明らかにするために、エリクソンは独自の思考を深めている。ここに展開されているのが、「人格的強さ」の進化発達の主題である。この様相をとらえるのに日常語を使って展開したのが、この講演である。この講演をただ一回聞いただけで聴衆は理解できたのだろうか。とても難しかったのではないだろうか。ここでは「日常の口語の中に真実がある」というエリクソンの意向を重視して、できるだけ日本語の日常語をとりいれた。乳幼児からの発達的な様相を、「望み」、「意志」、「目的」、「有能感」、「勤勉さ」、「尽くす心」、「世代性」、「統合性」と訳した。訳としては固い漢文調にならないで、日常語にしたいと考えた。日常語に近すぎてわかりにくいかもしれないので、「　」でくくったり、用語の横に原語のルビをつけたりした。エリクソンは日常語を用語として使いたいのだということを示した。「尽くす心」は前訳では「忠誠心」と訳した。上下関係を示唆するようで、あまりそぐわないので「尽くす心」という訳語に変えた。ジェネラティヴィティ（generativity）は「生殖性」「生産性」「生成継承性」などと訳されている。これでは日本語としては意味が全く伝わらない。エリクソンがとらえようとしている側面を表しているとは思えない。ジェネラティヴィティについては、「世代継承性」という訳を、岡本祐子氏などが提出して、一般的に使われ始めている。ここでは「世代」の「継承」というのもジェネラティヴィティの中に含まれると思われる。しかし、世代の継承を含めて、もっと広く次の世代を「見守る」、「関心をもつ」、「温かい目を注ぐ」というのが用語の趣旨である。「次世代への温かい目」という意味が重要な視点であるので、「世代全般への深い関心」の意味をこめて「世代性」とした。この訳語が今後使われることを期待している。

エリクソンとしては力のこもった講演録であった。しかし、臨床心理学の世界にも、精神分析学の世界にもあまり歓迎されることなく終わっているのは残念である。ここでは政治家や教育者などが、やっていいことか、やってはいけないかという法律レベル、道徳レベルで裁定されるようなものでなく、人間として、社会的存在として、「人間の尊厳」や「人格的な品性」にかかわるあり方としての「倫理律」が主題になっているのである。これも私たちの心の中に、発達的に成長する性質のものであると、エリクソンは考えている。倫理の主題を心理学的に矮小化するな、という批判はあるかもしれないが、心理臨床の実践をおこなっていると、この倫理の主題は欠かすことのできない重要な提起であると思う。

第5章は心理的現実と歴史的かかわり関与性に関する論考である。これはまた、臨床的に重要な主題でありながら、これまであまり検討されなかったものである。エリクソンはフロイトの「現実性」ということばである原語ドイツ語の Realität から Wirklichkeit を区別する。（いずれも日本語訳としては「現実」である。英語でも reality となっている）。この単語の意味を明らかにすることによって、精神分析で個人の過去や歴史を扱うときに、そのことばの意味を静的な「歴史的事実」として扱うのでなく、人と人とが「かかわり」「交わっていく」という動的な、働き合いがあることに私たちの注意を向けるのである。これをリアリティに対して、アクチュアリティ、つまり「かかわり関与するもの」と分けてとらえた。エリクソンはフロイトの「ドーラの症例」と「フロイト自身の夢」の分析を通して、「歴史的事実」と「かかわり関与」を区別しながら古典の事例を生き生きと描いてみせた。第1章にも見られた人間関係の相互性（mutuality）が、ここでもまた主題になっていることが分かる。これは一九六一年になされた講義であった。日本では、このテーマは一九八〇年以降に注目され始め、二〇〇〇年以降に臨床的話題になり始めた。「相互性」、または「関係性」は精神分析的な心理療法関係の中の二者関係性と言われるものである。エリクソンの洞察は遥かに先を見ていたのだということがわかる。

最後の第6章は「黄金律」を問題にしている。私たち臨床家の倫理性とは何かということを、インドのアーメダバードでのガンジーの行動を通して語ったものである。エリクソンはガンジーに関心をよせ、『ガンジーの真理』を著している。ガンジーを通して、人間のあるべき姿を描いたということができよう。ここでは「道徳律」と「倫理律」とを区別しながら、臨床家の倫理性について述べている。人間の倫理、つまり、「人間が人間として存在する姿」を倫理律として語る。法律に違反するかどうか、他人に迷惑をかけるかどうかという道徳的な行為ではなく、人間としての「品性」や「文化も超えた人の普遍的な姿」として描いている。エリクソンが臨床家の基盤にこの倫理性が培われているところを見ているのは、大事なことではないだろうか。ここでも人間関係の相互性が語られ、本書の全体に響き合っていることがわかる。

6

本書を手にとってくださる多くの方に、臨床家としてのエリクソンの真髄を受けとめていただければ、訳者としては本望である。本書の改訳にあたって、多くの人にお世話になった。本書の中での、意味の不明なところや、また誤訳の指摘をいただいたところは直した。本書は講演集であるので、その雰囲気を出すため、まず、口語の「です」「ます」調で訳し直した。しかし、日本語の場合、論理的なものを口語調で表現するのは難しいことが分かったので、文語調にやり直した。また、日本文として自然さや文章の流れを保つようにつとめた。誠信書房の編集部の布施谷友美さんには校正の段階で、原文との対比をしていただき、細かい指摘や修正を示唆していただいた。お蔭で訳文が相当に改善された。また編集部の児島雅弘さんは、改訳にあたって長年、励まして待ってくださった。改めて感謝したい。皆さま本当にありがとうございました。旧訳版のときに、感謝の意を表した先生方はすべて彼の世に旅立たれてしまった。その先生方への感謝の気持ちは今も変わらない。旧訳版から長い年月を経ているが、本書の内容のアイデアは現在も新鮮である。私たちの臨床の背骨ともいうべき本であると思う。多くの方々に読んでいただき、臨床の中でエリクソンのアイデアを生かしていただきたいと思っている。私としては、改訳が出ることで、ようやく約束の宿題を果たしたという安堵の気持ちでいる。

平成二八年六月十八日

鑪　幹八郎

索　引

あ行

愛　*112, 126, 128*

アイデンティティ　*55, 60, 79, 81, 83, 84, 154*

　――の危機　*54, 56*

　――の混乱　*54, 56*

愛の対象　→ラヴ・オブジェクト

アクチュアリティ　actuality

　［かかわり関与］　*166, 168, 178, 180, 187, 189, 198, 202, 206, 207, 212, 216*

　［かかわり関与性］　*163, 169, 179, 181, 190, 193, 201, 206, 211, 214, 215, 222*

　［かかわりの現実］　*120*

アクチュアル　actual

　［関与］　*167*

アクティヴィティ　activity

　［能動性］　*168*

アクティヴェーション　activation

　［活性化］　*168*

アグレッション　aggression

　［攻撃性］　*219*

アシュラム　*246*

遊び　→プレイ

アダムソン　Adamson　*237*

新しい人物　→ニュー・パーソン

アルマ・マータ　*188*

アンビバレント　*117*

意志　*112, 115, 116, 121, 129, 155, 239*

移住者　*76*

イデオロギー　*175*

イルマ　*206, 207*

ヴァーチュー　virtue

　［人格的活力］　*107, 110〜112, 133, 134, 139〜142, 151, 153, 154, 157, 179, 183, 231, 239, 247*

ウィルソン，T. W.　Thomas Woodrow Wilson　*209*

ウォディントン，C. H.　Conrad Hal Waddington　*142, 231, 234*

疑い　*116*

ウパニシャッド　*227*

エゴ・イズム　*150*

エゴ・シンセシス　ego-synthesis

　［自我の統合性］　*108*

エビデンス　*39, 45, 48, 63, 65, 68, 71, 177, 183*

エリクソン，J.　Joan Erikson　*93*

エルザ　Elsa　*237*

エロス　*215*

黄金律　→ゴールデンルール

オースティン・リッグス・センター　*92*

オートノミー　autonomy

　［自律性］　*202, 239*

オッペンハイマー，J. R.　Julius Robert Oppenheimer　*7, 220*

オブジェクト　object

　［対象］　*241*

か行

さ行

た行

な行

は行

ま行

や行

ら行

ラパポート，D.　David Rappaport　*168*
リアリティ　reality
　［現実］　*165, 166*
リアル　real
　［現実］　*167*
リビード　*69, 164, 232*
リルケ，R. M.　Rainer Maria Rilke　*153*
理論的な体系　→コンフィギュレーション
リンカーン，A.　Abraham Lincoln　*228*
倫理
　――観　*233*
　――律　*228*
ルイン，B.　Bertram Lewin　*204*
ルーズベルト，A. E.　Anna Eleanor Roosevelt　*209*
ルター，M.　Martin Luther　*15, 147, 207, 208, 210*
レーナー，D.　Daniel Lerner　*76*
歴史的かかわり関与(性)　→ヒストリカル・アクチュアリティ
老ユダヤ人　*79*
ローレンツ，K. Z.　Konrad Zacharias Lorenz　*152, 236*
ローワルド，H.　Hans Loewald　*165, 177*
ロカサングラー　*226*

文　献

第1章　最初の精神分析家

1. Ernest Jones, *The Life and Work of Sigmund Freud*, New York: Basic Books, 1953.
2. Sigmund Freud, "Fragment of an Analysis of a Case of Hysteria" [1905], *Standard Edition*, 7: 3–112, London: Hogarth Press, 1953.
3. Sigmund Freud, *The Origins of Psychoanalysis: Letters to Wilhelm Fliess, Drafts and Notes: 1887–1902*, edited by Marie Bonaparte, Anna Freud and Ernst Kris, New York: Basic Books, 1954.
4. Sigmund Freud, *The Interpretation of Dreams* [1900], *Standard Edition*, 4, London: Hogarth Press, 1953.
5. David Rapaport, "The Structure of Psychoanalytic Theory: A Systemizing Attempt," in *Psychology: A Study of a Science*, Vol. III, edited by Sigmund Koch, New York: McGraw–Hill, 1959.

第2章　臨床的エビデンスの特質

1. R. G. Collingwood, *The Idea of History*, New York: Oxford University Press, 1956.
2. Erik H. Erikson, "The Dream Specimen of Psychoanalysis," *Journal of the American Psychoanalytic Association*, 2: 5–56, 1954.
3. Erik H. Erikson, "Identity and the Lifecycle," Monograph, *Psychological Issues*, Vol. I, No.1, New York: International Universities Press, 1959.
4. Erik H. Erikson, "Youth: Fidelity and Diversity," *Daedalus*, 91: 5–27, 1962.
5. David Rapaport and M. Gill, "The Points of View and Assumptions of Metapsychology," *International Journal of Psycho–analysis*, 40: 1–10, 1959.

第3章　現代におけるアイデンティティと根こぎ感

1. Daniel Lerner, *The Passing of Traditional Society*, Glencoe: The Free Press, 1958.
2. See *Uprooting and Resettlement*, Papers presented at the 11 th Annual Meeting of the World Federation for Mental Health, Vienna, 1958, Bulletin of the Federation, 1959.

3. *Ibid.*
4. Erik H. Erikson, *Childhood and Society*, Second Edition, New York: W. W. Norton, 1963.
5. See Erik H. Erikson, "Wholeness and Totality," in *Totalitarianism*, Proceedings of a Conference held at the American Academy of Arts and Sciences, edited by C. J. Friedrich, Cambridge: Harvard University Press, 1954.
6. Anna Freud and Sophie Dann, "An Experiment in Group Upbringing," in *The Psychoanalytic Study of the Child*, Vol. VI, New York: International Universities Press, 1951.
7. René Spitz, "Anaclitic Depression," in *The Psychoanalytic Study of the Child*, Vol. II, New York: International Universities Press, 1946.

第４章　人格的強さと世代のサイクル

1. Erik H. Erikson, *Childhood and Society*, Second Edition, New York: W. W. Norton, 1963.
2. Erik H. Erikson, "The Psychosocial Development of Children" and "The Syndrome of Identity Diffusion in Adolescents and Young Adults," in *Discussions in Child Development*, World Health Organization, Vol. III, New York: International Universities Press, 1958.
3. Jean Piaget and B. Inhelder, *The Growth of Logical Thinking from Childhood to Adolescence*, New York: Basic Books, 1958. See also P. H. Wolff, "Piaget's Genetic Psychology and Its Relation to Psychoanalysis," Monograph, *Psychological Issues*, Vol. II, No. 5, New York: International Universities Press, 1960.
4. R. W. White, "Motivation Reconsidered: The Concept of Competence," *Psychological Review*, 66: 297–333, 1959.
5. Erik H. Erikson, editor, *Youth: Change and Challenge*, New York: Basic Books, 1963.
6. Erik H. Erikson, "Reflections on Womanhood," *Daedalus*, Spring 1964.
7. Therese Benedek, "Parenthood as a Developmental Phase," *Journal of the American Psychoanalytic Association*, VII, 3, 1959.
8. C. Buehler, *Der menschliche Lebenslauf als psychologisches Problem*, Goettingen: Verlag fuer Psychologie, 1959.
9. Jean Piaget, in *Le Problème des Stades en Psychologie de L'enfant*, Geneva: Presses Universitaires de France, 1955.
10. Erik H. Erikson, *Childhood and Society*, Second Edition, New York: W. W. Norton, 1963.
11. C. H. Waddington, *The Ethical Animal*, London: Allen and Unwin, 1960.
12. Erik H. Erikson, "The Roots of Virtue," in *The Humanist Frame*, edited by Sir Julian Huxley, New York: Harper, 1961.
13. A. Roe and L. Z. Freedman, "Evolution and Human Behavior," in *Behavior and Evolution*, edited by A. Roe and G. C. Simpson, New Haven: Yale University Press, 1958.
14. T. H. Huxley and J. S. Huxley, *Touchstone for Ethics*, New York: Harper, 1947.
15. Sigmund Freud, *The Ego and the Id* [1923], New York: W. W. Norton, 1961.

16. Anna Freud, *The Ego and the Mechanisms of Defense* [1936], New York: International Universities Press, 1946.
17. H. Hartmann, *Ego Psychology and the Problem of Adaptation* [1939], New York: International Universities Press, 1958.
18. The Letters of *William James*, edited by Henry James (his son), Boston: Atlantic Monthly Press, 1920.

第５章　心理的現実と歴史的かかわり関与性

1. Sigmund Freud, “On the History of the Psycho-analytic Movement” [1904], *Standard Edition*, 14: 3–66, London: Hogarth Press, 1957.
2. W. H. Auden, “Greatness Finding Itself,” in *Mid-Century*, No. 13, June 1960.
3. H. Hartmann, “On Rational and Irrational Actions,” in *Psychoanalysis and the Social Sciences*, Vol. I, New York: International Universities Press, 1947.
4. H. Loewald, “Ego and Reality,” *International Journal of Psycho-analysis*, 32: 10–18, 1951.
5. H. Hartmann, “Notes of the Reality Principle,” in *The Psychoanalytic Study of the Child*, Vol. XI, New York: International Universities Press, 1956.
6. H. Hartmann, *op. cit.* note 3, above.
7. *Ibid.*
8. H. Hartmann, *op. cit.* note 5, above.
9. Sigmund Freud, “A Metapsychological Supplement to the Theory of Dreams” [1917], *Standard Edition*, 14: 217–235, London: Hogarth Press, 1957.
10. David Rapaport, “Some Metapsychological Considerations Concerning Activity and Passivity,” unpublished manuscript [1953].
11. Sigmund Freud, “Fragment of an Analysis of a Case of Hysteria” [1905], *Standard Edition*, 7: 3–122, London: Hogarth Press, 1953.
12. F. Deutsch, “A Footnote to Freud’s ‘Fragment of an Analysis of a Case of Hysteria,’ ” *Psychoanalytic Quarterly*, 26: 159–167, 1957.
13. Jean Piaget and B. Inhelder, *The Growth of Logical Thinking from Childhood to Adolescence*, New York: Basic Books, 1958.
14. H. Loewald, “On the Therapeutic Action of Psycho-analysis,” *International Journal of Psycho-analysis*, 41: 16–33, 1960.
15. Sigmund Freud, *The Interpretation of Dreams* [1900], *Standard Edition*, 4, London: Hogarth Press, 1953.
16. *Ibid.*
17. Roy Schafer, “The Loving and Beloved Superego in Freud’s Structural Theory,” in *The Psychoanalytic Study of the Child*, Vol. XV, New York: International Universities Press, 1960.
18. Bertram Lewin, *Dreams and the Uses of Regression*, New York: International Universities

Press, 1958.
19. Sigmund Freud, *The Interpretation of Dreams, op. cit.* note 15, above.
20. Erik H. Erikson, "The Dream Specimen of Psychoanalysis," *Journal of the American Psychoanalytic Association*, 2: 5–56, 1954.
21. Erik H. Erikson, *Young Man Luther*, New York: W. W. Norton, 1958.
22. H. Hartmann, *Psychoanalysis and Moral Values*, New York: International Universities Press, 1960.

第６章　黄金律の問題再考

1. C. H. Waddington, *The Ethical Animal*, London: Allen and Unwin, 1960.
2. H. F. Harlow and M. K. Harlow, "A Study of Animal Affection," *The Journal of the American Museum of Natural History*, Vol. 70, No. 10, 1961.
3. Sigmund Freud, *The Origins of Psychoanalysis: Letters to Wilhelm Fliess, Drafts and Notes: 1887–1902*, edited by Marie Bonaparte, Anna Freud and Ernst Kris, New York: Basic Books, 1954.
4. Erik H. Erikson, "Sex Differences in the Play Constructions of Pre-Adolescents," in *Discussions in Child Development*, World Health Organization, Vol. III, New York: International Universities Press, 1958. See also "Reflections on Womanhood," *Daedalus*, Spring 1964.
5. Mahadev Haribhai Desai, *A Righteous Struggle*, Ahmedabad: Navajivan Publishing House, 1951.

訳者紹介

鑪　幹八郎（たたら　みきはちろう）

1934年　熊本県に生まれる
1961年　京都大学大学院博士課程修了（臨床心理学専攻）
現　在　広島大学名誉教授，京都文教大学名誉教授
　　　　教育学博士　臨床心理士
著　書　試行カウンセリング　誠信書房　1977
　　　　夢分析の実際　創元社　1979
　　　　夢分析と心理療法　創元社　1998
　　　　鑪幹八郎著作集　ナカニシヤ出版
　　　　　Ⅰ　アイデンティティとライフサイクル論　2002
　　　　　Ⅱ　心理療法と精神分析　2003
　　　　　Ⅲ　心理臨床と倫理・スーパーヴィジョン　2004
　　　　　Ⅳ　心理臨床と映像・イメージ　2008

エリク・H・エリクソン著
洞察《どうさつ》と責任《せきにん》［改訳版《かいやくばん》］——精神分析《せいしんぶんせき》の臨床《りんしょう》と倫理《りんり》

2016年8月30日　第1刷発行

訳　者　鑪　　幹八郎
発行者　柴田敏樹
印刷者　西澤道祐

発行所　株式会社　誠信書房
〒112-0012　東京都文京区大塚3-20-6
電話　03（3946）5666
http://www.seishinshobo.co.jp/

あづま堂印刷　イマキ製本所
検印省略

Printed in Japan
ISBN 978-4-414-41464-6　C3011

不確かさの精神分析
リアリティ，トラウマ，他者をめぐって

富樫公一 著

精神分析は現実に生きる人の苦悩と喜びにどう向き合い，どんな意味を与えることができるのか。臨床家に必要な基本的態度を論じる。

主要目次

A5判並製　定価（本体3200円＋税）

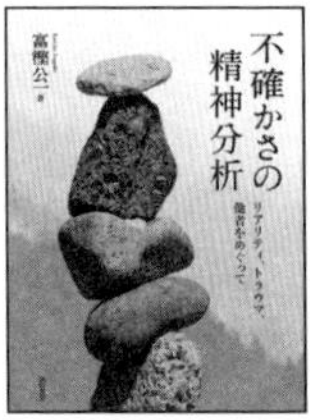

アイデンティティとライフサイクル

エリク・H・エリクソン 著
西平　直・中島由恵 訳

エリクソンがその後の展開の中でその思想の醍醐味を発揮していく前提となった論考。

主要目次

A5判上製　定価（本体3500円＋税）